엄마가
엄마 찾아 줄게

세움북스는 기독교 가치관으로 교회와 성도를 건강하게 세우는 바른 책을 만들어 갑니다.

엄마가 엄마 찾아 줄게

정원사 엄마와 입양아 그레이스의 두 번째 이야기

초판 1쇄 인쇄 2024년 3월 20일
초판 1쇄 발행 2024년 3월 25일

지은이 | 김마리아
펴낸이 | 강인구
펴낸곳 | 세움북스

등 록 | 제2014-000144호
주 소 | 서울시 종로구 대학로 19 한국기독교회관 1010호
전 화 | 02-3144-3500
이메일 | cdgn@daum.net

디자인 | 참디자인

ISBN 979-11-985894-7-7 (03230)

엄마가
엄마 찾아 줄게

김마리아 지음

정원사 엄마와 입양아 그레이스의
두 번째 이야기

세움북스

추천사

　저자를 알게 된 건 그녀의 책인 《너의 심장 소리》 덕분이었죠. 입양 가족이라는 강한 유대감이 울렁이듯 찾아왔었습니다. 《엄마가 엄마 찾아 줄게》도 당연하다는 듯 읽었습니다. '글이 참 푸르다.' 처음 떠오른 생각이었습니다. 더할 나위 없이 푸른 활자에 마음이 물들겨졌습니다. 까슬하다 못해 가시 돋았던 가슴이 뿌옇게 사라지는 듯했지요. 저자는 한 가족의 일상이 그리스도 안에서 어떤 의미를 드러내는지, 정적과 역동이 공존하는 정원이 어떤 모습으로 삶에 들어오고 확장되는지 특유의 따뜻한 문체로 전달하고 있습니다.

　무엇보다 입양으로 가족이 된 그레이스의 이야기를 나의 이야기인 양 읽었습니다. 푸른 글 위에 박동하듯 튀어 오르는 그레이스의 이야기가 가슴에 박혀, 때론 코가 시큰거리고 울대가 뻑뻑해졌습니다. 저자의 글 덕분에 오늘, 몸으로 낳은 첫째와 입양으로 자녀가 된 둘째와 셋째를 더욱 사랑하려 합니다. 이들의 영혼과 육체를 그리스도로 인해 찬란해진 삶의 의미로 채워 주고 싶습니다. 부모 된 복을 다시 한번 일깨워 준 저자의 글에 함께 공명하길 바랍니다.

김병재 은혜의동산기독교학교 교사, 입양홍보회 화성지역 모임 대표,
《너희들에게 가는 따뜻한 속도》 저자

　입양 아동의 삶은 생각보다 순탄치 않습니다. 부모는 아이를 가슴으로 낳았다고 이야기하지만, 아이는 계속해서 부모를 만족시키기 위해 집착하는 경우가 많기 때문입니다. 한 번 버림받아 트라우마가 있는 아이는 다시 버림받지 않기 위해 삶을

'생존 모드'로 살아가게 되지만, 사람은 오랜 생존 모드를 견뎌 낼 수 없습니다. 제가 살고 있는 네덜란드에서 이런 이야기는 이미 상식으로 자리 잡고 있습니다. 고아를 돌보고 싶다는 신앙적인 사명감만으로 입양을 섣불리 하는 실수가 있어서는 안 된다고 믿습니다. 저는 다수의 입양 부모 친구들과 그들이 자녀로부터 겪는 상상을 초월한 그들의 고통스러운 삶을 직접 들었습니다. 그리고 인격적으로 결함이 있는 부모 슬하에서 자란 아이는 성인이 되고서 버림받았다는 트라우마에, 입양 부모의 결함으로부터 야기된 정서적, 신체적 고통까지 겪게 된다고 합니다.

그런데 본서의 주인공인 입양아 그레이스의 삶은 제가 들어온 입양인의 삶과는 사뭇 달랐습니다. 10살짜리 작은 아이의 삶에는 갈릴리를 누비시던 예수의 감출 수 없는 향기가 진하게 묻어 있었습니다. 그레이스와 엮여 있는 보라, 봉구, 교회의 땀내 나는 청년의 이야기는 커다란 충격을 주었습니다. 꾸며 낼 수 없는 그레이스의 진실한 삶의 향기는 인정하기 싫은 나의 이기심을 떠올리게 했습니다. 이 책을 통해 입양 아동에 대한 제 인식의 지경이 넓어졌습니다.

저자는 두 송이의 카네이션을 만들고 주저하는 아이의 마음과 어버이날 편지를 썼다 지워야만 하는 아이의 슬픔을 진지하게 가슴으로 안아 주는 따뜻한 엄마입니다. 그녀는 감정적 공감을 넘어 입양 아동의 고통을 객관적으로 이해하며, 보석과 같은 통찰로 입양아 양육에 대한 적절하고 탁월한 하나의 해답을 제시합니다. 입양도 중요하지만, 더 중요한 것은 어떻게 입양된 아이가 잘 자라는지에 있습니다. 그러므로 이미 입양 아동을 양육하거나 입양을 고민하고 있는 그리스도인들, 그 주변 공동체 구성원들은 이 책을 반드시 읽어야 합니다.

김정기 역사학자, 《티네커 메이어의 개혁파 인생교실》 저자

동방사회복지회에서 입양을 기다리는 많은 아동들이 가정을 찾아가는 과정을 보면, 하나님께서 그들을 위해 이미 오래전부터 예비하고 계획하신 가정들이 있다는

것을 깨닫게 됩니다. 이 가정들은 어느 순간 입양을 하겠다고 작정한 것이 아니라, 입양을 결정하기까지 오랜 시간 준비한 가정들이라는 것입니다. 하나님께서 그 가정들의 인생을 설계하고 이끄시며, 결국 하나님의 시간에 그들의 자녀를 만나게 하심을 보면서, 우리는 이런 귀한 일을 통해 놀라운 은혜를 늘 체험하곤 합니다.

이 책은 우리에게, 한 아이가 입양을 통해 가정을 만나 성장하는 이야기를 넘어, 하나님께서 우리 아이들의 인생을 어떻게 이끄시는지, 그리고 하나님의 계획에 순종하는 삶을 살아가는 가정을 어떻게 사용하시는지 알려 줍니다. 또한 하나님께서 창조하신 자연 속에서 그 아름다운 자연과 함께 성장해 가는 그레이스의 모습이 은혜롭고, 마치 꽃이 피어나는 속도처럼 천천히 그레이스를 인내해 가는 엄마의 모습은 참으로 지혜롭습니다.

이제 한 권의 책장을 덮고 나니, 마치 내가 두 눈을 감고 양팔을 활짝 펼친 채 따뜻한 봄바람 속을 거니는 듯한 평안이 찾아듭니다. 하나님께서는 이 땅의 모든 입양 가정의 아이들을 태초부터 사랑하셨고 책임지고 기르신다는 것을, 이 책을 통해 우리 모두가 더욱 깊게 알아가는 시간이 되기를 바랍니다. "너희가 노년에 이르기까지 내가 그리하겠고 백발이 되기까지 내가 너희를 품을 것이라 내가 지었은즉 내가 업을 것이요 내가 품고 구하여 내리라"(이사야 46:4).

김진숙 동방사회복지회 회장

튤립은 '안갖춘꽃'이라고 합니다. 꽃의 필수 요소 중 꽃받침이 없기 때문입니다. 그럼에도 튤립은 그 어느 꽃보다 아름답습니다. 사람들의 사랑을 받습니다. 그저 사람이 그렇게 구분 지었을 따름입니다. 저자는 딸을 입양했습니다. 어버이날에 딸이 스스로를 '안갖춘꽃'이라고 기도할 때, 저자는 딸을 꼭 끌어안았습니다. 세상의 구분이 아닌, 하나님의 구별하심을 설명해 주었습니다. 하나님께서 우리를 가족 되게 하심을 차분히 알려 주었습니다. 일상의 사랑으로 증명하였습니다. 아이는 엄마 품에서 고이 잠들었습니다. 세상 가장 큰 안정과 행복을 누립니다.

세상은 혈연만이 가족이라고 여깁니다. 하지만 혈연은 행복을 절대 보장하지 못한다는 것을 우리는 너무나 잘 알고 있습니다. 십자가에서 예수님은 어머니 마리아와 제자 요한을 가족으로 묶어 주셨습니다. 그리스도의 사랑으로 가족이 되게 하셨습니다. 사랑만이 가족을 가족 되게 합니다. 죄에 빠져 하나님과 상관없는 우리를 십자가로 양자 삼아 주신 하나님의 사랑을 보답하기 위해 저자는 딸 그레이스를 입양했습니다. 양자 삼아 주심의 은혜를 먼저 받은 자로서 그 사랑으로 그레이스를 하나님 다음으로 사랑합니다. 덕분에 그레이스는 입양 사실을 잘 받아들일 수 있었습니다. 밝고 예쁘게 잘 자라고 있습니다. 하나님과 부모의 사랑을 먹고 행복한 나날을 지냅니다. 감정이 메마른 시대에 저자의 따뜻한 글과 삶이 우리 마음을 녹여 줍니다. 사랑을 가르쳐 주고, 사랑을 북돋습니다.

서진교 목사, 작은예수선교회 대표, 《작은 자의 하나님》 저자

사랑스러운 딸 그레이스와 엄마 마리아가 처음 나누었던 대화가 이 글을 쓰는 내내 잊히질 않습니다. 계속 귀에 남아 맴돕니다. "만날 수 있나요? 저를 낳아 주신 그분을요.", "그럼, 엄마가 꼭 낳아 주신 엄마 찾아 줄게." 그들의 첫 이야기에서부터 뜨거운 눈물이 흘러내려 한 권의 책을 읽는 내내 마음이 아려 왔습니다. 《너의 심장 소리》를 읽고서 빨리 두 번째 책이 나오길 바랐던 독자로서 가슴이 뛰기도 했지만 말입니다. 《엄마가 엄마 찾아 줄게》 역시, 감히 상상조차 할 수 없는 천상의 언어들로 가득했고, 저 같은 사람이 이런 작품에 추천서를 쓴다는 것이 괜스레 부끄러워 고민이 되기도 했습니다. 하지만 사랑하는 동생 마리아에게 힘을 실어 주고 싶은 마음이 더욱 컸기에 용기를 내었습니다.

사실 저자인 김마리아 작가는 세상 말로 하면 부러울 것 하나 없는 여성입니다. 그녀의 성품뿐 아니라 믿음과 학식, 인품까지 갖춘 남편, 그리고 주님 안에서 반듯

하게 성장한 자녀들, 같은 여성으로서 질투가 날 만큼 아름다운 외모…. 김마리아를 보고 있으면 절대 공평하신 하나님이 아니라는 생각이 들 정도이니까요. 그런데 이 아름다운 여성이 하나님 안에서 누구보다 겸손하게 살고 세상을 섬기며 살아가는 모습을 볼 때면 존경스러운 마음을 감출 수가 없습니다. 그렇기에 모든 부분에서 완벽한 그녀를 함부로 질투할 수가 없고, 그저 무조건 사랑하게 된답니다.

《너의 심장 소리》에 이어, 이번 책도 아름다운 정원사 엄마와 그레이스의 사랑스러운 이야기, 꽃과 나무를 가꾸면서 살아가는 삶의 지혜들로 가득합니다. 사실 저는 동식물에 대해 무지합니다. 꽃의 종류도 고작 누구나 알고 있는 장미, 국화, 백합 등이 전부이지요. 게다가 나머지 것들은 모두 잡초라고 부르고요. 그런데 이 글들을 읽으면서, 드디어 제 부끄러운 지식에 고개를 떨구게 되었습니다. 제가 그토록 좋아하는 민들레도 원래는 잡초였다니요?! 또한 이름 모를 잡초도 제각각 쓸모와 역할이 있다는 것을 배웠습니다. 이렇듯 하나님께서는 우리를 세상에 보내실 때, 주어진 역할에서 열심을 다하고, 서로 뜨겁게 사랑하기를 바라셨겠지요? 책장을 넘기며 감히 하나님의 마음까지도 헤아리게 되었습니다.

이렇게 두 번째 책의 책장을 모두 덮고 나니, 벌써부터 저자의 세 번째 책이 기다려집니다. 금세 다시 꽃을 가꾸는 마리아 엄마와 그 곁에서 그림을 그리는 그레이스가 그리워집니다. 이 책을 통해 제가 느꼈던 은혜와 지혜, 그리고 선한 아름다움을 여러분들도 꼭 선사받기를 바랍니다. 평안을 기도드리며….

윤정희 열한 자녀의 어머니, 《사랑은 여전히 사랑이어서》 저자

제주에서 예수님의 정신을 가장 잘 실천하는 가정이 있다면 그것은 그레이스의 가정일 것입니다. 선교지가 아닌 제주에 머물 때면, 요셉 선교사님과 정원사 엄마, 마리아 선교사님은 우리 교회의 새벽 기도회로 하루를 시작하십니다. 이들 부부의 믿음과 하모니는 참으로 아름답습니다. 네 자녀들과 함께 연주하는 삶의 오케스트

라, 그 사랑의 종소리가 온 유수암 마을에 울려 퍼지곤 합니다. 그리고 이 가정의 아름다운 이야기는 첫 번째 책 《너의 심장 소리》를 통해서 세상에 알려졌습니다. 그리고 또다시 아름다운 꽃동산에서의 그레이스는 《엄마가 엄마 찾아 줄게》로 우리에게 다가왔습니다.

태어난 지 얼마 안 된 병약했던 그레이스는 두 분 선교사님이 오래 기도하며 가슴으로 낳은 하나님의 선물입니다. 하나님의 은혜로 아름다운 정원에서 심성이 고운 한 송이의 꽃처럼 잘 자라났습니다. 몇 해 전 그레이스에게 입양의 사실을 모두 이야기했다는 소식을 전해 들었습니다. 분명 쉽지 않은 용기와 결정이었을 것입니다. 그래서인지 두 번째 책, 《엄마가 엄마 찾아 줄게》를 읽는 내내 가슴이 무척 아려 왔습니다.

저의 첫째 딸 가정에서도 7년 전, 둘째 아이를 입양했습니다. 그레이스와 다르게 신생아가 아닌 연장아를 입양한 것인데, 얼마 전에 딸아이에게 묻더랍니다. "엄마, 나는 엄마 배로 낳았어요?" 그래서 "아니, 너는 엄마가 가슴으로 낳았어."라고 이야기했더니, "그럼, 나를 낳은 엄마는 어디에 있어요?"라며 바로 되묻더랍니다. 그 후에도 친할아버지께 "할아버지, 저를 낳은 엄마가 어디에 있는지, 찾는 게임 해요."라고 말한 적도 있었습니다.

그렇습니다. 어린아이에게 낳아 준 엄마는 본능적으로 찾고자 하는 고향과 같은 그리움인 것입니다. 이 땅의 모든 입양아들과 사랑하는 그레이스가 이 힘겨운 과정을 지혜롭게 이겨 내어, 선하고 아름답게 성장하기를 기도합니다.

이승범 제일행복한교회 담임목사, 제주 호스피스 이사장

목차

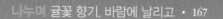

나누며 귤꽃 향기, 바람에 날리고 · 167

"엄마가 엄마 찾아 줄게."

우리 그레이스에게 여덟 번째 봄이 찾아왔다.

아빠는 벽에 등을 기대어 앉고 그레이스는 따뜻한 아빠의 가슴에 등을 기대어 앉아, 둘은 모두 나와 마주하고 있었다. 슬몃 젖어 들던 내 눈가를 가만히 바라보던 그레이스는 조심스레 다가와 제 블라우스의 끝단을 잡고 그것으로 내 눈물을 닦아 주었다. 순간 누가 먼저랄 것도 없이 남편과 나는 보석처럼 귀한 그레이스를 사이에 품은 채 서로를 끌어안았다. 고개를 돌려 아빠를 한번, 다시 마주한 엄마를 한번 쳐다보던 그레이스가 먼저 조심스레 입을 떼었다.

"저한테 무슨 어마어마한 비밀이라도 이야기할 건가요?"

나는 눈물을 닦고 그레이스의 두 손을 잡았다.

"그레이스, 지금부터 하나님께서 우리 가정을 얼마나 사랑하시는지 이야기하려고 해. 한번 들어 보겠니?"

"네."

호기심에 찬 아이의 눈망울은 매우 또렷했다.

"그레이스, 엄마가 청년 때 이런 서원의 기도를 올렸었어. '하나님, 저는 아픈 아이들과 부모가 없는 아이들을 돌보며 살겠습니다.' 그래서 우선은 아빠와 결혼을 하고 중국으로 가서 그 땅의 소외되고 가난한 아이들을 도우며 살았단다. 그렇게 십여 년을 살다가 아빠와 엄마는 신학을 공부하기로 마음먹고 미국으로의 유학을 준비했는데, 영사관에서 비자를 허락해 주지 않는 거야. 그래서 그 일이 더 이상 진행되지 않았고, 여러 정황 때문에 중국에서의 생활을 정리하고서 귀국을 해야 했단다."

"제주도로요?"

"그래. 제주도로…. 그때 우리 가족 모두는 매우 상심했단다. 미국 유학은 온 가족이 오랫동안 준비해 온 일이었거든. 그렇게 귀국 후 제주에 적응해 가고 있을 무렵 어느 새벽 예배 때, 하나님께서 엄마의 가슴을 여러 차례 노크해 오셨어. 엄마의 기도 속으로 찾아오신 거야. 그리고 물으셨단다. '마리아야, 네가 청년 시절에 올렸던 그 서원 기도를 아직 기억하고 있니?' 엄마는 대답했어. '네. 하나님. 기억하고 있습니다.' 순간, 마음이 뜨거워지면서 이러한 감동이 전해졌단다. 꼭 하나님의 음성처럼 말이야. '마리아야, 지금이 바로 그때란다.'"

"엄마는 하나님의 목소리가 들리세요?"

"그럼, 하나님께 기도를 드리면 음성을 들려주시지. 우리가 듣고자 가만히 기다리면, 꼭 실제로 들리는 음성이 아니더라도 마음에 깊은 감동을 주기도 하시고, 깨닫게도 하시고, 성경의 말씀을 떠오르게도 하신단다. 때로는 사람과 여러 환경을 통해서도 전달해 주시고…. 다만, 믿음이 있어야 들을 수 있어."

"음… 네…."

"그날 이후 아빠와 엄마는 '동방사회복지회'라는 곳으로 갔어. 그곳은 '고아와 과부를 돌보라'라는 하나님의 말씀을 실천하면서, 오랫동안 외롭고 소외된 아기들과 홀로 남은 엄마들을 돌보고 후원하는 기관이란다. 그곳에서 몹시 아픈 한 아기를 만나게 되었는데, 그 아기는 2.3kg의 아주 작고 예쁜 아기였단다."

"엄마, 2.3kg의 아주 작은 아기라고 하셨나요?"

조금 전까지만 해도 호기심으로 가득 차 있던 그레이스의 눈망울이 어느새 촉촉하게 젖어 들고 있었다. 그리고 아주 천천히 내게 물어왔다.

"엄마, 혹시… 그 아기의 이름이… 그레이스였나요?"

"응, 그레이스…. 그 아기의 이름이 바로, 그레이스였단다."

나는 아이가 받아들이고 느끼는 속도와 맞추려고 아주 천천히, 그리고 아주 조심스럽게 고개를 끄덕였다. 그리고 두 팔을 벌려 아이를 품에 안았다. 그 짧은 사이에 아이의 눈물이 내 옷을 적시고 내 살에 스몄다. 내 가슴에 얼굴을 묻은 채 그레이스가 다시 물었다.

"엄마, 그러면 나는 엄마 배에서 태어나지 않은 거예요?"

"응, 그레이스…. 엄마 배에서 태어나지는 않았어. 바로 지금 그레이스가 꼬옥 숨어 있는 엄마의 가슴과 기도 속에서 태어났단다."

"그럼, 언니 오빠 우리 모두를 가슴과 기도로 낳은 거예요?"

"아니, 그레이스만 가슴으로 낳았어. 작은오빠가 태어나고 12년이 지난 후였단다. 하나님께서 엄마의 기도 속으로 찾아오셨을 때가 말이야. 그제야 알게 되었지. 왜 우리 가족이 미국으로 갈 수 없었는지…. 바로 그해에 그레이스 네가 이 땅으로 보내졌거든. 하나님께서는 아빠 엄마가 신학을 공부하는 길보다 같은 해에 태어나 반드시 우리 품에서 자라야 했던 그레이스의 삶에 더욱 크고 놀라운 뜻을 숨겨 두셨던 거야. 그레이스, 너는 온 가족의 엄청난 기도와 열정 속에서 빚어진 아기란다. 분명 사랑, 그 이상일 거야…."

엄마의 가슴에 숨어 이야기하던 그레이스가 이번에는 고개를 쏘옥 빼고서 올려다보며 물었다.

"만날 수… 있나요? 저를 낳아 주신 그분을요."

"그럼. 그레이스가 성인이 되면 만날 수 있단다. 아무 염려하지 마, 그레이스. 엄마가 꼭 낳아 주신 엄마 찾아 줄게…."

아기가 자궁 안의 물결을 타고 세상 밖으로 나오듯, 또 산모가 몸 가장 깊은 곳으로부터 아기를 세상 밖으로 내어놓듯 우리의 몸은 젖어 있었다. 양수처럼 뜨거운 눈물을 품은 내 가슴의 연못에서 그레이스가 또 한 번 이 땅에 태어나는 순간, 우리는 긴장의 땀으로 흠뻑 젖은 서로의 모습으로 확인했다. 세상 그 어느 엄마와 딸보다 깊고 뜨겁게 사랑하고 있다는 것과 세상 그 누구도 서로를 대신할 수 없다는 것을. 이 영적 해산의 순간은 여느 분만과 크게 다르지 않았다. 진통의 시작과 함께 몹시 아팠고, 점차 뜨거웠으며, 결국에는 감격스러웠으니, 그 누가 자신 있게 말하랴. 육으로 느껴지는 통증만이 해산의 고통이라고, 혈육의 부모만이 세상 단 하나뿐인 부모라고….

막 출생한 아기가 울음을 터트리며 가장 먼저 엄마 품에 안기듯, 그 순간 내가 해 줄 수 있는 것은 기대어 울도록 가슴을 내어 주는 일과 침묵의 언어로 어루만져 주는 것, 그리고 어떠한 일을 만나든지 늘 오늘처럼 아이의 곁을 지키며 응원하리라는 기도를 올리는 것뿐이었다.

첫 번째 책, 《너의 심장 소리》가 그레이스에게 가는 길로부터 시작되었다면, 《엄마가 엄마 찾아 줄게》는 아이에게 입양의 사실을 이야기하던 날로부터 시작된다. 그리고 마지막으로 계획하고 있는 책에서는 입양아들이 겪는 사춘기의 이야기를 담아 보려 한다. 사실 이 세 가지의 소재는 입양을 계획하고 있거나, 혹은 현재 입양 가족들이 입양아를 양육하면서 가장 고민하고 염려하는 부분이기도 하다. 그레이스의 입양이 시작되는 과정, 처음 입양을 말하는 과정, 사춘기의 과정을 통해 그들에게 도전과 위로가 있기를 바란다.

지금부터 정원사 엄마와 봄꽃처럼 예쁜 그레이스의 두 번째 이야기를 시작한다.

🌷 내가 여호와께 바라는 한 가지 일 그것을 구하리니 곧 내가 내 평생에 여호와의 집에 살면서 여호와의 아름다움을 바라보며 그의 성전에서 사모하는 그것이라 _시 27:4

살며

서리가 수놓은 아칸서스

아칸서스 Acanthus

고요한 새벽, 주전자에서 물이 끓는다. 새벽 예배로 나서는 남편의 인기척에 깨어 해일처럼 끓어오르는 열 거품으로 홍차 한 잔을 내려서 온실로 나왔다. 서리가 수놓은 온실의 벽면이 마치 화가 윌리엄 모리스(William Morris, 1834-1896)의 아칸서스 도안처럼 아름답다.

모리스의 벽지와 직물은 커다란 꽃, 잎, 또는 열매의 반복적인 무늬를 기반으로 한 양식화된 디자인이 특징이다. 주로 열대 식물들로 이루어진 아칸서스는 전 세계에 250속 2,500종이 살고 있다. 우리나라에서는 방울꽃, 물잎풀, 입술망꽃, 쥐꼬리망초 등이 서식하는데, 우리 집 정원에서도 뜨거운 여름이면 쥐꼬리망초가 핀다. 잔털이 밀생하는 녹색 줄기에 연자홍색 입술처럼 피어나는 꽃이 얼마나 사랑스러운지, 크기도 겨우 그레이스의 새끼손톱만 하다. 행복한 새벽이다. 직접 런던의 북동쪽 월섬스토(Walthamstow)까지 가지 않아도 온실

엄마가 엄마 찾아 줄게

이른 새벽의 팥배나무 열매

의 벽면을 통해 모리스의 작품을 능가하는 아칸서스 도안을 볼 수 있다니!

　모리스는 말했다. "그 자체를 넘어, 무언가 상기시키지 않는 장식은 쓸모없다." 동시대에 태어나 살았다면 나는 분명 모리스에게 사랑받는 제자가 되지 않았을까? 그가 문인이기도 했지만, 무엇보다 선태류의 작은 이끼들과 돌 틈에 피어나는 제비꽃을 통해서도, 나는 그 자체를 뛰어넘는 우리 그레이스를 떠올리니 말이다.

　아이로니컬하게도, 사실 나는 중국에서 유학하는 중에 휘감아 올라가는 덩굴손, 잎, 꽃 등 모리스의 아르누보(Art Nouveau) 양식 디자인에 더욱 관심을 갖게 되었다. '새로운 예술'이라는 뜻을 지닌 아르누보는 식물의 줄기 또는 불길의 모양과 같이 자연의 아름다운 곡선을 디자인의 모티브로 삼았다. 그 시절

나는 약학과 교수님들과 함께 (약초 연구를 위해) 몸담고 있던 대학에서부터 무려 5,000km나 떨어진 운남성의 산지와 열대 우림을 찾아다니곤 했는데, 당시 산세를 파고들면 파고들수록 모리스의 예술적 감각 속으로 더 깊이 빠져드는 듯한 경이로움을 느꼈다. 그도 그럴 것이 모리스는 고대 약초, 중세 목판화, 태피스트리(tapestry), 채색 필사본 등을 연구하여 자신의 디자인에 적용했고, 나야말로 사방이 아칸서스 벽지의 도안처럼 우거진 숲, 과연 고대 약초들을 방불케 하는 커다란 잎사귀들 아래에 서 있었으니, 그곳은 마치 인간이 죄를 짓지 않았을 때의 에덴과도 같은 모습이었다.

어느덧 서리가 수놓은 온실의 유리 벽 너머로 호박색 등이 탈칵하고 켜졌다. 침실이다. 오늘은 아빠의 기도가 아이의 기상보다 늦다. 그레이스가 새벽에 홀로 눈을 떠도 무섭지 않은 나이가 되면, 나는 가장 먼저 새벽 예배를 회복하고 싶다. 남편과 어두운 방에서 서로 모자를 씌워 주고 머플러를 감아 주던 때가 그립다. 둘뿐인 방이니 잠시 불을 켜도 되는 것을, 더듬더듬 벽을 훑어가며 방문을 찾아 나서던 모습들을 생각하면 지금도 웃음이 나온다. 부스스한 서로의 모양새에 웃음을 삼키며 집을 나서던 그 새벽길에는, 돌담 너머마다 샛노란 귤이 주렁주렁 달려 있었다.

침실의 창으로 온실의 노란 불빛이 비치니 창을 열고 엄마를 부르는 그레이스. 그 소리에 놀라 팥배나무 열매를 쪼아 먹던 새들이 퍼드덕 날아간다. 온실과 침실에는 마주하는 창이 있어 새벽에도 잠시 혼자만의 산책이 허락된다. 창틀에 매달려 아기 때부터 돌돌 말고 자는 담요를 머리까지 뒤집어쓰고는 방

엄마가 엄마 찾아 줄게

굿 웃는 천사. 창문을 좋아했던 마티스의 여러 작품들처럼 그레이스가 주인공이 되는 이 그림도 참 사랑스럽다. 나는 얼른 찻잔을 내려놓고 두 팔을 멀리 위로 올려 하트를 만들어 보였다. 천사의 미소에 대한 화답이다.

그사이 거실 등도 '탈칵', 이번에는 남편이 돌아왔다. 서둘러 찻잔과 다이어리를 챙겨 들어온다. 그리고 추운 예배당에서 돌아온 남편과 막 잠에서 깬 그레이스를 위해 다시 주전자를 얹는다.

주방 창 너머 이웃들의 집에서도 하나둘 빛이 새어 나오기 시작한다. 빨간색, 노란색, 보라색… 마치 세상이 지오반니 벨트라미(Giovanni Beltrami, 1860-1926)의 스테인드글라스처럼 아름답다. 이 짧은 새벽에 나는 아주 긴 여행을 마치고 온 듯하다. 런던의 북동쪽 월섬스토를 출발해, 중국 운남의 거친 산새를 거쳐, 지금은 이탈리아의 어느 세련된 도시 한 성당의 웅장한 창문 아래라니….

물이 끓는다. 오늘 아침, 남편과 그레이스에게는 모과차가 좋겠다. 폴폴 따뜻한 차와 함께 우리의 하루가 시작된다.

> 🌱 아침에 나로 하여금 주의 인자한 말씀을 듣게 하소서 내가 주를 의뢰함이
> 니이다 내가 다닐 길을 알게 하소서 내가 내 영혼을 주께 드림이니이다 _
> 시 143:8

별꽃

새들이 파란 공기 속을 유영하는 새벽, 정원 울타리 그 너머의 숲 어디에선가 농익은 꽃 향이 날아들었다. 귤꽃이다. 후배들을 위해 동양 조경사에 관한 교재를 쓰다 맞이한 새벽 창가에서 나 역시 한 마리의 새처럼 그 향내 속을 유영하던 때, '똑똑' 누군가 서재 문을 두드렸다. 병아리꽃나무의 흰 꽃처럼 작고 하얀 얼굴에 겨우 한 쪽만 길고 가느다랗게 벌어진 눈, 터질 듯 통통한 입술, 잠에서 덜 깬 아이의 표정이 너무 사랑스러워 품에 안으니 살 내음마저 달큰하다.

"그레이스, 엄마와 새벽 정원 탐험 어때?"

"좋아요."

엄마가 엄마 찾아 줄게

세 개의 암술대를 가진 별꽃

　　현관을 열고 나서자, 커튼처럼 우리를 휘감던 꽃 향. 그것이 숨을 타고 들어와 내 안의 모든 감각을 깨워 진동을 일으킬 즈음, 멀리서부터 짙고 붉은 동이 터 올랐다. 그 빛을 향하여 한껏 암술대를 치켜세운 야생의 꽃들이 서로 뒤엉켜 솟아오르는 새벽과 아침 사이⋯. 밤새 떨어져 내린 별들도 꽃이 되어 일어서고 있었다.

　　별꽃이다. 이 작고 가녀린 생명 앞에, 감히 제주가 화산이 폭발하여 용암이 흘러내리고 화산탄과 화산재가 날아와 온통 돌과 바위로 뒤덮인 거친 땅이었음은 상상조차 할 수 없다. 흙 한 줌 없어 용암의 좁은 틈새에서 겨우 생명을 피워 냈을 지의류와 이끼들, 그리고 이끼가 머금은 그 미미한 습기로 다양한 풀들과 종자식물들이 날아와 싹을 틔웠을 이 땅의 초원과 숲. 그저 경이로운 자연의 숨결⋯. 이렇듯 살아 있다는 것은 자연 속 모든 생명체의 숨결과 우리의 숨이 어우러져 척박한 땅을 적시고 그 위에 꽃을 피워 내는 것일 테다.

키 작은 별꽃과 눈맞춤 하기 위해 풀섶 가까이에 앉은 아이의 원피스 밑단이 슬몃 이슬로 젖어 들었다.

"엄마, 별꽃이 가장 먼저 피었어요!"

우리나라 식물의 이름에는 유독 별꽃이라는 명칭이 많다. 석죽과의 별꽃, 쇠별꽃, 개별꽃, 큰개별꽃, 뚜껑별꽃, 덩굴별꽃…. 국가 표준 식물 목록을 보면 무려 40여 종의 식물이 별꽃이라는 이름을 가지고 있다. 그 앞에 무엇을 가져다 붙여도 예쁜 이름인 별꽃은 볕이 잘 들고 습기가 있는 낮은 지대에서 피어나는 두해살이풀이다.

가만히 별꽃을 바라보던 그레이스는 며칠 전 학교에서 있었던 이야기를 들려주었다.

"엄마, 급식실 가는 길에 별꽃이 많이 피어 있었어요. 암술대가 다섯 개인 쇠별꽃이었어요. 그런데, 우리가 우루루 몰려가면서 그 꽃 무리를 밟았지 뭐예요! 다시 일으켜 보려 했지만, 이미 꽃들이 힘을 잃은 후였어요. 친구들은 모두 급식실로 가고 그 자리엔 느릿하게 걸어오던 봉구와 저, 둘뿐이었어요. 그런데… 제가 별꽃들에게 미안하다고 말하니까 봉구가 큰 소리로 웃으면서 그깟 잡초한테 무슨 사과를 하냐고 놀려댔어요."

"그런 일이 있었구나. 우리 그레이스, 무척 속상했겠다."

"엄마, 세상에 잡초는 없지요? 엄마가 그때 오름에서 내려오는 길에 말씀하셨잖아요. 중국의 왕양명(王陽明)이라는 분이 꽃밭에서 풀을 뽑으며 제자에게 들려주었던 이야기요."

"그래, 그레이스. 엄마 생각에도 세상에 잡초라는 건 없어. 왕양명이 제자에게 했던 이야기를 아직까지 기억하고 있니?"

"그럼요! 한 번 더 들려주세요."

"음… 하늘과 땅이 모든 것을 만들고자 한 의지는 꽃에 대해서나 풀에 대해서나 차별이 없을 것이니, 거기에 선한 것과 악한 것의 구분은 없다. 네가 꽃을 바라보고 싶다고 생각하면 꽃을 선이라고 하고 풀을 악이라고 하지만, 만일 풀을 어디엔가 이용하고자 생각한다면 이번에는 풀이 선한 것이 된다. 이렇게 선악의 구별은 모두 네 마음속에 있고, 좋고 나쁜 감정에서 비롯되는 것이다."

약학을 배우며 알게 된 중국 명대 중기의 대표적인 철학자였던 왕양명이 남긴 말 중에 가장 크게 공감되었던 부분이다. 잡초라는 말의 사전적 의미는 '빈터에서 자라며 생활에 큰 도움이 되지 못하는 풀'이다. 그러나 실제 잡초라 분류된 것들 가운데 처음에는 예상치 못했던 가치가 훗날 새로이 발견되면서, 다시 재배되기 시작한 것들이 꽤 있다. 그 가운데 대표적인 것이 민들레이다. 우리는 민들레를 잡초 정도로 여기지만, 유럽에서는 오래전부터 약용 식물로 널리 이용해 왔다. 열을 내리고 소변을 잘 나오게 하며, 염증을 없애고 위장을 튼튼하게 하는 효과에 탁월하기 때문이다. 흔히 누가 심지도 않았는데 피어난 식물 혹은 농경지에 심은 작물 옆에 자라며 생장에 방해가 되는 식물 등 본인이

유도하지 않은 식물들을 잡초라 부르지만, 그렇게 여겨지는 식물들도 제각각 쓸모와 역할이 있기에 잡초는 늘상 범주가 바뀌는 상대적인 개념일 뿐이다.

하나님께도 잡초란 없다. 선지자 요나는 악한 도시 니느웨로 가서 멸망을 선포하도록 명령받았다. 그러나 요나는 이스라엘과 적대 관계에 있는 그 땅이 망하기를 소원했기에, 그들에게 구원받을 기회조차 주고 싶지 않았다. 요나는 명령을 거부하고 다시스로 도망친다. 그에게 니느웨는 구원받을 자격이 없는 잡초에 불과했기 때문이다. 그러나 하나님께서는 요나에게 내리신 재앙과 회개, 그리고 회복의 과정을 통하여 모든 민족을 사랑하시는 당신의 마음을 깨닫게 하신다.

🌷 여호와께서 이르시되 네가 수고도 아니하였고 재배도 아니하였고 하룻밤에 났다가 하룻밤에 말라 버린 이 박넝쿨을 아꼈거든 하물며 이 큰 성읍 니느웨에는 좌우를 분변하지 못하는 자가 십이만여 명이요 가축도 많이 있나니 내가 어찌 아끼지 아니하겠느냐 하시니라_ 욘 4:10-11

나는 가끔 그레이스와의 대화 속에서 깊은 감동을 받곤 한다. 주로 흐르듯 가볍게 이야기한 엄마의 말들을 정확하고도 섬세하게 기억하고 있을 때 그렇다. 재작년 봄이었던가. 한라 생태 숲을 걸으며 별꽃과 쇠별꽃의 차이를 짧게 들려주었던 적이 있다. 그런데 그날 학교에서 급식실로 이동하면서 밟았던 꽃이 '쇠별꽃'이라고 말해 깜짝 놀랐다. 쇠별꽃은 별꽃과 거의 비슷하게 생겼지만, 별꽃보다 약간 더 크고 다섯 개의 암술대를 가지고 있어, 세 개의 암술대를 가진 별꽃과 구분된다고 말했었다. 그런데 그 속상했던 순간에 암술대의 개수를 확인하고서 그것이 어떤 꽃인지 구별해 냈다는 것이 무척 감동으로 다가왔다.

"그레이스, 이 별꽃들 좀 봐. 밤새 떨어져 내린 별이 이렇게 꽃이 되어 피어난 것 같아."

"엄마, 저기 무당벌레 보여요? 별꽃은 날개를 펴지 않은 저 무당벌레만 해요."

어느덧 날이 환하게 밝자 엄마의 어깨에 슬몃 기대는 그레이스. 다시 졸음이 몰려오는가 보다. 내 어깨에 아이의 머리가 닿는 순간, 나는 알퐁스 도데(Alphones Daudet, 1840-1897)의 소설, 《별》의 마지막 구절이 떠올랐다.

"저 숱한 별들 중에 가장 가냘프고 가장 빛나는 별님 하나가 그만 길을 잃고 내 어깨에 내려앉아 고이 잠들어 있노라고!"

🐞 하나님은 모든 사람이 구원을 받으며 진리를 아는 데에 이르기를 원하시느니라 _딤전 2:4

고추꽃

　오늘은 그레이스와 오일장에 다녀왔다. 그레이스는 장난감들이 멋스럽게 전시되어 있는 대형 마트보다 매월 2일과 7일에 열리는 시장에 가는 것을 더 좋아한다. 한 손에는 오천 원에 세 개 담아 주는 옥수수 비닐봉지를, 또 다른 손에는 컵 호떡을 들고서 호호 불어 가며 엄마의 꽁무니를 쫓아온다. 장에 사람이 많아서 엄마를 잘 따라오고 있는지 뒤를 돌아보면, 호떡에서 흘러나온 찐득한 설탕 시럽과 시나몬 가루를 코에까지 묻히고는 배시시 웃는다. 그 모습이 얼마나 사랑스러운지….

　장에 오는 날이면 그레이스에게 용돈 만 원을 쥐어 준다. 시작은 돈의 크기와 거스름돈 등 수의 개념을 가르치기 위함이었는데, 모두 파악해 버린 지금은 그만치의 원하는 시장 물건을 고를 수 있도록 했다. 그레이스는 오늘도 어김없이 채소 모종을 파는 할머니께로 달려갔다. 그리고 나는 바로 옆 꽃집에

　　　　　　　　　　　　　　　　　엄마가 엄마 찾아 줄게

텃밭에 피어난 고개 숙인 고추꽃

서 아이의 모습을 가만히 지켜보았다.

"할머니, 고추 모종 주세요."

"고추 모종? 꼬마가 무슨 고추 모종이야. 고추는 매운데 네가 먹을 수나 있어? 여기,

이 방울토마토를 심어야 스스로 물도 주고 열매도 따 먹지."

"아니에요. 고추 모종 주세요. 저는 고추꽃을 좋아해요."

"고추꽃을 좋아한다고? 내 생전 고추꽃을 좋아한다는 소리는 처음 듣네. 이걸 심어

야 맛있게 먹는다니까 글쎄…. 고추는 지지대도 세워 줘야 하고 벌레도 많이 껴서 네

에미가 영 성가셔."

"히잉…."

그레이스가 간절히 고추 모종을 찾는 데는 이유가 있다. 얼마 전 소소리 바람에 벚꽃 잎이 모두 떨어지고 아그배나무의 꽃잎마저 하나둘 산화할 무렵, 그 나무 아래에서 우리가 나누었던 이야기를 기억하고 있기 때문이다.

"엄마, 나는 무슨 꽃 같아요?"

"우리 그레이스는 음… 나붓나붓 하얗고 여린…"

"아하! 아그배나무꽃이죠? 엄마가 좋아하는 저 꽃이요!"

"아니, 고추꽃 같지~!"

"네에? 잉."

"잘 생각해 봐, 그레이스. 창백하리만큼 희고 여리여리한 고추꽃이 피어날 적에, 빨갛고 매운 고추가 달릴 것을 감히 누가 상상이나 할 수 있었을까? 고추가 자라며 그 무게로 꽃이 떨어질까 봐 필 때부터 고개를 숙이는 겸손하고 지혜로운 꽃이란다."

"엄마, 나는 그래도…"

"그레이스, 엄마가 고추꽃만큼이나 희고 여린 너를 처음 품에 안았을 때는 말이야. 그때는 정말 상상도 하지 못했어. 네가 이렇게나 지혜롭고 건강한 아이로 성장하리라는 걸…. 그래서 고추꽃을 보면 네가 떠오르는 거야."

하지만 모종을 파시는 할머니께서 아이의 뜻깊은 마음을 헤아릴 리가 없다. 그 후로도 여러 번 고추 모종 사는 것에 실패했던 그레이스는 요즈음 이렇게 작전을 바꾸었다.

"할머니, 토마토 모종 하나랑 고추 모종 두 개 주세요!"

그래서 우리 집 텃밭에는 애써 지지대를 세워 줘야 하는 성가신 고추와 토마토만 한가득이다. 나는 온 가족이 즐겨 먹는 가지와 대파를 심고 싶지만, 그레이스의 뒤늦은 고추꽃 사랑을 이길 재간이 없다.

에효, 이럴 줄 알았으면 가지꽃이나 대파꽃을 닮았다고 할 걸 그랬다. 그것도 크게 나쁘지 않은데 말이다. 하하하.

그레이스가 학교에서 지어 온 동시이다.

🖋 고추꽃

내 이름은 고추꽃

나는 꿈을 꾸지

내 꿈은 나만 알지

하얀 고추꽃이 빨간 고추가 되는 비밀을 나만 알지

내 이름은 고추꽃

나는 고개 숙여 기도하는 착한 꽃

예수님이 기뻐하는 겸손한 꽃

지혜로운 꽃.

고추꽃

🌷 네 귀를 지혜에 기울이며 네 마음을 명철에 두며 지식을 불러 구하며 명철을 얻으려고 소리를 높이며 은을 구하는 것같이 그것을 구하며 감추어진 보배를 찾는 것같이 그것을 찾으면 여호와 경외하기를 깨달으며 하나님을 알게 되리니 _잠 2 :2-5

엄마가 엄마 찾아 줄게

수국이 피어나고 있는 6월의 정원

유채꽃 다발

마을에서 멀지 않은 곳에 장애인 복지 시설이 있다. 그레이스와의 산책길에 종종 운동을 위해 나온 장애인들과 만난다. 인도가 없는 좁은 시골길이라서 산책 중 그들 행렬과 마주치면, 그레이스와 나는 잠시 길 한편에 멈춰 서서 그들이 지나갈 때까지 기다리곤 한다.

그날 오후에도 유채가 피어 있는 그 길을 산책하던 중이었다. 저만치에서 일렬로 내려오는 그들 무리가 보이자, 우리는 길로부터 조금 더 안쪽으로 파인 공간을 찾아 그곳에 멈춰 서 있었다. 그렇게 서로 눈인사를 하며 예닐곱 명이 우리 앞을 지나갔고, 우리 역시 다시 산책할 채비를 하려던 그때였다. 무리 중 한 명이 가던 걸음을 돌려 우리 곁으로 뛰어왔다. 그리고 방금 꺾은 듯한 유채꽃 다발을 그레이스에게 내밀었다.

엄마가 엄마 찾아 줄게

산책 중에 만난 유채꽃

"고맙습니다…."

산책 중에 상상도 못 한 선물을 받은 그레이스는 고개를 숙여 인사를 했고, 그녀는 유채꽃만큼이나 샛노란 미소를 남기고는 다시 부지런히 무리를 향해 뛰어갔다. 행렬의 가장 끝에서 그 모습을 지켜보던 인솔 선생님이 우리를 향해 "마음이 참 곱죠?" 하며 뿌듯한 듯 미소를 건네셨다.

저녁이 되었다. 정원에 물 줄 시간이 되어 장화를 신고 나서려는데, 돗자리를 겨드랑이에 끼운 그레이스가 화판 가방(화판과 미술 도구 주머니가 하나로 만들어진 가방)과 낮에 선물로 받았던 유채꽃 다발을 들고 따라나섰다.

"엄마가 꽃에 물 주실 동안, 저는 그림을 그리려고요!"

뒷 정원에 물을 주고 돌아오니, 어느새 그레이스의 도화지 안에는 노란 유채꽃 다발을 든 아름다운 여인이 밝게 웃고 있다.

"엄마, 생각나세요? 아까 그 언니가 이렇게 웃었어요. 해님처럼요."
"그럼! 생각나고 말고…. 그레이스, 어쩜 그렇게 환하게 웃을 수 있지?"
"그런데, 입술이 아팠나 봐요. 눈도 아프고요."
"응. 선천적으로 윗입술이 갈라져 태어나거나(Cleft tip), 입천장이 뚫려 코와 입이 통하여 태어났을 경우(Cleft palate) 해야 하는 수술을 받은 것 같아. '구순 구개열' 이라고 한단다. 두 눈이 똑바로 정렬되어 있지 않은 모습도 보았구나. 그것은 사시 (Strabismus)라고 해."

앞 정원에도 물을 주어야 한다는 것을 잊은 채, 장화를 벗고 아이 곁에 앉았다. 그레이스는 개나리색 크레파스로 유채꽃을 칠하며 말을 이어 갔다.

"그런데, 엄마. 저도 선천적으로 심장병과 전이개 누공을 가지고 태어났죠. 손목에도 결절종이 있었고요. 그쵸?"
"응. 그랬지…."
"그리고, 태어나 얼마 후에 복지회로 보내졌고요."
"응…."

"하지만 질병 하나 없이 태어나, 낳아 준 부모님과 사는 친구들이 훨씬 더 많은 것 같아요."

"응. 그렇지….."

"그런데요, 엄마… 나는 왜…"

문득 몇 해 전 그레이스가 '전이개 누공 수술'을 했던 때가 떠올랐다. 그레이스에게는 태어나면서부터 양쪽 귀에 모두 전이개 누공이 있었다. 심장 수술 (심실중격 결손 패취 수복술)과 손목 결절종 제거 수술(신경절의 절제술)을 한 이듬해, 갑작스레 한 쪽 귀가 부어오르기 시작했고, 우리는 근본적인 치료를 위해 양쪽 귀를 모두 수술했다. 맞다. 그날 수술을 마치고 밤이 깊어지며 통증이 심해지자, 그때도 이처럼 물어 왔었다.

"엄마, 나는 왜 아픈 아기로 태어났어요? 심장도 아프고, 손목도 아프고, 귀도 아프고…"

나는 그날, "그레이스, 하나님께서 우리에게 선천적인 아픔이나 가난 같은 어려움을 허락하신 건 서로 사랑하라는 의미에서란다."라고 말해 주었다. 수술 당시 일곱 살이었던 아이가 열 살이 되니, 이제 그 설명으로는 무언가 부족함을 느끼는 듯했다.

"그레이스, 요한복음에 이러한 말씀이 있어."

🌷 예수께서 길을 가실 때에 날 때부터 맹인 된 사람을 보신지라 제자들이
묻어 이르되 랍비여 이 사람이 맹인으로 난 것이 누구의 죄로 인함이니이
까 자기니이까 그의 부모니이까 예수께서 대답하시되 이 사람이나 그 부
모의 죄로 인한 것이 아니라 그에게서 하나님이 하시는 일을 나타내고자
하심이라 _요 9:1-3

"그레이스, 제자들은 예수님께 그 사람이 날 때부터 맹인이 된 이유가 그의 죄 때문
인지, 부모의 죄 때문이지 물었단다. 마치 모든 고통이 죄 때문이라는 전제가 깔려 있
는 듯 아주 분명하게 말이야. 물론 여전히 많은 문화권의 사람들이 인간의 여러 장애
나 재앙과 같은 고통을 죄와 연결시키기도 해. 하지만 그것은 그들이 어떻게든 그것
을 합리적으로 이해하고 싶기 때문이란다. 본인에게도 얼마든지 그러한 고통이 찾아
올 수 있다고 의식하며 살아가는 것보다 그럴만한 이유가 있는 이들에게만 찾아온다
고 여기는 게 심적으로 훨씬 더 편안할 테니까. 욥의 친구들처럼 말이야."

그레이스는 조금 어렵게 들릴 법한 이야기임에도 엄마의 말에 가만히 귀를
기울였다.

"하지만 그레이스, 놀랍게도 예수님께서는 이 문제를 '하나님께서 하시는 일'이라는
관점에서 바라보게 하셨단다. 여러 주석과 책을 자세히 살펴보면, '그에게서 하나님
이 하시는 일을 나타내고자 하심이라'라는 문장은 곧, '하나님의 일들이 그 안에서 나
타나게 하라'라는 명령문으로 번역될 수 있거든. 그래서 네가 일곱 살 때 이걸 물었을

엄마가 엄마 찾아 줄게

때도 그렇게 대답했던 거야. '그레이스, 하나님께서 우리에게 선천적인 아픔이나 가난 같은 어려움을 허락하신 건 서로 사랑하라는 의미에서란다.'라고 말이야. 너의 이 모든 아픔을 통해 하나님의 일들, 곧 '사랑'이 나타나도록 해야 한다는 것을 말해 주고 싶었단다."

"엄마, 그러면 하나님께서 낳아 준 엄마의 배 안에서부터 나를 아프게 하신 거예요?"

"아니야. 하나님께서 일부러 장애를 가진 사람을 만드신 것이 아니란다. 하나님의 계획에 따라 입양아를 선별하신 것도 아니고."

"그럼요?"

"그레이스, 모든 사람의 육체적, 정신적인 지금의 모습은 부모와 선조들의 DNA 체계에 따른 결과일 뿐이란다. 음… 이렇게 생각해 보면 어떨까? 코로나와 같은 전염병과 기후 위기 등을 하나님께서 계획적으로 만드셨을까? 우리가 고통받기 원해서서 벌을 내리시려고? 아니야, 그레이스. 인간의 욕망이 만들어 낸 거야. 고대의 여러 우상 숭배와 성적 타락, 인체에 질병을 일으키는 각종 공해나 환경 호르몬 같은 것들도 인간의 욕망 때문에 일어난 일이듯 말이야. 너에게 선천적인 아픔이 있는 것과 네가 입양아라는 것 역시, 인간의 연약함 때문에 일어난 일이란다."

"그런데요, 엄마. 하나님께서 저를 사랑하신다면, 제가 태어날 때 미리 막아 주실 수도 있잖아요."

"그레이스, 그렇다면 애초에 아담이 타락하는 것부터 막아 주셨어야 했을걸. 아니, 그 전에 선과 악, 그리고 우리가 취하지 말아야 할 것들을 모두 허락하지 않으셔야 했어. 지금도 지구에서 일어나는 인간의 모든 죄악들을 일일이 막으셔야 하고…. 결국, 사람을 로봇이나 짐승과 같이 지으셔야 했을 거란다. 하지만 하나님은 하나님의 형상대로 사람을 창조하셨어. 우리를 하나님의 자녀로 삼고 싶으셨으니까."

"네에…."

"그레이스, 아빠와 엄마가 처음 그레이스를 만났을 때 말이야. 그때 그 작고 연약한 아기를 보면서 참 안타까웠어. 그래서 그레이스를 우리의 품에서 내려놓을 수가 없더라…. 그레이스, 어쩌면 하나님께서 여전히 선천적인 아픔이나 가난, 혹은 지금도 전쟁 가운데 고통받고 있는 이들을 묵인하고 계시는 것도 이것 때문이지 않을까? 서로 사랑하라고, 예수님께서 우리에게 보이셨던 그 사랑으로 서로 사랑하라고…."

그레이스는 가만히 고개를 끄덕였다. 그리고 나는 안도했다.

"그레이스, 엄마가 감히 나와 다른 모양으로 출발한 너의 삶을 엄마의 방식대로 이해시키고 설득하려는 건 아니란다. 다만 과거로부터 얻은 깨달음에 집중하며 그것으로부터 지혜를 찾아 살아가는 삶이 내게 훨씬 아름다운 성장을 주었다고 말하고 싶어. 그러니 그레이스, 우리의 지난 삶에 거쳐 온 다양한 사건들이 처음부터 아예 존재하지 않았거나 혹은 벌어지지 않은 것보다 더 아름다운 삶을 살자."

어느덧 우리는 손을 마주 잡고 있었다. 언젠가 그레이스와 풀어야 할 숙제가 아주 조금은 해결된 듯했다. 다만 나는 소망한다. 언젠가 주님 품에 이르렀을 때, 이 땅에서 이처럼 더한 아픔을 겪은 이들에게는 또 한 겹의 크신 위로가 있기를…. 그날이 되면 모두 알게 될 것이다. 그러니 현재로서는 알 수 없는 여러 고통 가운데 있는 자들이 절대 십자가의 사랑을 의심하거나 놓지 않기를,

그리고 곁에서 함께하는 자들은 더욱 섬기며 서로 사랑하기를 바란다.

🌷 우리가 다 수건을 벗은 얼굴로 거울을 보는 것같이 주의 영광을 보매 그
와 같은 형상으로 변화하여 영광에서 영광에 이르니 곧 주의 영으로 말미
암음이니라 _고후 3:18

산딸기 케이크

"내게 세상에 대한 감각을, 세상 속에 나의 자리를 선사한 것은 여름내 아침마다 이슬 맺힌 잎 아래에 열린 야생 딸기였다."

《향모를 땋으며》의 저자이자 생태학자인 로빈 월 키머러(Robin Wall Kimmerer)는 어떤 면에서 본인은 딸기가 키웠다고 말한다. 그녀는 아메리카 원주민 포타와토미 족(아니시나베 부족) 출신이다. 포타와토미어에서는 딸기를 '오데 민(ode min)' 즉, '심장 베리'라고 부르는데, 그들은 딸기를 베리의 지도자요, 최초의 열매 맺는 식물로 여긴다. 그녀에게 '선물이 발치에 한가득 뿌려져 있는 세상'이라는 세계관을 처음 빚어낸 것도 다름 아닌 딸기였다.

그런데, 21세기 여기 대한민국의 작은 섬, 제주에 사는 한 소녀에게도 마치

산딸기나무 묘목 심는 날

들판은 키머러 할머니의 이야기처럼 매우 특별한 선물과도 같다. 달콤할 뿐
아니라 새빨간 보석처럼 반짝이듯 예쁘기까지 하니 소녀에게 야생 딸기는 루
비, 그 이상의 가치인 것이다.

　산지사방에서 몰려드는 4월의 고사리 군단(?)이 모두 떠나고 나면, 우리는
어김없이 성산읍 수산리에 있는 6월의 영주산 자락을 걷는다. 그 산발치 어딘
가에, 나와 그레이스만이 알고 있는 산딸기밭이 숨어 있기 때문이다. (그곳은
사유지가 아닐뿐더러 입구도 잘 닦여 있어 마음 편하게 원하는 만큼의 야생 딸기를 딸
수 있다.) 그레이스는 그 장소를 '빨간 구슬 목걸이 밭'이라고 부른다. 목걸이
줄이 '툭!' 하고 끊어져 빨간 구슬이 사방으로 흩어진 것 같단다. 피카소가 말
했던 것처럼 모든 아이들은 예술가임이 분명하다. 만약 그레이스가 하나의 줄
기에 오종종하게 달린 줄딸기를 먼저 발견했다면, 분명 그 밭의 이름은 '크리

스마스 꼬마전구 밭'이 되었을 것이다. '지혜로운 달빛의 정령', '푸른 나무의 노래' 등과 같이 그레이스는 인디언식으로 이름 짓는 것을 좋아한다. 올해도 어김없이 빨간 구슬 목걸이 밭에 도착했다. 밭은 언제나처럼 색깔과 모양보다 뜨거운 볕과 달콤하게 뒤섞인 그 향으로 먼저 인사했다. 이 세상에 줄기에서 갓 딴 딸기보다 맛있는 것이 있을까?

산딸기(Rubus crataegifolius)는 장미과에 속하는 높이 2m 정도의 키 작은 낙엽 활엽수이다. 옆으로 길게 뻗는 뿌리 밑에서 싹이 돋아 커다란 군집으로 발달하며, 줄기 전체에 가시가 있다. 그 가운데 제주의 산딸기(장딸기, Rubus hirsutus Thunb.)는 육지에서 자라는 야생 딸기보다 단맛이 훨씬 강하고(만약 잼을 만든다면 1:1 비율이 아닌 설탕을 1/2만 써도 된다.), 알갱이의 조직이 치밀하며, 입안에 넣었을 때 씨앗이 거침없고 매끈한 것이 특징이다.

그레이스는 빨간 구슬들을 바구니에 담는 것만큼이나 제 입속으로 넣느라 바빴다. 그러다 멀리서 인기척이라도 들려오면, 행여 우리만의 비밀 장소가 들킬세라 재빠르게 덤불 속으로 들어가 몸을 숨겼다. 몸을 잔뜩 웅숭그린 모습이 어찌나 사랑스러운지, "엄마, 모두 지나갔나요?"라고 소곤대듯 물어 오면, 나는 항상 "아니~"라고 더 작은 소리로 대답하곤 했다. 물론 사람들이 모두 지나간 후에도 말이다. 하하하.

어느덧 6월의 하늘가에는 딸기처럼 빠알간 노을이 번져 가고 있었다. 그런데 그레이스의 바구니를 들여다보니 유난히 알갱이가 크고 반짝이며 모양까지 예쁜 것은 한쪽으로 모아 두곤 먹지 않았다.

"그레이스, 이 딸기들은 왜 나누어 놓은 거야?"

"아, 이거요? 아빠 드릴 거예요!"

양손에 한 바구니씩 들고 들어 올려 보니 모두 1kg 정도는 되는 듯싶었다. 이 정도의 양이면 냉동실에 저장해 두었다가 필요할 때마다 조금씩 꺼내 먹을 수 있으니, 더 이상 욕심을 부리지 않기로 한다. 실룩거리며 앞서 걷는 그레이스의 핑크빛 엉덩이를 보니 웃음이 절로 나왔다. 덤불 속으로 몸을 숨기며 밭에 여러 번 주저앉아 산에 오를 때만 해도 하늘색이었던 바지가 연분홍 꽃바지가 되었다.

생각해 보니 작년에는 생딸기 그대로를 이웃과 나누었고, 재작년에는 잼을 만들어 가까운 지인들에게 선물했었다. 하지만 올해는 아이의 바람대로 중국 출장을 마치고 돌아오시는 아빠를 위해 케이크를 만들기로 했다.

우리는 집에 도착하자마자 냉동 보관해 두었던 말차 제누와즈를 실온으로 꺼내 놓았다. 크림을 바르기 한 시간 전 즈음에 꺼내 두면 가장 좋다. 며칠 뒤 아빠께 선물할 케이크를 미리 만들어 보기로 한 것이다. 나는 생크림 케이크를 좋아하는 그레이스를 위해 한 번에 여러 개를 구워 냉동실에 보관한다. 케이크의 베이스가 되는 빵, 제누와즈를 만드는 법은 그리 어렵지 않다.

 ■ 간단하게 제누와즈 만드는 법

1. 달걀 4개를 거품기로 푼다.

2. 설탕 120g을 넣고 크림빛이 나올 때까지 거품을 낸다.

3. 바닐라 익스트랙을 4~5방울 넣는다.

4. 녹인 버터 또는 오일을 2T를 넣는다.

5. 주걱으로 거품이 죽지 않도록 섞어 준다.

6. 박력분 110g을 체에 쳐서 넣는다.

  (말차 제누와즈를 원한다면 이때 넣는다.)

7. 주걱으로 섞어 준다.

8. 케이크 틀에 유산지를 깔고 반죽을 담는다.

9. 180℃로 예열한 오븐에 넣는다.

10. 온도를 낮춰 170℃에서 10분, 160℃에서 20분 동안 굽는다.

■ 베리 케이크 만드는 법

1. 잘 구워진 제누와즈를 가로로 삼등분하여 시트를 만든다.

2. 첫 번째 시트에 설탕 시럽을 바른다.

  (물 40ml와 설탕 1.5T를 넣어 끓인다.)

3. 그 위에 생크림을 펴 바른다.

  (마트에서 구입한 동물성 무가당 생크림과 설탕을 10:1로 휘핑한다.)

4. 베리를 올린 후 생크림을 바른다.

5. 두 번째 시트로 덮는다.

6. 위 순서 2번에서 5번까지를 두 번 더 반복한다.

7. 전체를 생크림으로 바른다.

8. 베리로 상단을 장식한다.

(우리는 계절에 따라 한련화, 팬지, 로즈마리로 장식한다.)

9. 슈가 파우더를 뿌린다.

주방을 정리하고서 거실로 오니, 산딸기 케이크를 실컷 먹은 그레이스가 고양이 큐(Kew: 영국의 큐가든에서 이름을 따옴)와 함께 소파에 잠들어 있다. 밭을 뛰어다니고 덤불을 드나들더니 꽤나 피곤했던 모양이다. 오후 내 태양 아래 머물며 붉게 그을린 아이의 두 볼과 손톱 끝에 남아 있는 거뭇한 흙이 눈에 들어왔다.

우리가 알고 있듯 빛은 영양소이다. 피부를 햇빛에 노출하면 비타민 D가 만들어져 식단으로 부족한 양을 보충할 수 있고, 햇빛의 청색광은 수면과 기상 주기를 설정할 뿐 아니라 두뇌 속 세로토닌 생산 속도를 조절하여 몸을 이롭게 한다. (세로토닌은 행복감의 배경이 되고, 기분을 조절하며 공감을 높여 준다.) 또한 젖은 흙냄새를 맡는 일도 가드닝(gardening)이 주는 즐거움 가운데 하나이다. 흙냄새에 매우 민감한 인간의 후각 중추는 토양 박테리아 방선균의 활동에 의해 방출되는 '자오스민'이라고 하는 이 냄새를 통해 매우 상쾌하고 포근한 느낌을 경험한다. 진정시키면서도 고양시키는 효과가 있기 때문이다.

키머러는 말한다. 좋은 엄마가 된다는 것은 세상 돌보는 법을 자녀에게 가르치는 것이라고…. 그녀가 자녀에게 사과 따는 법을 가르치듯 내가 그레이스에게 텃밭 일구는 법을 가르치고, 약초와 식용 풀들을 따로 구분하여 함께 압화를 해 두거나 그림으로 그려 보도록 하는 일, 생활 쓰레기들을 모아 직접 비료를 만들어 사용하게 하는 일, 그리고 영주산 자락의 산딸기처럼 아무리 자연이 거저 주는 것일지라도 꼭 필요한 만큼만 취해야 한다는 것을 깨닫게 하는 일 등…. 이 모든 것이 같은 맥락이다. 바로, 세상 돌보는 법을 가르치는 것.

자연을 배우고 그에 조응하며 그것을 사유하는 일이 좋은 장래를 꿈꾸는 것보다 먼저 실천되어야 한다고 믿는다. 그것이 더욱 모두의 성공적인 장래와 면해 있기 때문이다.

내년의 빨간 구슬 목걸이 밭을 기약하며….

🌷 공중의 새를 보라 심지도 않고 거두지도 않고 창고에 모아들이지도 아니하되 너희 하늘 아버지께서 기르시나니 너희는 이것들보다 귀하지 아니하냐 _마 6:26

엄마가 엄마 찾아 줄게

뒷정원으로 가는 수국길

메밀꽃 필 무렵

"엄마, 파도예요! 하얀 파도요!"

분명 오름과 오름의 사잇길을 달리고 있는데 파도라니, 놀라 감격에 찬 그
레이스의 목소리에 우선 길섶에 차를 세워야 했다. 그리고 차창을 내려 주위
를 둘러보았다. 정말 끝이 보이지 않는 너른 밭에 바다가 하얀 물보라를 일으
키며 일렁이고 있었다. 메밀꽃이다.

제주도는 우리나라 최대 메밀 생산지다. 전체 재배 면적의 약 50%, 생산량
역시 약 40%를 차지하고 있다. 논농사가 어려운 곳에서 재배하던 일종의 구황
작물인 메밀은 일 년에 두 번 수확할 수 있는 곡류이다. 4월에 봄 파종을 하여
7월 중순에 수확하거나, 7월에 여름 파종을 하여 10월 하순에 수확하는 방법
으로 수확 시기에 따라 여름 메밀과 가을 메밀로 나뉜다. 그레이스가 감동하

며 하얀 파도라 느꼈던 것은 흰색과 연홍색의 꽃이 가늘고 긴 가지 끝에서 유연하게 일렁이기 때문이다. 메밀꽃은 같은 품종이라도 암술이 길고 수술이 짧은 장주화(長柱花)와 암술이 짧고 수술이 긴 단주화(短柱花)가 함께 섞여 핀다.

몇 해 전부터는 사진작가들을 비롯해 많은 관광객들이 그 풍광을 담기 위해 제주로 모여들고 있다. 특히 마을 자치 조합에서 운영하는 조천읍의 와흘 메밀밭은 한라산과 함께 필름에 담을 수 있어 인기가 많다. 하지만 제주 도민들이 즐겨 찾는 메밀밭은 따로 있는데, 다소 한적한 대정읍 거린오름 근처이다. 메밀밭 한가운데 홀로 서 있는 나무도 운치 있지만 파란 하늘과 초록 오름, 하얀 메밀밭이 층층 져 일렁대는 모습이 참 아름답다. 마치 세잔의 작품 〈생트 빅투아르 산〉처럼 산과 풍경이 지닌 본질만을 화폭에 담아낸 듯 정갈하다. 개인이 경작하고 있기에 진입은 어려우나 길섶에서 바라보는 것만으로도 경이로운 작품이 된다.

그레이스와 차에서 내려 메밀밭을 가두리 해 놓은 돌담에 기대어 앉았다.

"산허리는 온통 메밀밭이어서 피기 시작한 꽃이 소금을 뿌린 듯이 흐뭇한 달빛에 숨이 막힐 지경이다."

나는 문득 이효석 작가의 《메밀꽃 필 무렵》의 한 장면인 허생원과 장돌뱅이 친구 조선달, 그리고 장터에서 만난 젊은 장돌뱅이 동이가 봉평 장터에서 대화장으로 걸어가던 그 달 밝은 밤의 메밀꽃밭이 떠올랐다. 6월의 햇살 아래 소금처럼 반짝이는 흰 꽃가지들을 바라보고 있으니, 이제야 오래전에 읽었던 그 이야기가 더욱 선명하게 그려진다.

허생원은 평생 장을 떠돌며 물건을 팔아 살아온 인물도 없고, 돈도 못 버는 부평초와 같은 인생의 장돌뱅이다. 하지만 그런 그에게도 평생 잊지 못할 하룻밤의 순정이 있었으니, 그것은 봉평의 한 객줏집에서 만난 성서방네 처녀와의 추억이었다. 허생원은 달빛이 흐르는 메밀밭 길을 걸으며 처음 조선달과 동이에게 그 옛이야기를 풀어 놓는다. 하지만 그녀는 허생원과 하룻밤을 보낸 후, 돌연 다음날 제천으로 떠났고 안타깝게도 둘은 그 후로 만난 적이 없었다. 허생원이 여전히 봉평 장터를 잊지 않고 찾는 이유 역시 생의 단 한 번 그녀와의 사랑을 잊지 못하기 때문이다.

엄마가 엄마 찾아 줄게

엄마가 교교히 흐르는 그들의 달밤에 빠져 있는 사이, 저만치 소금 바다에서 꽃과 함께 살랑이던 그레이스가 쓰러진 꽃가지를 하나 주워 달려왔다. 나는 그레이스에게 소설 《메밀꽃 필 무렵》의 이야기를 조곤조곤 들려주었다.

허생원은 지난날의 추억을 이야기하며 동이의 사연도 듣게 된다. 봉평이 고향이었던 홀어머니 아래 자랐으며 어머니가 충북 제천에서 자신을 홀로 낳고 키웠다는 것이었다. 동이의 이야기에 묘한 감정에 휩싸인 허생원은 그만 발을 헛디뎌 강물에 빠지고, 젊은 동이는 그를 건져내 등에 업는다. 순간 동이의 등이 참 따듯하다 느꼈던 허생원은 이상하게도 조금 더 동이에게 업혀 있고 싶다는 생각을 한다. 그들이 휴식을 취했다가 다시 걷기 위한 채비를 할 때, 허생원은 나귀를 부릴 때 쓰는 채찍이 동이의 오른손이 아닌 왼손에 들려 있음을 보고 자신처럼 왼손잡이인 동이가 본인의 아들일 것이라고 느낀다.

나는 그들의 이야기를 들려주며, 혹시 그레이스가 지루해하지는 않을까 여러 번 얼굴을 살폈다. 그러나 다행히도 그레이스는 놀랄 만큼 이야기에 집중하고 있었다.

"엄마, 혹시 동이의 엄마가 성 서방네 처녀가 아닐까요?"

"그레이스는 왜 그렇게 생각해?"

"허생원과 성 서방네 처녀가 봉평에서 만나 사랑을 나누었고, 다음 날 충북 제천으로 떠났다고 했는데, 동이도 제천에서 태어났다잖아요. 둘 다 왼손잡이고요. 그죠, 엄마? 엄마, 저는 성 서방네 처녀가 꼭 동이의 엄마였으면 좋겠어요. 아니, 분명 동이의 엄마일 거예요!"

그레이스의 어조는 다소 흥분되어 있었다. 옛이야기를 지루해하기는커녕 도리어 그 속에 첨벙 잠긴 것이 조금 의아하게 느껴질 만큼…. 나는 다시 조심스레 물었다.

"그런데, 왜 성 서방네 처녀가 동이의 엄마였으면 좋겠어?"

"아이참, 우리 아빠도 곱슬머리고 저도 곱슬머리니까요. 저도 아빠를 닮아 손톱이 길고 예쁘니까…. 엄마! 나도 그냥 태어날 때부터 지금 아빠가 내 아빠면 안 돼요?"

"……"

그 아름다운 들녘에서 왈칵 눈물이 쏟아졌다. "나도 그냥 태어날 때부터 지금 아빠가 내 아빠면 안 돼요?"라고 묻는 그레이스의 표정에서 심통 묻은 간절함 같은 것이 느껴졌다. 그레이스에게 성 서방네 처녀가 왜 반드시 동이의 엄마여야 했는지, 그리고 이야기를 듣는 내내 왜 그토록 쏘아보듯 엄마를 채근했는지 이제야 알 것 같았다. 나는 그레이스를 품에 안았다.

"그래, 그럴 거야. 분명, 허생원이 동이의 아빠일 거야, 그레이스."

내게도 이토록 간절히 동이가 허생원의 아들이기를 소원했던 날은 없었다. 아니, 동이는 반드시 허생원의 아들이어야만 한다.

1930년대를 대표하며 자연과의 교감을 시적인 문체로 아름답게 묘사했던 이효석 작가는 안타깝게도 서른여섯이라는 나이에 요절했다. 그가 가늠이나

엄마가 엄마 찾아 줄게

할 수 있었을까? 그의 《메밀꽃 필 무렵》이라는 작품이 먼 훗날, 제주에 사는 어느 어린 소녀에게 이토록 뜨겁고 간절한 바람을 꽃피우게 하리라는 것을….

🌷 네 평생에 너를 능히 대적할 자가 없으리니 내가 모세와 함께 있었던 것 같이 너와 함께 있을 것임이니라 내가 너를 떠나지 아니하며 버리지 아니 하리니 _수 1:5

어머니와 분꽃

12월의 제주는 애기동백으로 그 취기를 더한다. 나는 동박새의 노랫소리에 이끌려 정원으로 나왔다. 마침 동백나무에 달아 놓은 새집에 잡곡도 채워 놓아야 하고, 나간 김에 꽃이 예쁘게 핀 가지들을 꺾어다가 식탁을 장식할 생각이었다. 그런데 이상하다 느껴질 만큼 오늘 유난히 많은 동박새들이 나무에 날아드는 것이 아닌가? 이곳에서 아홉 해의 겨울을 살며, 저들 무리의 노랫소리가 이토록 크고 애절했던 적은 없었다. 나는 씻어 말려 두었던 화병과 꽃가지를 들고 들어왔다.

그런데 무슨 일인지, 그 사이 부재중 전화가 여럿 와 있었다. 서울에서 회의 중인 남편과 언니, 그리고 오빠와 새언니까지 모두 가족들의 전화였다. 그 순간 떠오르는 단 하나의 이름, 엄마! 오랜 지병으로 누워 계셨던 어머니께서 최근 여러 번 위험한 고비를 넘기셨기에, 순간 심장이 덜컹 내려앉는 듯했다. 나

엄마가 엄마 찾아 줄게

는 두려운 마음으로 가장 마지막에 걸려 온 언니에게 전화를 걸었다.

"마리아, 마리아…"

나를 부르는, 강물에서 막 건져 낸 듯한 언니의 젖은 목소리만으로 나는 어머니께서 소천하셨음을 느낄 수 있었다. 조금 전 내가 새집에 모이를 채우던 때, 그러니까 꽃가지를 다듬으며 샛노란 동백의 수술에 감탄을 하고 있었던 그때, 어머니는 하늘의 부름을 받으셨다. 아주 가까운 사람의 죽음은 나의 일부가 죽는 것과 같다고 했던가. 중국에서 10년, 제주에서도 10년, 결혼 후 늘 멀리서만 살아온 딸이었기에 마지막 가시는 모습마저 보지 못한 불효와 후회가 일순 통증처럼 밀려왔다. 무심한 막내딸보다 동박새들이 먼저 알고 있었다. 그래서 이른 아침부터 떼를 지어 그리도 서글피 울었나 보다.

그레이스와 함께 무사히 서울행 비행기에 탑승했다. 주체할 수 없는 눈물이 흘렀고, 그런 나를 유심히 바라보던 승무원이 조심스레 다가와 물었다.

"손님, 어디 편찮으신가요?"

옆에 있던 그레이스가 대신 대답했다.

"네. 우리 엄마 마음이 많이 아파요. 외할머니가 소천하셔서 지금 서울에 가는 거예요."

승무원은 그레이스가 안쓰러웠는지, 잠시 후 막대사탕을 하나 가져다주며 말했다.

"어머니 서울까지 잘 모시고 가야 해요. 알았죠?"

난초를 사랑하시던 아버지처럼, 평생 꽃과 함께 살아오신 어머니도 추운 겨울에 떠나셨다. 화려한 꽃들을 두고는 아쉬우셨을까, 서로 약속이라도 하신 듯이….

어릴 적 우리 집에는 작은 마당과 제법 넓은 옥상이 있었다. 마당 한편에는 소담한 어머니의 화단이 자리했는데, 봄이면 일순 채송화와 봉선화, 나팔꽃과 분꽃, 샐비어(어머니는 우리말 그대로 '깨꽃'이라 부르셨다.)가 피어났다. 또 옥상으로 오르는 계단 벽면에는 빨랫줄로 엮어 만든 그물 지지대를 걸어 놓았는데, 그리로는 나팔꽃이 춤을 추듯 살랑이며 올라갔다. 하트 모양의 잎사귀처럼 분명 사랑을 노래했으리라.

어머니의 화단을 바라보고 있으면 시계 따위는 필요치 않았다. 충분히 그것을 대신하던 분꽃과 나팔꽃이 있었으니까. 아침에 해가 뜨면 나팔꽃이 꽃잎을 열어 노래했고, 저녁이 되어 어스름이 깔리면 어김없이 오므렸다. 반대로 어머니가 저녁밥을 짓기 위해 주방으로 향하실 즈음이면 분꽃의 꽃잎이 열렸고, 아침에 동이 터 오르면 일제히 닫혔다. 어머니는 분꽃이 밤을 사랑하는 이유가 박각시나방 등 밤에 활동하는 곤충들을 만나기 위함이며, 꽃잎이 여리기에 한낮의 햇빛에는 쉬이 상처를 입기 때문이라고 하셨다.

어머니와 나는 화단의 꽃들 가운데 분꽃을 가장 좋아했다. 어머니는 잡초를 줄이기 위해 분꽃을 심으셨다고 하셨지만(분꽃은 잎이 넓고 덥수룩하게 피기 때문에 주변에 잡초가 살기 어렵다.), 분명 그 꽃의 향기도 사랑하셨다. 평소 말씀이 없으신 어머니가 분꽃 가까이에 앉아 콧노래를 부르며 그 향내를 맡으시던 모습을 여러 번 보았기 때문이다. 어머니는 분꽃에 열매가 맺히면 그것을 모아다가 내 소꿉놀이 바구니에 넣어 주곤 하셨다. 그 시절 소꿉놀이라고 해 봐야 금이 간 바가지와 마당에 나뒹굴던 병뚜껑들이 전부였지만, 그 열매 몇 알이면 어머니를 귀찮게 하는 법이 없었으니까. 분꽃의 까만 열매를 돌멩이로 으깨면 그 안에 갈색 씨앗이 들어 있고, 또 그 씨앗을 으깨면 하얀 가루가 들어차 있다. 나는 그것을 밥이라 하고 풀들을 따다 반찬이라고 하면서 어머니께 한 상 차려 드리곤 했다. 언젠가 어머니가 말씀하셨다. 오래전 사람들은 그 씨앗 속 하얀 가루로 분을 만들어 사용했다고. 정말 분꽃 주변에서는 어머니의 볼 내음이 났다.

어머니는 동네 사람들이 다 알 만한 '그린 핑거'(Green Finger, 원예 능력자)셨다. 어머니의 화단은 단출했지만, 늘 잡초 하나 없이 단정했고, 옥상의 텃밭에서는 온갖 채소와 허브가 자라고 있었다. 나무로 짜인 사과 상자를 재조립하여 만든 그 텃밭의 채소들은 마을 사람들의 식탁에까지 올려질 만큼 신선하고도 다채로웠다. 어머니는 가끔 길가에 버려진 화분이나 화초들을 집으로 들고 오셨는데, 언젠가는 윗부분이 깨져 달아난 화분에 꽃을 심고 흙을 채운 뒤 깨진 토분 조각을 둘러 가며 꽂아 쓸 만한 화분으로 만드셨고, 이웃들이 다 죽어가는 화초를 가지고 오면 며칠, 혹은 몇 달이라도 정성껏 보살펴 살려 보내곤 하셨다.

비행기가 곧 착륙한다는 방송과 함께 잠든 그레이스의 머리가 내 어깨로 툭 떨어지는 순간에야, 나는 그 아련한 기억 속에서 빠져나올 수 있었다. 회의 중에 나온 남편과 그의 친형제만큼이나 가까운 후배를 공항에서 만났다. 두 팔을 벌려 그레이스와 나를 힘껏 안아 주던 남편의 품에서 또다시 눈물이 흘러내렸다. 남편 후배의 차에 올랐다. 빈소는 공항에서 그리 멀지 않은 곳이었다. 오빠의 결혼식 때였다. 어머니의 인생에서 가장 행복했던 순간이 영정 사진으로 되어 있었다. 침잠한 분위기 속, 희고 고운 꽃들 사이에 너무도 행복하게 미소 짓고 계시는 사진 안의 어머니와 눈이 마주쳤다. 그 짧은 순간, 가슴의 지형이 침식되어 내려앉는 듯했다. 협곡처럼 파인 가슴을 부여잡고 상주들을 위해 마련된 방으로 들어갔다. 준비된 상복으로 갈아입으며 거울을 보았다. 어머니를 닮아 키가 크고, 눈이 큰 막내딸이 그 속에서 거품처럼 빠르고 창백한 눈물을 쏟아내고 있었다.

사랑하는 조카 선이가 가장 먼저 뛰어와 내 손을 잡았다. 어느덧 아기 엄마가 된 선이는 여전히 내게는 친구 같고 사랑스러운 첫 조카이다. 쉰을 넘은 이모에게 동화책을 선물하고, 늘 장문의 손 편지로 위로하는 고마운 조카. 모두에게 새초롬해도 이모에게만은 늘 웃어 주는 선이와 그의 딸 온유를 보고 있자니, 우리 가족 모두 그대로인데 어머니만 계시지 않는다는 것이 마냥 서글펐다. 당신께서 사랑하시는 이들을 이렇게 모두 한 자리에 불러 놓으시고….

어머니는 오빠가 사제로 있는 대한성공회 서울주교좌성당으로 모셨다. 장례 성찬례를 드리고 나오는 길에 어머니의 연세쯤으로 보이는 한 어르신께서 나를 찾아오셨다. 새언니는 그분이 이데레사 님이라고 귀띔해 주었다. 직접 뵙는 것은 처음이었지만, 《너의 심장 소리》와 그레이스에 대한 사랑이 매우 각별하다는 이야기를 여러 번 들어 알고 있었다.

"아가씨, 저희와 함께 렉시오 디비나(Lectio Divina) 기도 모임을 드리는 분 가운데 이데레사 님이라고 계세요. 우리가 선물로 드린 《너의 심장 소리》를 읽으시고는 감동이 되셔서, 홀로 서점이며 인터넷으로도 구입하셔서 계속 가족과 교우들에게 선물하고 계세요."

나는 그레이스와 함께 고개 숙여 인사드렸다.

"안녕하세요. 김마리아입니다. 어머니의 장례 성찬례에 함께해 주셔서 감사합니다.
책도 아껴 주신다는 말씀 들었습니다."

데레사 님은 손수건으로 눈물을 훔치시며 나와 그레이스를 꼬옥 안아 주
셨다.

"그레이스, 이렇게 건강하게 자라 줘서 고마워요…."

그 순간 다시 참아 왔던 눈물이 흘렀다. 마치 어머니께서 떠나시며 보내 주
신 분처럼 느껴졌기 때문이다. 당신 대신 슬픔에 잠긴 막내딸과 손녀 그레이
스를 안아 주라고….

어머니를 보내 드리고서 제주로 돌아왔다. 그 많았던 동박새들은 모두 어
디로 날아간 것일까. 사위가 고요하다. 고통은 불순한 것들을 제거해 우리를
더욱 자애로워지게 한다고 했던가. 이 아픔과 헛헛함도 사그라드는 날이 오겠
지. 같은 아픔을 겪는 이들을 위로하는 삶으로 나를 이끌어 가겠지. 그래, 어쩌
면 육체의 아픔과 삶의 노고에서 벗어난 어머니는 지금쯤 새처럼 가벼우실지

엄마가 엄마 찾아 줄게

도 모른다. 아니, 그 생각만이 내게 위로가 되었다.

봄이 오면 정원에 분꽃을 심어야겠다. 그래서 꽃이 지고 검은 열매가 맺히면, 우리 그레이스의 소꿉놀이 그릇에 담아 줘야지. 그리고 들려줘야지.

"그레이스. 분꽃은 밤을 사랑했대. 밤에 활동하는 곤충들을 만나고 싶어 하기도 했고, 다른 꽃들보다 꽃잎이 여리기 때문이었어. 그리고 분꽃의 씨앗 안에는 하얀 가루가 들어차 있는데, 아주 오래전의 사람들은 그것으로 분을 만들어 사용했대. 그 향이 참 고왔거든. 참, 분꽃은 말이야. 너를 사랑하셨던 외할머니께서 세상에서 가장 좋아하셨던 꽃이란다."

🌸 너는 네 하나님 여호와께서 명령한 대로 네 부모를 공경하라 그리하면 네 하나님 여호와가 네게 준 땅에서 네 생명이 길고 복을 누리리라 _신 5:16

기후 위기

"엄마, 오늘 숙제는 '우리가 아픈 지구를 위해 실천할 수 있는 일' 열 가지를 공책에 기록하는 거랑, 그 가운데 하나를 뽑아서 자세히 조사하는 거예요. 다음 주에 발표하기로 했어요."

그레이스가 스스로 자료를 찾고, 우리 가정의 생활 습관 등을 생각하여 기록한 것은 아래의 열 가지다.

1. 양치할 때 컵에 물을 받아서 양치하기
2. 겨울에 난방 온도를 낮추기
3. 여름에 에어컨 사용 줄이기
4. 외출 시 물병에 물 담아 가기

엄마가 엄마 찾아 줄게

5. 뚜껑이 있는 음료(요구르트 등)를 먹은 뒤 플라스틱 재활용하기(구슬, 지우개 등 보관할 때 사용).

6. 우유갑 씻어서 말린 후 재활용하기(엄마가 김치 등을 썰 때 활용).

7. 고기를 덜 먹고 채식 식단 늘리기

8. 이면지 활용하기

9. 음식 남기지 않고 다 먹기

10. 비료는 직접 만들어 사용하기

그레이스는 위의 열 가지 가운데 7번, '고기를 덜 먹고 채식 식단 늘리기'에 대해 발표하고 싶다고 했다. 기후 위기의 근본 원인이 온실가스 배출이라는 걸 인지하고 있기 때문이다. 그중에 가장 문제가 되는 가스는 '이산화탄소'와

'메탄'이다.

> "엄마, 이산화탄소를 가장 많이 흡수하는 건 나무가 아니라 바다예요. 나무가 이산화
> 탄소를 흡수하여 광합성 과정을 통해 산소를 만들기는 하지만, 바다가 훨씬 더 많이
> 흡수해요."

평소 바다 생물에 관심이 많은 그레이스는 자연스럽게 해양에 관한 책 읽기를 좋아한다. 그래서 엄마보다 훨씬 더 많은 바다 이야기를 알고 있다. 그레이스에게 다큐멘터리 〈나의 문어 선생님〉은 그야말로 인생 필름이다. 감독인 크레이그 포스터(Craig Foster)가 바닷속에서 만난 문어와 교감하며 우울증을 이겨 내고서 삶을 다른 관점으로 바라보게 되었다는 따뜻한 이야기인데, 내게도 큰 감동이 되었다. 크레이그는 이미 본인과 교감이 시작된 문어가 상어에게 공격당하는 것을 보지만 어떠한 도움도 주지 않는다. 이는 해양 생태계를 교란하는 행동이기에 그저 바라만 볼 뿐이었다. 그 싸움에서 문어는 다리 하나를 잃게 되고, 그들은 잠시 이별한다. 그리고 얼마의 시간이 지난 후 다행히 잘려 나간 자리에 새로운 다리가 생겨난 문어와 뜨겁게 재회한다. 그렇게 크레이그는 어려운 고비를 스스로 이겨 내는 문어의 시간을 지켜보며, 자신도 삶에 대한 용기를 되찾는다.

그레이스 말대로 바다는 수면이 넓으면 넓을수록 스펀지처럼 빠르게 이산화탄소를 흡수하고, 그 속도에 비례해 산성화가 되고 있다. 바다가 산성화가 되면 바다 생물들에게는 어떠한 영향을 끼칠까? 그리고 그레이스는 바다와 어

떤 연결고리를 가지고서 '고기를 덜 먹고 채식 식단 늘리기'라는 주제를 선택한 것일까? 나는 그레이스의 이야기에 계속해서 집중했다.

"엄마, 바다가 산성화가 되면 수소 이온이 많아져요. 그런데 수소 이온은 탄산염 이온(탄산칼륨, 탄산칼슘, 탄산나트륨 등)과 반응하기 때문에 꽃게, 랍스터, 새우, 굴 등 갑각류와 조개류가 외피를 딱딱하게 만들 수 없어요. 모두 칼슘을 이용해서 만들거든요. 그러면 포식 동물로부터 자신을 방어하지 못해 죽게 되겠죠. 또 그 동물들을 먹는 물고기들도 연이어 죽고요. 바다 생태계는 이렇게 서서히 파괴되는 거예요."

그레이스는 온실가스로 인해 본인이 가장 좋아하는 바다 생물들에게 큰 피해가 가는 것을 염려하고 있었다. 축산업이 온실가스 배출에 큰 비중을 차지한다는 것을 알기에 '고기를 덜 먹고 채식 식단을 늘리기'라는 주제를 선택한 것이다. 우리는 대개 온실가스의 주범으로 자동차 매연이나 석유와 관련한 운송업을 먼저 떠올리기 쉽다. 그러나 더 강력한 주범이 있다면 그것은 바로, 축산업이다.

2011년 미국의 비영리 단체인 EWC(Environmental Working Group)에서 발표한 "기후 변화와 건강을 위한 육식자 가이드" 보고서에 따르면, 우리가 먹는 식품 중 양고기, 소고기, 치즈의 온실가스 배출량이 가장 높게 나타난 바 있다. 또한 유럽 북동부에 있는 나라인 에스토니아에서는 2009년부터 소를 키우는 목장에 방귀세를 부과하기 시작했다. 이것은 혼잡 통행료와 비슷한 개념이다. 교통 혼잡을 막고 이산화탄소 배출량을 줄이기 위한 목적으로 도입된 혼잡 통행료는 대기 환경을 보호하기 위해 특정 교통 혼잡 지역을 통과하는 차량으로부터 일정한 요금을 걷는 제도이다.

축산업이 온실가스 배출을 높이는 이유는 단순히 양과 소가 소화 과정에서 배출하는 메탄에만 있지 않다. 물론 메탄은 이산화탄소보다 25배나 강력한 온실가스이다. 그러나 중요한 이유를 하나 더 들자면 산림, 초지 등 자연이 가진 탄소 흡수원을 없애고 농장을 만들어 가축을 키우는 데 있다. 실제 축산업의 상당수는 목초지 사육이 아닌 대규모 공장식으로 운영된다. 때론 분뇨로 범벅이 된 비좁은 공간에서 사육되며, 그 속에서 면역력이 떨어지고 자연스레 질병에 취약해져서 많은 양의 항생제를 의존하기도 한다. 또한 축사에서 사육되는 소들은 대부분 곡식을 사료로 쓰는데, 그것을 재배하는 과정에서도 대량의 화학 비료가 소비되며, 그것의 생산 과정에서 발생하는 온실가스도 상당하다.

올해 네덜란드 중소 도시인 하를럼(Haarlem)에서는 세계 최초로 공공장소에서의 육류 광고를 금지했다. 육류 광고 금지 법안을 발의한 정당 의원이 표현의 자유를 침해한다는 여러 비판을 받기도 했으나, 의원은 기후 위기의 원인이 되는 제품 구매를 결코 권장할 수 없다고 단호하게 말했다. 물론 환경 문제를 위해 우리 모두가 채식주의자가 되는 일은 불가능하다. 그리고 나는 이 글을 통해 육식은 불필요하고, 비합리적이며, 비윤리적이니 엄격히 금해야 한다고 말하고 싶은 것이 아니다.

사실 나는 채식주의자이다. 그리 오래되지 않았으며 그렇다고 해서 채식주의를 찬양하거나 채식주의자가 되기를 종용하고 싶은 생각도 없다. 다만 그레이스가 주목하는 '고기를 조금 덜 먹고, 채식 식단을 늘리기'만큼은 함께 고민해 볼 수 있지 않을까. 그리고 온실가스를 다량 발생시키는 양고기와 소고기 대신 돼지고기와 닭고기 등을 선호하고 선택해 보는 것은 어떨까. 혹은 다양한 분야와 환경에서 우리는 지구를 돌아볼 수 있다. 아인슈타인이 말한 것처럼, 현재로서 우리의 임무는 자비심의 폭을 넓혀 모든 생물체들과 아름다운 자연 전체를 포용함으로써 스스로 이 감옥에서 해방되는 것이다.

최근 K-비건 치즈가 미국에서 꽤 인기다. 미국 최대의 체인 슈퍼마켓에 입점시키면서 미국 전역으로 소매 유통 채널을 확대했다. 식물성 원료로 만들었으나 맛과 식감 모두 동물성 치즈와 크게 다르지 않은 기술이기에 가능했을 것이다. 타임스퀘어 대형 빌보드 광고판 등에 광고를 선보이며 계속해서 글로벌 행보를 이어 가고 있는 것을 보면, 햄버거의 나라에서 참 대단하다는 생각이 든다. 요즈음 환경 분야에서 비거니즘(veganism)과 채식에 관심을 두는 이유도 이러한 맥락이 아닐는지….

사실 기후 위기를 해결하기 위해 가장 중요한 것은 현실을 직시하는 것이다. "한국은 환경 문제를 해결하기에 너무 작고, 혁신적인 과학자도 없다. 게다가 하루하루 생계를 부지하는 것만으로도 벅찬데 인류가 단 한 번도 겪어 보지 못한 기후 위기에까지 어찌 민감할 수 있겠는가?"라고 되묻는다면, 이제 그에 상응하는 대답은 단 한 가지뿐이다. 기후 위기는 더 이상 상대적인 문제가 아니라 절대적인 문제라는 것. 사람은 대개 자신이 위험에 처해 있다고 생각될 때 공익을 위해 희생할 가치를 느낀다. 그러나 이상의 부정, 내재적 정의

의 결핍만큼 슬픈 것은 없다. 인간 역시 자연의 일부라는 사실을 상기하고, 뇌에서 편도체가 촉발하여 요란한 생존 경보가 울리기 전에 자연의 질병과 그것을 정복한 대가는 곧 '인류의 파멸'이라는 것을 인식해야 한다.

미국의 해양 생물학자이자 작가, 환경 보호 활동가였던 레이철 카슨(Rachel Carson, 1907-1964)의 글을 인용한다. 이 글은 놀랍게도 1962년에 이미 쓰인 그의 연설 중 일부이다.

> 시간은 앞을 향해 흐르고 인간도 그 흐름과 함께 움직입니다.
> 우리 세대는 환경과 타협에 이르러야 합니다.
> 진실에 대한 외면이나 오만으로 도피하지 말고, 현실을 마주해야만 합니다.
> 우리에게는 중대하고 냉엄한 책임이 주어졌으나,
> 한편으로는 그것이 빛나는 기회가 될 수도 있습니다.
> 이제 여러분이 나아갈 세상에서 인류는 과거 그 어느 때보다
> 커다란 도전에 직면해 있습니다.
> 우리는 성숙함과 지배력, 자연에 대한 지배력이 아니라
> 스스로에 대한 지배력을 증명해야만 합니다.
> 거기에 우리의 희망과 운명이 놓여 있습니다.

하나님이 그들에게 복을 주시며 하나님이 그들에게 이르시되 생육하고 번성하여 땅에 충만하라, 땅을 정복하라, 바다의 물고기와 하늘의 새와 땅에 움직이는 모든 생물을 다스리라 하시니라 _창 1:28

올챙이식당

'일편화비감각춘(一片花飛減却春)',
한 조각 꽃잎이 져도 봄빛이 줄어드는데…
'풍표만점정수인(風標滿點正愁人)',
바람에 수많은 꽃잎이 날리니 참으로 시름에 젖는다.

꽃잎나리는 벚꽃나무 아래에 서니 괜스레 정원의 빛이 점점 쪼그라들다 깡그리 사라져 버릴 것만 같아 가는 계절이 아쉽다. 정원사들은 빛이 있는 계절을 가장 좋아한다. 정원은 풍만한 형태감과 볼륨, 그리고 높은 밀도가 어우러졌을 때 가장 아름답기 마련이니까.

봄바람이 목덜미와 마음 구석구석을 건드리는 오후, 연실 벌과 나비가 날아드는 나무 곁에 서서 두보의 〈곡강이수曲江二首〉를 읊어 본다. 꽃들은 곤충을

엄마가 엄마 찾아 줄게

사랑한다. 꽃을 사랑하는 사람들에게 꽃의 찬연한 아름다움, 즉 꽃 고유의 색채와 패턴, 향기가 오롯이 곤충에게 잘 보이기 위함이라고 한다면 다소 서운할지도 모르겠다. 그러나 우리가 먹고 살아가는 음식물의 상당수는 곤충에 의해 수분된 식물이다. 영겁의 시간을 변함없이 수꽃에서 암꽃으로 전달되어 열매를 맺었기에 가능했으니, 꽃의 관심을 곤충에게 빼앗겼다고 하여 그리 서운해할 필요는 없다.

땅속에 사는 벌레들은 또 어떠한가. 지렁이는 매일 자기 몸무게에 해당하는 흙을 먹고 배설한다. 이 배설물을 '분변토'라고 하는데, 흙에게는 보약과 같다. 흙이 지렁이의 장내 소화 과정을 거치게 되면 양이온 치환 용량이 세 배, 질소와 인산 그리고 칼리의 함량 역시 세 배, 석회 함량도 네 배 이상 증가한다. 산성 토양을 개량하는 효과까지 있는 것이다. 어디 그뿐인가. 작물에 이로운 미생물의 수가 늘어나 토양 병해가 줄어들고, 지렁이가 다닌 길은 신선한 공기의 통로 및 배수로, 또 뿌리가 뻗는 길이 된다. 그러니 꽃과 여러 식물을 가까이하듯 곤충과도 친하게 지내는 것이 지혜로울 듯싶다.

그레이스는 곤충을 무척 좋아한다. 그래서 정원에 있는 시간에는 대부분 곤충들을 잡고 논다. 내게 갖가지의 삽과 원예 도구가 있다면, 그레이스에게는 막대의 길이와 망의 크기가 제각각 다른 여러 가지 형태의 잠자리채와 집게, 채집 가방 등이 있다. 그리고 뒷 정원에는 그레이스가 운영하는 '올챙이식당'과 '곤충학교'가 있다. 올챙이식당의 메뉴는 계절에 따라 수시로 바뀌는데, 요즈음 주메뉴는 고사리탕이다. 먹어 보지는 못해서 맛은 장담할 수 없지만 모양은 꽤 그럴싸하다. 정성을 다해 만들기 때문이다. 우선 퇴비를 만들기 위해 모아 둔 마른 꽃가지들을 고사리로 하여 물에 불린다. 그 후 빨간 벽돌을 빻아 고춧가루 물을 만들고, 그 속에 불린 줄기와 온갖 허브를 따다 넣은 후 보글보글 끓인다. 아니, 끓이는 시늉을 한다.

이 식당의 이름이 올챙이식당인 데는 이유가 있다. 정말 올챙이들이 손님이기 때문이다. 연못은 요즈음 올챙이 알들로 가득하다. 포도송이처럼 오글오글하게 모여 있는 투명한 젤리 막 속에 점처럼 검은 올챙이들이 제각기 들어 있는데, 그레이스는 그 가운데 먼저 부화한 것들을 잡아다가 연못물을 채운 투명한 페트병에 한 마리씩 넣는다. 그리고 엎어 놓은 토분 앞에 세워 둔다. 영락없이 테이블 앞에 앉은 손님이다. 매일 하교 후 오후 4시쯤, 올챙이식당이 문을 연다. 곁에서 들어 보면 쓸쓸하게 혼밥 하는 올챙이도 있고, 가끔은 부부도 방문하며, 대부분은 친구들끼리 온다. 그레이스의 말을 빌리자면, 그들은 모두 입맛이 다르고 성격도 달라, 셰프(chef)로서 여간 힘들지 않다.

'곤충학교'에는 공벌레, 달팽이, 민달팽이, 지렁이 학생이 대부분인데, 가끔 어스름이 깔리면 사슴벌레 학생이 등교할 때도 있다. 물론 이 학교의 선생님도 그레이스이다. 이들은 구멍이 송송 뚫린 PVC 상자(주로 딸기 등을 먹고 남은 투명 플라스틱 상자) 안에서 수업을 듣는데, 가끔 담을 타고 기어 나오다가 선생님에게 걸려 옆 방에서 혼자 수업을 듣기도 한다. 반대로 집중력이 좋은 학생들은 텃밭에서 갓 딴 싱싱한 상춧잎 카펫을 깔아 준다. 아, 그리고 얼마 후면 '곤충병원'도 개원할 예정이란다. 며칠 전 비가 오던 날 오후, 우리는 정원으로 오르는 계단에서 몸이 다친 지렁이 한 마리를 보았다. 그레이스는 집 안으로 들어온 후에도 계속 마음이 쓰였는지 레고를 쌓다가도 서너 번 밖으로 뛰어나가 녀석을 관찰했다. 기껏해야 사람이 다니지 않는 곳으로 옮긴 후 상처가 더 깊어지지는 않는지 살피는 것이 전부이지만, 그 마음이면 충분하지 않은가. 때론 반창고나 연고보다 사랑이 더 훌륭한 약이 되니까.

참, 올챙이식당과 곤충학교에는 엄격한 규칙이 하나 있다. 저녁이 되어 식당과 학교의 문을 닫을 시에는 반드시 처음에 있던 자리로 곤충들을 데려다 놓는 것이다.

어느덧 잔디를 데우던 햇살과 꽃 내음을 퍼뜨리던 바람도 떠나고 성큼성큼 어둠이 내려앉는다. 올챙이식당도 문을 닫았고 곤충학교의 학생들도 모두 돌아갔다. 그레이스는 삽과 호미 등을 정리하는 엄마를 졸졸 따라다니며, 오늘은 또 어떤 손님들이 다녀갔고 어떤 학생이 탈출을 시도했는지 자분자분 한참을 늘어놓는다. 이 정원에서만큼은 숫자라고 해야 서리태 꼬투리 개수와 달과 별이 채워지는 시간뿐이다. 꽃잎과 벌과 나비가 잠에 드니 나방과 거미와 지네들이 기지개를 켜며 꿈틀댄다. 그러나 우리는 더 이상 배가 빨간 지네와 다리 길이까지 합쳐 그레이스의 주먹만 한 큰 거미들을 보아도 신발짝을 들지 않고, 하물며 뱀과 마주쳐도 허둥대며 삽을 찾지 않는다. 우리야말로 그들의 터에 집을 짓고 사는 이방인이라는 걸 깨달았기 때문이다.

이제 그들의 무대가 펼쳐질 시간이다.

🌷 보라 어둠이 땅을 덮을 것이며 캄캄함이 만민을 가리려니와 오직 여호와께서 네 위에 임하실 것이며 그의 영광이 네 위에 나타나리니 나라들은 네 빛으로, 왕들은 비치는 네 광명으로 나아오리라 _사 60:2

엄마가 엄마 찾아 줄게

한림으로 가는 3월의 양배추밭

지구를 지켜라

4월 22일은 '지구의 날'이다. 그레이스와 함께 동방사회복지회와 헨켈코리아가 주최하는 환경을 지키는 우리 가족 그림 공모전 "지구를 지켜라"에 참여했다. 선정된 작품은 팝업북으로 제작되어 어린이 환경 교육에 사용한다고 하니, 의미 있는 기회가 될 듯싶었다. 우리 집 퇴비 반장 그레이스는 예상대로 땅과 흙에 관한 주제를 원했다.

우리는 가장 먼저 땅이 오염되는 경로에 대해 찾아보기로 했다. 원인을 알아야 새롭게 바꾸어 가는 방법도 찾을 수 있기 때문이다. 또한 비옥했던 땅이 사막과 같은 조건으로 점점 퇴화하는 까닭과 갯벌이 사라져 가고 있는 이유에 대해서도 알고 싶었다. 사막화는 결국 토지의 손실과 생물의 다양성, 물 부족, 토양 침식 증가, 지역 사회의 이동 등으로 이어져 환경과 사회 모두에 큰 영향을 미친다. 나는 원예학 전공 과목 가운데 토양학의 부교재인 《흙과 비료 이야

엄마가 엄마 찾아 줄게

지구의 날, 그림 공모전에 입상 〈비료 만들기〉

기)와 기타 관련 도서를, 그레이스는 《어린이 파브르의 식물 이야기》와 여러 자연 과학 도서를 살펴보기로 했다. 우리는 거실로 나와 각자 편한 곳에 자리를 잡고 책에 집중하기 시작했다. 그 후로 얼마나 지났을까, 그레이스는 색 테이프로 꼼꼼하게 체크해 놓은 페이지를 한 장씩 펼쳐 가며 내게 설명하기 시작했다. 제법 진지한 표정이었다.

"엄마, 여기 이 그림 좀 보세요. 우리나라 사람들은 예로부터 농사를 지으며 살았어요. 그런데 벌레가 들끓고 잡초도 많아져서 수확량이 줄어드니까, 농약을 많이 치고 화학 비료를 준 거예요. 그래서 오염된 물질을 분해해서 양분이 풍부한 물질로 바꾸어 주는 미생물의 수가 줄었고요, 그 결과 땅의 자정 능력이 떨어졌대요. 음… 땅을 오염시키는 이유는 또 있어요. 우리가 날마다 흘려보내는 생활 하수, 공장에서 버리는 폐수나 쓰레기도요! 그 안에 납이나 수은 같은 중금속이 들어 있기 때문인데요, 특별히 중금속은 분해되지 않은 채로 남아 있기 때문에 가장 심각하대요. 자동차 배기가스랑 공장에서 내뿜는 매연도요! 이런 오염 물질이 구름을 이루었다가 비에 섞여 산성비로 내리는데, 산성비는 곧바로 땅속에 스며들어 미생물을 없애고 그 땅에서 자라는 식물도 병들게 한대요. 땅은 그 과정에서 점점 퇴화하고요. 엄마, 앞으로는 빨간색 사과를 먹지 못할 수도 있어요."

그레이스가 찾은 부적절한 토지 관리를 비롯해 그 밖에 기후 변화, 삼림 벌채, 지속 불가능한 농업 관행, 과도한 방목 등의 자연적 요인과 인간이 초래한 요인의 조합에 의해 사막화가 발생한다. 사막화의 현재 상태는 지역마다 다르다. 유엔 사막화 방지 협약(UNCCD)에 따르면, 지구 육지 표면의 3분의 1이 사막화에 취약하여 2억 5천만 명 이상의 사람들에게 영향을 미치고 있다고 한다. 아프리카 사헬 지역, 중동의 일부 지역, 가깝게는 중국과 호주의 특정 지역들은 이미 심각한 사막화를 겪고 있다. 우리 행성 표면의 4분의 3이 바다로 덮여 있음에도 급속히 목마른 세계가 되어 가고 있는 것이다.

그렇다면 갯벌이 줄어드는 이유는 뭘까? 바로, 바다를 메워 땅을 넓히는 간척 사업이 주된 원인이다. 그로 인해 많은 생물의 생태계가 파괴되었을 뿐 아니라 바다의 오염 물질을 정화하는 데 큰 역할을 하는 갯벌이 사라져 가고 있는 것이다.

1990년대만 해도 지구상에서 인간이 차지하고 있던 땅은 전체의 14%에 불과했다. 그런데 2000년대에 들어서면서 인간이 거주하거나 이용하고 있는 땅은 77%에까지 이르게 되었다. 코로나 바이러스 역시 야생 동물을 숙주로 하여 인간에게 전해졌을 가능성이 가장 크다고 보고 있지 않은가. 그들이 터전으로 삼았던 땅에 인류가 차지하는 비율이 높아지면서 자연스레 동물과 인간 간의 접촉이 늘어나게 되었기 때문이다. 땅이 오염되어 사막화되고 갯벌이 사라지고 있는 것은 단순히 우리가 딛고 있는 땅의 문제만이 아니라, 이처럼 동물에서 시작하여 사람과의 접촉으로 감염되는 인수 공통 감염병 및 기후 위기와도 밀접하게 연결된다.

그레이스와 나는 현재 우리 가정이 건강한 땅을 위해 실천하고 있는 것이 무엇인지 생각해 보았다. 그리고 그 가운데 그림 공모전에 제출할 작품의 제목을 〈비료 만들기〉로 정했다.

퇴비의 역할은 매우 중요하다. 퇴비는 우선 미생물이 자랄 수 있는 좋은 조건을 만들어 준다. 흙과 퇴비를 섞어 주면 흙 사이사이에 유기물의 좋은 성분이 끼어들어 가서 땅의 자정 능력을 돕는 미생물들의 양분이 되고, 미생물은 토양을 부드럽게 하여 식물이 뿌리 뻗기에 좋은 조건으로 변화시킨다. 흙의 구조 형성에 도움을 주는 것이다. 또 한 가지 중요한 역할은 다양한 효소가 작용할 수 있도록 터전을 만들어 주는 것이다. 흙 속에서 일어나고 있는 모든 물질의 순환을 원활하게 하는 촉매제와 같은 성분인 효소는 토양 미생물이 죽으면서 만들어지는 단백질 덩어리다. 만약 효소가 없다면 유기물에 아무리 좋은 성분이 있더라도 작물이 이용할 수 있는 형태로 변하지 않는다.

그러나 땅이 오염되고 지구가 사막화되며 갯벌이 사라져 가는 여러 원인을 찾고, 지속 가능한 토지 관리, 재조림과 조림, 물 관리, 기후 변화 적응, 커뮤니티 참여 및 교육, 정책 및 국제 협력, 모니터링 및 조기 경고 시스템 등 그것들을 줄이거나 회복시키기 위한 다양한 전략을 이야기하기 전에, 우리에게는 먼저 해야 할 것이 하나 더 있다.

바로 이 땅을 창조하신 하나님 앞에서의 회개다. 우리가 정작 태워야 할 것은 쓰레기가 아니라 육신의 정욕과 안목의 정욕, 그리고 이생의 자랑이 아니던가. 이제 와서 이 모든 결과가 더 많이 소유하고자 했던 인간의 욕심과 불필요한 쓰레기를 만드는 편리함의 습관에서 비롯되었음을 부정하는 이는 없을 것이다. '경제적 외부성'이라는 개념이 있다. 바로 이것이 환경 문제의 핵심이다. 경제 활동의 외부 효과를 고려하여 소비하는 습관, 즉 가격표에는 보이지 않는 진실, 가치 소비가 필요한 때이다. 이는 어떤 일이 유발하는 환경 오염과 그것을 회복하는 데 드는 시간과 비용까지 염두에 두면서 소비하는 습관을 가져야 함을 의미한다. 오늘 내가 누린 편리함이 어쩌면 더 많은 에너지 소비와 환경 오염을 일으키는 데 동조될 수 있다.

얼마 전, 그레이스와 함께 제출했던 우리의 작품 〈비료 만들기〉가 그림 공모전에 선정되었다는 소식을 전해 받았다. 곧 팝업북으로 제작되어 어린이 환경 교육에 사용된다고 한다. 작게나마 이 땅의 어린이들이 하나님께서 창조하신 지구를 더욱 사랑하고 소중히 생각하는 데 도움이 되기를 소망해 본다.

🌷 이는 세상에 있는 모든 것이 육신의 정욕과 안목의 정욕과 이생의 자랑이

니 다 아버지께로부터 온 것이 아니요 세상으로부터 온 것이라 이 세상

도, 그 정욕도 자나가되 오직 하나님의 뜻을 행하는 자는 영원히 거하느

리라 _요일 2:16-17

사랑하고

리벤 벨레프, 사랑이 살린다!

리벤 벨레프 Liebem belebt

리벤 벨레프, 사랑이 살린다! 이 간결하고도 위대한 한마디는 괴테(Johann Wolfgang von Goethe, 1749-1832)가 사망하기 2년 전인 81세 때 남긴 말이다. 여고 시절, 나는 노년의 지혜가 응축된 이 한마디에 감동하여 《파우스트》를 읽었다. 어디 전부를 이해하며 읽었겠느냐마는, 지금까지 총 다섯 번가량 읽은 것 중 그때의 감동과 기억이 가장 크게 남아 있는 것은 사실이다. 괴테는 유럽의 가장 큰 격변의 시기인 프랑스 혁명 중에 이 작품을 쓰기 시작해 무려 60년에 걸쳐 집필했으며, 본인이 사망하기 8개월 전에서야 완성했다. 그렇기에 《파우스트》는 단연 서구에서 가장 오래된 전설 가운데 하나라 할 수 있다.

희곡 《파우스트》는 신을 섬기는 인간을 유혹할 수 있다는 악마 메피스토펠레스와 신의 내기로 전개되는 이야기이다. 세계에 대한 인식을 통해 신의 경지에 도달할 수 있다고 믿는 박사 《파우스트》는 늙어 버린 육신과 앎의 한계

조카 온유가 빚은 《너의 심장 소리》 화병

에 절망하여 큰 환멸에 빠져 자살을 결심한다. 그리고 그 앞에 나타난 메피스토펠레스…. 《파우스트》는 지금까지 경험해 보지 못한 세상의 모든 쾌락을 약속하는 악마의 제안을 받아들임으로써 욕망이 이끄는 대로 모험을 떠난다. 12,111행이라는 방대한 분량으로 전개되는 《파우스트》의 경험을 통해, 괴테는 우리에게 이성과 과학의 우월성에 대한 계몽주의 사상을 비판하고 인간 존재에는 영적 측면이 있다고 주장한다. 극은 《파우스트》의 죄를 용서하고 그에게 영생을 허락하는 신에 의한 《파우스트》의 구속과 구원으로 끝을 맺는다.

얼마 전 남편과 함께 여미지식물원을 걸으며 《파우스트》를 이야기했다. 나는 오랜만이라고 생각했지만, 남편은 연애 시절부터 백 번은 더 들었다며 웃음을 보였다. 남편의 말이 맞았다. 그날도 남편은 내가 희곡의 어느 부분에서 흥분조가 되는지 분명하게 알고 있었다. 어스름이 깔리고 집으로 돌아오니 현관 앞에 상자 하나가 놓여 있다. 그 안에는 1, 2권의 《파우스트》와 함께 감동의 손 편지도 들어 있었는데, 다름 아닌 남편의 선물이었다. 상자를 열자마자 내가 아이처럼 기뻐하니, 며칠 전 서울 출장 중에 서점에 들러서 집으로 발송했다며 뿌듯한 듯 미소를 지었다. 여고 시절부터 30년 가까이 소장하고 있던 《파우스트》를 곧 순례를 떠나는 후배에게 전했다는 이야기를 듣고 마음이 쓰였단다. 갈맷빛 표지가 너무도 멋스러웠다. 나는 다시 열아홉으로 돌아간 것처럼 가슴이 뛰었다. 그 누구도 아닌 남편에게서 《파우스트》를 선물로 받다니! (나는 그날, 어쩌면 내 인생 마지막 《파우스트》가 될 그 책들을 품에 안고 잠에 들었다.)

우선 번역부터 남달랐다. 이해만을 돕기 위한 해석과 번역이 아닌 시적 여운을 살리는 데 역점을 두었고, 운문처럼 번역하고자 여러 면으로 시도되었다는 것을 느낄 수 있었다. 나는 옮긴이의 해제를 읽고, 또 읽었다. 물론 다시 대장정이 펼쳐질 문 앞에서 조금 늑장을 부리며 머뭇거리고 싶은 마음도 있었지만, 이렇게나 《파우스트》를 향해 진중한 분은 처음이었다. 옮긴이는 바로 일흔둘의 노학자, 전영애 교수였다. 독문학을 전공한 그녀는 1854년에 출판된 《파우스트》를 1974년부터 40년 이상 읽었다고 한다. 그러나 한 작가가 일생을 거쳐 쓴 글을 절대 허투루 옮길 수 없었고, 사실 그즈음이 되니 겨우 번역할 수 있는 수준이 되었다고 한다. 나는 옮긴이의 해제만으로도 이미 감동이 되었고 가슴이 떨려왔다. 무엇보다 그녀는 겸손했고, 괴테에 대한 열정만큼 문학에 대한 열망 역시 웅장했다.

현재 서울대 명예 교수인 그녀는 몇 해 전 은퇴했다. 지금은 경기도 여주에

엄마가 엄마 찾아 줄게

서 선친의 호에서 이름을 따온 '여백 서원'을 세워 가꾸고 있는데, 마침 얼마 전 그녀의 사계절이 고스란히 담긴 삶의 이야기가 한 방송에서 다큐로 소개되어서 반갑게 시청했다. 눈을 뗄 수 없을 만큼 아름다운 영상과 그녀가 추동하는 삶이 깊고도 은은한 감동으로 내게 다가왔다. 어느덧 영화 〈인생 후르츠〉를 감상했을 때처럼, 나는 또 한 번 순간이동을 하여 그녀와 함께 그 서원 속을 거닐고 있었다.

서원의 뜰 안, 돌에 새겨진 시 하나가 눈에 들어왔다. 그것은 동독의 지식인들 사이에서 저항의 표지로 쓰였던 낮은 목소리의 시, 라이너 쿤체의 〈한 잔 재스민차에의 초대〉였다.

> 들어오세요, 벗어 놓으세요, 당신의 슬픔을.
> 여기서는 침묵하셔도 좋습니다.

책을 손에서 내려놓을 때면 늘 꽃에 파묻혀 지낸다는 그녀.

"망초꽃은, 꽃 하나하나는 미미해요. 정말 미미해요. 그런데 이렇게 다 같이 모이니까 이쁘네요."

나는 어느새 그녀의 활기찬 그림자가 되어 있었다. 태양이 서원의 하늘을 범람하는 시간, 우리는 풀을 제치며 걷고 잠시 쉬어도 가면서 빠르게 변주되는 자연 속을 함께 유영했다. 그녀는 꽃과 풀들 속에 있으면 가슴이 벅차오르고 떨린다고 했다. 이러한 감정을 느끼지 못한다면 인생 다 산 것이 아니겠느냐며…. 소소한 순간이 모여 누군가의 삶이 되고 역사가 되듯, 미미한 꽃을 가꾸기 시작하여 3,200평이나 되는 땅을 모두 일궈 낸 그녀의 성실과 의지가 아름답게만 느껴진다.

그녀는 그곳을 "나무 고아원"이라고도 불렀다. 학교에서 근무했을 당시, 서울대 도서관 앞 하수구에서 구출한 작은 느티나무가 이곳에서 보란 듯이 커다란 나무로 뿌리를 내렸고, 먼 산을 다니며 한 포기씩 캐 온 원추리로 연못을 근사하게 꾸몄다. 햇살을 받을 때마다 한껏 수술대를 추켜올릴 그 오렌지빛 꽃무리가 얼마나 아름다울까, 또 향기로울까…. 뜰 안에 그녀의 손을 거치지 않은 생명체는 없었고, 그렇게 10년 사이 그곳은 초원을 넘어 숲이 되었다.

서원의 실내에도 숲을 불러들였다. 바로 책들의 숲이다. 그녀는 교수이며 (1996-2016) 번역가이자 세계적인 괴테 연구가인 만큼 지금껏 읽은 수만 권의 책들을 이 공간에 모아 두었다. 학교며 작은 단체의 여러 사람들이 이곳에 와서 숨을 돌리고, 글도 쓰고, 자신을 돌아보는 시간을 갖기를 바라는 마음에서이다. (매월 마지막 주 토요일에는 도서관에 버금가는 실내와 서원의 뜰 모두 일반인에게 공개한다.)

빗물에 다리가 떠내려가면 학교에 가는 길이 막혀 발을 굴렀다던 그녀는 가난한 산골 출신이다. 그러나 독일 마이마르 괴테 학회에서 금메달을 수상했을 만큼 누구보다 삶과 자신 앞에 최선을 다해 살아왔다. 수많은 성인들 역시 그러했듯, 어머니의 영향이었다. 열여섯에 시집온 어머니는 가난한 시골 종갓집에서 30년간 병을 앓다 돌아가셨는데, "글을 배워 책 읽는 사람답게 늘 바르게 살라."라고 늘 말씀하셨다. 또한 그녀의 아버지는 전 재산이었던 서울의 전셋집을 빼서 당시 풀만 무성했던 이 터를 장만해 주셨다. 당신의 전부를 내어 주고 떠나신 것이다. 70년을 살면서 하고 싶은 공부도 실컷 하고, 인생의 결실도 얻었으니, 이제는 아버지가 주신 귀한 선물로 세상에 보답하고자 서원을 세웠다. 고생만 하며 살았다고 생각했는데 가만히 돌아보면 받은 것이 더 많은 감사한 생이었기에, 득을 위해서가 아니라 나누며 살고자 했다. 그래서일까, 그 넓은 서원에 그녀의 공간이라고는 한 평 남짓한 방 한 칸이 전부이다. 그녀는 한없이 소박하지만, 세상 그 어느 여인들보다 기품 있다.

방송에서 소개되지는 않으나 여백 서원의 입구 천정에는 서원의 설립 취지가 이렇게 쓰여 있다고 한다.

"爲如白 爲後學 爲詩"

맑은 사람(如白)을 위하여,
후학(後學)을 위하여,
시(詩)를 위하여.

세상이 너무 각박해서 아끼는 젊은이들마저 서로 부대껴 마모되지 않기를 바라는 마음…. 괴테는 말했다. 진실로 현명한 생각은 모두 이미 많은 사람이 몇천 번 했다고…. 하지만 그런 생각을 진실로 우리 것으로 만들려면, 깊이 숙

고해서 개인적 경험에 뿌리를 내리게 만들어야 한다고…. 어쩌면 그녀의 실천력도 이 말에서 나온 것은 아닐까?

그녀와 함께 서원을 거닐며 가장 크게 감동이 되었던 것이 있다. 그녀는 3년 전부터 서원에서 얼마 떨어지지 않은 곳에 '괴테 마을'을 조성하고 자연과 어우러진 정원을 만들겠다는 새로운 꿈을 꾸고 있는데, 바로 그곳에 세워질 괴테 하우스에 들어갈 문구가 그것이다.

"부모가 자녀에게 주어야 하는 두 가지는 날개와 뿌리이다."

이것 역시 괴테의 글이다. 날개는 붙들어 매지 말고 날아갈 수 있는 꿈을 주어야 한다는 의미이고, 뿌리는 그러나 자기 스스로 설 수 있도록 힘을 주어야 한다는 뜻이다.

서원의 뜰 안을 걷다 보면 '괴테의 길'이라는 오솔길이 나온다. 곳곳에 괴테가 남긴 말들이 새겨져 있는데 무엇 하나 빼놓을 수 없을 만큼 모두 인상적이다. 그 가운데 그녀가 가장 사랑하는 것은 "올바른 목적에 이르는 길은 그 어느 구간에서든 바르다."이다.

여백의 뜰을 빠져나오며 그녀가 던진 한마디가 가슴이 남았다.

"바르게 살면 손해 볼 것 같지요? 제가 조금 버릇없게 말하겠습니다. 살아 봤더니, 바르게 살아도 괜찮아요."

엄마가 엄마 찾아 줄게

이 시대에 잘 살아오신 어른이 계시다는 것은 감사이며 축복이다. 평생 천착해 온 문학을 도구 삼아 시대의 젊은이들에게 소유를 내어 주고, 또한 위로하고자 하는 그녀에게서 진정한 어른의 자세를 배운다. 침대 하나 놓을 자리 없는 한 평 남짓, 그 좁은 방은 이미 그녀에게 천국과도 같을 것이다. 이는 나를 비워 나눈 자들만이 누릴 수 있는 특권이다.

나는 이 시대에 어떤 어른으로 살아가는가? 리벤 벨레프, 사랑이 살린다!

> 🐾 하나님이 우리를 사랑하시는 사랑을 우리가 알고 믿었노니 하나님은 사랑이시라 사랑 안에 거하는 자는 하나님 안에 거하고 하나님도 그의 안에 거하시느니라 _요일 4:16

무꽃

　주말 아침, 커튼을 드리우니 산책을 나갔던 아빠와 그레이스가 한 다발의 꽃을 안고 정원을 막 들어서고 있었다. 길고 가는 줄기가 안개처럼 마구 헝클어진 모양새, 이른 아침에 무슨 꽃일까? 종이의 결을 타고 서서히 번지는 잉크처럼 아련하고 푸르스름한 빛깔이었다. 그것은 어쩌면 꽃이 아닌, 그 꽃의 그림자인 듯했다.

　사랑하는 그들의 걸음이 가까워지자 서서히 드러나던 그 꽃의 형체, '무꽃'이었다.

　창 안에 서 있는 엄마와 눈이 마주친 그레이스는 아빠의 손에 들려져 있던 꽃다발을 가로채듯 품에 안고, 현관을 향해 달려오기 시작했다. 이내 초인종이 연달아 울렸고, 신발도 제대로 벗지 않은 채 들어선 아이는 벅차오르는 눈빛으로 그 한 아름의 꽃을 내게 내밀었다.

부풀어 터진 목련꽃 씨방

"엄마, 결혼기념일 축하해요!"

그레이스의 빠른 호흡만큼이나 내 가슴도 두근거렸다. 나는 꽃과 그레이스를 한꺼번에 끌어안았다. 엄마를 향해 마구 달려오던 아이의 젖은 눈망울을 평생이고 잊지 못할 것이다. 어디에도 이 기쁨과 감동을 회복시킬 치료제는 없을 테니까.

오늘은 결혼기념일이다. 지난 몇 해 결혼기념일마다 정원에 목련 묘목을 심어 주었던 남편이 올해에는 들판의 무꽃으로 대신했다. 이것으로 충분하다. 이미 정원에는 나무 심을 공간이 여유치 않고, 게다가 당신의 아내는 가격도 비싸고 도관이 절단되어 점점 화색을 잃어 가는 절화를 바라보며 행복을 느끼지 못하기 때문이다. 그것이 아무리 아름답다 해도 내 감각의 개화까지 촉진 시키지는 못한다. 차라리 화가 암브로시우스 보스샤르트(Ambrosius Bosschaert, 1573-1621)의 그림 속 '꽃다발(Bouquet of Flowers)'이라면 모를까. 희망이 잘려 나간 화려함과 향기에 무슨 의미가 있는가. 도리어 애처로울 뿐이다.

신문지 위로 무꽃을 펼쳐 놓으니, 간혹 시든 꽃의 줄기에 씨방이 줄지어 달렸다. 내년 봄에 텃밭에 심으면 좋을 듯하여 씨앗 병에 잘 담아 두었다. 올해 받은 선물이 내년에 다시 꽃을 피우고 열매를 맺을 수 있다니, 이보다 멋진 축하와 사랑스러운 선물이 어디 있을까? 나머지 싱싱한 꽃으로는 아침 식탁을 차리기로 했다. 무꽃을 비빔밥에 고명으로 얹거나 샐러드에 곁들이면, 연한 보랏빛이 식탁의 색감을 한층 고상하게 하고 특유의 부드러운 매콤함이 입맛을 돋운다.

제주의 겨울 무는 배보다 달고 시원하다. 작년 가을에는 지인 권사님이 직접 농사지으신 무를 스무 덩이나 보내셔서, 열 덩이는 가까운 이웃과 나누고 여덟 덩이로는 깍두기와 나박김치, 나머지는 무꿀차를 만들어 저장했다. 제주의 겨울 무는 여기 사람들 말로 산삼도 부럽지 않을 만큼 영양이 풍부하다.

내게는 어릴 적 무꽃과 함께한 추억이 있다. 시골 큰이모 댁의 무밭에서의 이야기다. 정이 많은 큰이모는 흩어져 사는 형제들과 나누어 먹기 위해 무를 심으셨다. 다량을 수확해 판매할 목적은 아니었기에, 육 남매가 넉넉히 나눌 만큼만 수확하면 서너 평 남짓은 꽃이 필 때까지 그냥 두셨다. 그래야 씨앗을 받아 봄에 또 심을 수 있기 때문이다. 무꽃이 흐드러지게 피면 나는 동갑내기

엄마가 엄마 찾아 줄게

인 이모의 막내아들 재우와 함께 그 밭으로 갔다. 우리는 무꽃으로 화관을 만들며 놀았다. 그래서 뻐끔뻐끔 졸고 있는 소에게도 씌우고, 온종일 킁킁대는 돼지에게도 씌우고, 닭에게도 씌웠다. 씨가 영글기 전에 꽃대를 잘랐으니 분명 혼이 날 법도 한데, 이모는 재우와 내가 화관을 쓴 동물들을 보며 깔깔대고 웃으면, 더 큰 소리로 따라 웃으셨다. 놀다 지쳐 잠시 앉아 있으면 바람에 한들대는 여린 무꽃에게로 벌과 배추흰나비가 다녀갔다. 벌은 한눈에 띄었지만, 나비는 꽃과 구별하기 어려웠다.

아마 그 순간들 때문이었으리라. 결혼기념일이라는 소중한 날에 무꽃만으로도 내가 행복할 수 있는 것은…. 한호 임연 선생이 〈무꽃〉이라는 시에서 "무청 더미에 아기 미소 같은 천진함이 피었다."라고 읊었던 것처럼, 내게도 그 꽃은 애틋함이다. 식탁을 차리기 위해 무꽃의 줄기를 자르니 씁쓸한 풀내음이 올라온다. 재우와 내가 마구 잘라 놓은 줄기 하나 허투루 버리지 않으시고 장에 찍어 드시며 우리에게 흰 생선 살을 발라 주시던 큰이모가 생각나 뭉클하다.

이른 아침, 남편과 그레이스가 안겨 준 무꽃 한 다발이 소중한 결혼기념일을 축하하고 식탁을 풍성하게 했을 뿐 아니라, 풀 향 나는 유년의 추억까지 실어다 주었다. 고맙고 행복하다.

여보, 당신의 오늘도 축하합니다.

🌷 그러나 너희도 각각 자기의 아내 사랑하기를 자신같이 하고 아내도 자기
남편을 존경하라 _엡 6:33

얼레지

"마리아~ 마리아~!"

아버지의 목소리다. 바로 내 등 뒤, 혹은 아주 멀리서 들려오는 소리일지도 모른다. 하지만 분명 아버지의 목소리이다.

통통한 꿀벌 한 마리가 구름 같은 자운영의 꽃대궁을 붙들고 땅에 닿을 듯 말 듯 휘청이는 모습에 넋이 모아져 있던 순간, 어디선가 꿈결처럼 나를 부르시는 아버지의 목소리가 들려왔다. 그러나 아슬아슬 곧 부러질지도 모르는 가는 줄기와 혼연일체가 되어 버린 나는, 마치 내 온몸으로 그 벌의 무게를 감당이라도 하듯 옴짝달싹 눈 한번 깜빡일 수 없는 신세였다. 쪼그리고 앉아 몸을 더 둥글게 말아 가고 있던 그 몰아의 순간, 누군가 내 어깨를 두드렸다.

그제야 움츠렸던 어깨가 열리며 선명하게 들려오던 아버지의 목소리….

언제라도 유유자적한 그레이스

"우리 마리아, 무엇을 바라보고 있니?"

그레이스 또래였다. 운동장에서 교문까지 걸어 나오는 길 양쪽으로 멋스러운 화단이 있었는데, 나는 그 꽃길이 좋아 학교에 가는 것이 좋았다. 그날, 꽃과 꿀벌에 빠져 있던 때, 하교 시간이 훨씬 지났음에도 막내딸이 보이지 않자, 아버지께서 직접 화단까지 걸어 들어오신 것이다. 아버지는 이후로도 그날의 이야기를 자주 들려주셨다. 꿀벌의 빠른 날갯짓 하나, 흔들리던 줄기의 춤사위 하나 놓침 없이 바라보고 있던 나의 모습을….

"마리아, 얼레지라는 꽃이 있단다. 그 꽃은 한 송이 꽃을 피울 때까지 많은 시간을 필요로 해. 씨앗에 싹이 나고 꽃이 피기까지 무려 7년 이상 걸리는 꽃이란다. 그래서 얼레지꽃이 핀 땅은 수년간 파헤쳐지지 않은 아주 건강한 숲이라고 볼 수 있어. 지상에서 모습을 보이는 기간도 매우 짧지. 3월 초가 되어 피면 5월 말에 어김없이 사라지고 말거든."

아버지는 그날뿐 아니라 내가 성장하는 동안 자주 얼레지꽃의 내밀한 이야기들을 들려주셨다.

얼레지는 파종한 지 2년이 되어서야 싹이 트는데, 발아한 지 1년이 되면 실같이 작은 잎이 한 장 나오고 2년이 되면 타원형 모양 잎이 두 장 더 나온다. 매년 비늘줄기에 양분을 조금씩 축적하기 때문에, 모두 피워 내기까지는 자그마치 7년 이상을 필요로 한다. 아버지는 느리게 꽃 피우는 얼레지꽃을 보며 매사 태연자약한 막내딸을 떠올리셨을 것이다. 무슨 일 앞에서든 급한 것이 없고, 마치 비둘기처럼 한 가지에 몰두하면 다른 것을 돌아보지 못하는 아이였기 때문이다. 그러나 꽃이 될지 잎이 될지 알 수 없는 겨울눈(芽)의 응축된 점이 선이 되어 뻗어 나가는 순간을 기대하고 계셨으리라. 또한 얼레지꽃은 하루에 세 번 변신한다. 햇볕이 들기 전에는 고개를 숙이고 다소곳이 꽃잎을 오므리고 있지만, 해가 떠오르면 꽃잎을 활짝 열어 그 자태가 매우 아름답고 오후가 되면 꽃잎을 완전히 뒤로 젖히며 매우 고혹하다. 아버지는 당장은 유유자적하며 천천히 걷는 딸이지만, 해가 떠오르면 그 꽃잎을 활짝 열어 세상 그 어느 꽃과도 비교할 수 없는 아취(雅趣)를 풍기리라 믿고 계시는 듯했다.

그레이스가 초등학교에 입학하고서 대략 열흘 정도가 지났을 때의 일이다. 수업량이 적은 저학년이 가장 먼저 교문으로 나오기 마련인데, 또래의 아이들이 모두 나온 후에도 그레이스가 보이질 않았다. 나는 염려스러운 마음으로 운동장을 가로질러 본관을 향해 걸었다. 다행히 얼마 지나지 않아 저만치 화단 앞에 앉아 있는 그레이스가 눈에 들어왔다. 가까이 가 보니 그레이스는 모종삽을 들고 꽃을 심고 계시는 선생님을 돕고 있었다. 학생들이 하교 후 운동장에서 학원 버스를 기다리기 때문에, 그 선생님은 당연히 그레이스가 본인의 스케줄을 체크하고 있으리라 믿고 계셨단다. 나는 아이의 손을 잡고 교정을 나오며 물었다.

"그레이스, 엄마가 교문 밖에서 기다리고 있을 거라는 생각은 안 했어?"

"엄마, 아까 그 꽃 이름이 백일홍이래요!"

"그레이스, 그러다가 엄마랑 못 만나면 어떡해."

"아이, 엄마는… 무슨 일이 있어도 우주 끝까지 찾아온다면서요!"

"……."

그날 이후에도 늦어지는 일이 여러 번 있었다. 처음에는 교문을 향해 잘 걸어 나오다가 예쁜 나뭇잎이 눈에 띄면 그것을 쫓거나 줍다 늦고, 고학년 오빠들의 축구 시합에 빠져 응원까지 하다 늦고, 또 학원 버스를 기다리는 친구들과 이야기를 나누다가 늦곤 했다. 처음에는 주의력이 떨어지는 것은 아닐까 염려도 했지만, 문득 나의 유년 시절이 떠오르며 생각이 바뀌었다. 어차피 내가 하교 시간보다 늘 이르게 도착하니 아이가 먼저 교문 밖으로 나오는 일은 없을 테고, 그렇다면야 크게 문제가 될 일도 아니었다. 그래, 당장은 그레이스가 유유자적하며 천천히 걸을지라도, 해가 떠오르면 꽃잎을 활짝 열어 세상 그 어떤 꽃과도 비교할 수 없는 아취를 풍기리라 믿자. 나도 내 아버지처럼….

"그레이스, 엄마가 우주까지 날아가지 않도록 꼭 운동장 안에 있어야 해."
"네. 약속해요. 엄마!"

🌷 여호와는 너를 지키시는 이시라 여호와께서 네 오른쪽에서 네 그늘이 되시나니 낮의 해가 너를 상하게 하지 아니하며 밤의 달도 너를 해치지 아니하리로다 여호와께서 너를 지켜 모든 환난을 면하게 하시며 또 네 영혼을 지키시리로다 _시 121:5-7

엄마가 엄마 찾아 줄게

그레이스 마음에서 피어난 오색 장미

안갯촌꽃

오늘은 어버이날이다. 저학년 때는 빨간색 색지로 카네이션을 만들어 가슴에 달 수 있도록 꾸며 왔는데, 3학년이 되니 마치 작품과도 같은 카드를 내민다. 장미향이 그윽한 종이비누로 카네이션을 만들어 카드의 앞면을 장식하고 안쪽에는 편지까지 썼다. 평소에도 자주 메모를 건네는 사랑스러운 막둥이가 이 특별한 날에는 어떤 내용을 담았을까?

설레는 마음으로 카드를 열었다. 그런데 첫 문장에 눈이 닿는 순간 다시 카드를 덮어야만 했다. 나는 종이비누가 눈물로 녹을세라 저만치 카드를 밀어 놓고 눈물부터 훔쳤다. "아빠, 엄마! 저를 낳아 주시고 길러 주셔서 감사합니다" 라는 첫 문장에서 '낳아 주시고'를 지우개로 지운 자욱이 눈에 들어온 것이다.

🖋 아빠, 엄마! 저를 (낳아 주시고) 길러 주셔서 감사합니다.

엄마가 엄마 찾아 줄게

아빠를 닮아서 곱슬머리, 손가락이 예쁘고,
엄마를 닮아서 날씬하고, 꽃을 좋아해요.
세상에서 가장 사랑하는 아빠, 엄마께
그레이스의 마음을 드려요.
　그레이스 올림.

　그레이스는 카드를 건넨 후 아무렇지도 않게 본인의 방으로 들어가 책을 읽고 있었지만, 나는 안타까운 마음에 편치 않은 오후를 보냈다. 그날 밤, 우리는 여느 날처럼 잠자기 전 기도를 하기 위해 마주 앉아 손을 잡았다. 그레이스의 기도가 항상 먼저이다.

"하나님, 오늘은 어버이날이었어요. 제게 아빠와 엄마를 보내 주셔서 감사합니다. 그런데요, 하나님, 저희 반에 입양된 친구는 저 한 명뿐인 것 같아요. 제가 친구들의 카드를 보니, 모두 '낳아 주시고 길러 주셔서 감사합니다.'라고 썼어요. 하지만 하나님, 봄에 엄마가 말씀하셨어요. 알록달록 예쁜 튤립도 안갖춘꽃이라고요…."

안갖춘꽃? 기도 중이었으나 나는 놀라 두 눈을 번쩍 뜨고 말았다. 지난 4월, 지는 튤립을 보며 우리가 함께 정원에서 나누었던 이야기들이 떠올랐기 때문이다.

"그레이스, 꽃을 구성하는 요소는 크게 꽃잎, 꽃받침, 암술, 수술 이렇게 네 가지야. 그런데 튤립은 꽃잎과 꽃받침의 경계가 애매해서 꽃받침이 없는 것으로 간주하기 때문에, 안갖춘꽃에 포함돼. 네 가지 요소를 모두 가지고 있는 꽃을 '갖춘꽃', 그중 하나 이상이 존재하지 않는 꽃을 '안갖춘꽃'이라고 하거든. 그런데, 그레이스. 안갖춘꽃이면 뭐 어떨까? 튤립이 이렇게나 예쁜데 말이야. 튤립은 마지막 순간까지도 한 잎, 한 잎 퍼포먼스를 펼쳐 가며 우아하게 죽는단다. 아마도 죽는 순간까지 아름다운 꽃은 튤립뿐인 것 같아."

그레이스의 기도는 계속 이어졌다.

"하나님. 저는 비록 친구들과 다르지만 그래도 튤립처럼 우아한 우리 아빠, 엄마의 예쁜 딸이 될 거예요. 예수님의 이름으로 기도합니다. 아멘."

엄마가 엄마 찾아 줄게

갑자기 심장이 빠르게 뛰기 시작했고, 몹시 미안했다. 그 어려운 용어를 통해 본인의 형편을 해석한 것에 놀랐고, 그날 튤립 앞에서도 '안갖춘꽃'이라는 용어로 결핍이라는 감정을 느끼지는 않았을까… 또 한 번의 안쓰러움이 밀려왔다. 이제 내가 기도할 차례다.

"하나님. 오늘은 어버이날입니다. 하늘로 떠나신 육의 부모님을 생각하며 기도드립니다. 부족한 엄마인 제게, 5월의 봄꽃 같은 그레이스를 보내 주셔서 감사합니다. 저의 부모님께서 제게 베푸셨던 그 사랑으로 이 딸을 품고 이 딸을 위해 기도하는 엄마가 되겠습니다. 흩어져 있는 자녀들 에스더, 사무엘, 다니엘에게도 이 시간 주님의 사랑과 은혜가 함께 있기를 기도합니다. 예수님의 이름으로 드립니다. 아멘."

그리고 우리는 언제나처럼 주기도문을 올린 후 잠자리에 누웠다. 나는 이불 속으로 그레이스의 손을 꼬옥 잡았다.

"그레이스, 안갖춘꽃이라는 것은 꽃의 형태와 구조에 따라 갖춘꽃과 함께 분류해 둔 하나의 체계일 뿐이야. 다양한 꽃을 이해하고 연구하기 위해서 나누어 놓았을 뿐, 형태와 구조가 다르다고 해서 꽃이 아닌 건 아니란다. 혹시 '가족'의 사전적 의미를 알고 있니? 가족이란 혈연, 인연, 입양으로 연결된 일정 범위의 사람들로 구성된 집단을 말해. 그렇기에 낳아 주신 부모님과 사는 아이들은 갖춘꽃, 부모님이 계시지 않거나 입양된 아이들은 안갖춘꽃이라고 여겨서는 안 돼. 그렇게 공정하지 못하고 한쪽으로 치우친 생각, 혹은 그러한 생각 때문에 상대에 대해 공감하지 못하는 태도를

'편견'이라고 한단다. 기억하렴. 눈에 보이는 형태와 구조가 다르다고 해서 틀린 건 아니라는 거. 그리고 우리 각 한 사람 한 사람은 모두 세상에 단 하나뿐인 아주 소중한 존재라는 걸⋯. 그레이스, 튤립이 얼마나 아름답니!"

모두 이해한 걸까⋯. 나의 이야기가 끝나자 가슴으로 파고들어 와 안긴다.

꽃은 이렇듯 갖춘꽃과 안갖춘꽃으로 분류하기도 한다. 안갖춘꽃은 암술과 수술이 한 꽃에 존재하는 양성화일 수도 있고, 암술이나 수술 중 한쪽이 없는 단성화일 수도 있다. 꽃잎이 없거나 꽃받침이 없어서 안갖춘꽃이 되는 경우, 꽃받침과 꽃잎은 있으나 암술이 있는 암꽃과 수술이 있는 수꽃이 나뉘어 있는 경우, 마지막으로 튤립처럼 꽃잎과 꽃받침의 경계가 애매한 경우 등이 이에 해당한다.

그러나 갖춘꽃과 안갖춘꽃의 나눔은 분류학적으로 어떠한 위치를 차지한다고 말하기 어렵다. 암술과 수술이 모두 한 꽃에 갖추어져 있는 양성화 내에서만, 꽃잎과 꽃받침이 모두 정확하게 발달한 갖춘꽃 쪽이 더 성숙한 형태라고 볼 뿐이다. 꽃잎과 꽃받침이 복잡한 형태로 발달함으로써 곤충이 꽃가루를 옮기는 상황에서 식물이 더욱 효과적인 수정 능력을 지니게 된다고 여기기 때문이다.

잠자리에서 아이의 손을 잡고 긴 이야기를 나눈 이유가 있다. 그레이스가 성장하며 '입양아'에 대한 편견을 가진 사회와 마주하게 되었을 때, 본인이 먼저 그 편협된 사고로부터 자유해야만 그들에게 온전한 가족의 개념을 설명할 수 있기 때문이다. 그리고 형태와 구조가 다르다고 해서 꽃이 아닌 것이 아니며, 가족의 형태와 구조는 우리가 일반적으로 알고 있는 것보다도 훨씬 더 다양하기 때문이다.

내 품에서 깊이 잠든 그레이스에게서 익숙한 내음이 났다. 어릴 적 내가 바르던 로션과 같은 것을 쓰기 때문이다. 우리가 구름처럼 합체되어 버린 것만 같았다. 살이 맞닿아 부드러웠고, 커튼 사이로 슬몃 새어 들어오던 달빛도 오늘 유난히 더 따듯하게 느껴졌다.

오늘 더 사랑한다. 그레이스… 잘자렴.

🌷 너의 하나님 여호와가 너의 가운데 계시니 그는 구원을 베푸실 전능자이시라 그가 너로 말미암아 기쁨을 이기지 못하시며 너를 잠잠히 사랑하시며 너로 말미암아 즐거이 부르며 기뻐하시리라 하리라 _습 3:17

스트레스 개화 이론

아버지는 난(蘭)을 좋아하셨다. 물론 프로이트의 '니그리텔라 니그라'와 같이 초콜릿과 바닐라가 섞인 듯 섬세하고도 강렬한 향을 풍기는 알프스의 고급 난초들은 아니었지만, 아버지의 서재 한편에도 허리가 잘록한 옥빛 도자기 화분 안에 여러 종의 난초가 자태를 뽐내고 있었다. 어릴 적 아버지와 함께 '막실라리아'를 포기 나누기 했던 기억이 있다. 아버지께서 가장 소중히 여기시는 난초였다. 오월이면 어김없이 다홍빛 꽃을 피우던 그 막실라리아에게서는 신기하게도 커피 향이 났다. 아직까지도 내가 기억하는 아버지의 서재 냄새는 그 꽃의 향기이다.

나는 그날 처음, 아버지께서 왜 이토록 난을 좋아하시는지 물었다.

"마리아, 아버지는 이 난을 통해서 살아 있는 모든 생명체는 홀로 존재할 수 없다는

엄마가 엄마 찾아 줄게

한림공원 온실 안의 난초, 반다(Vanda)

것을 깨달았단다. 난초의 잎사귀를 이렇게 천천히 닦다 보면 내면의 자세를 고쳐먹게 되거든. 난초의 씨앗이 식물의 씨앗 중 가장 작다고 했던 건 기억하지? 그럼, 그다음 이야기를 들려줘야겠구나. 음… 꽃이 수정된 뒤 열리는 열매에는 1mm보다도 작은 씨앗이 수만 개에서 수십만 개가 들어있단다. 그런데 그 안에는 떡잎조차 존재하지 않는 세포 덩어리 몇 개만 있을 뿐, 어떠한 영양분도 없지. 도리어 포자에 가깝다는 뜻이야. 그래서 난은 절대 혼자서는 발아할 수가 없단다."

아버지의 말씀은 난초의 씨앗 안에는 다른 식물들의 씨앗과 다르게 발아할 때 영양분을 제공해 주는 배유(胚乳)가 없다는 의미이다. 나는 그저 의아했다. 그렇다면 난초는 어떻게 싹을 틔울까? 아버지는 계속해서 놀랍고 재미있는 이야기를 이어 가셨다.

"난초의 탄생 과정에서 가장 중요한 조력자가 누구인지 아니? 바로 곰팡이야. 난초는 흙이나 나무껍질 등에서 생활하는 곰팡이들 가운데 특정 공생균의 균사의 도움을 받아 발아한단다. 바로 곰팡이가 난초의 씨앗을 뚫고 들어가 영양분을 공급하고, 심지어 난초가 다 자란 후 뿌리 세포에까지 침투해서 영양분과 미네랄을 공급해 주기도 하지. 이미 성체가 된 뒤에도 말이야."

나는 그날에서야 아버지께서 왜 그토록 난초를 사랑해 오셨는지 알게 되었다. 난초는 성체가 되기까지 스스로 할 수 있는 일이라고는 아무것도 없었다. 게다가 땅, 물, 공기 그리고 곰팡이까지 모두 최적의 상태가 되지 않으면 발아조차 쉽지 않았다. 아버지는 난초를 통해 인간 역시 자연 속에 한낱 미미한 존재임을 늘 돌이키시는 듯했다.

아버지는 화분에 가득 들어찬 뿌리를 조심스레 분리하여 그 옥빛 도자기 화분에 나누어 심으시고는, 씻어 말려 둔 아이스크림 나무 막대에 '막실라리아'가 아닌 '김마리아'라고 쓰셨다. 식물의 이름이 아닌 내 이름을 쓰시다니! 아버지는 그 막대를 내게 직접 꽂으라고도 하셨다. 드디어 내게도 나와 같은 이름의 난이 하나 생긴 것이다. 나는 감동했고 행복했다. 내가 미소 짓자, 아버지는 내 이마에 입맞춤을 하셨다.

"마리아, 그렇게 좋니?"
"네에!"

사실 그때는 그 입맞춤의 의미를 알아차리지 못했다. 막실라리아의 꽃말이 '달콤한 키스의 향기'라는 것을….

어느덧 밤바람이 서늘한 늦여름이 되었다. 이상하게도 아버지는 봄과 한여름에는 선풍기를 대동하거나 방 안의 온도까지 체크하며 애지중지하던 난초들에게 눈길 한 번 주지 않으셨다. 차디찬 베란다에 내다 놓고, 비료는커녕 물 주기도 거르며 무정하게 대하셨다.

"아빠, 이러다가 난초들이 모두 죽겠어요. 히잉…"

나는 마음이 초조했고, 아버지의 매서운 고집은 솔잎처럼 따갑기만 했다. 그렇게 아끼시던 막실라리아도 예외가 아니었고, 심지어 김마리아 난은 몰래 가지고 들어오다 걸리는 바람에 가장 귀퉁이로 밀려나는 신세가 되고야 말았다. 야속하기만 했다.

'치이! 이럴 거면서 왜 분갈이를 해 주고, 매일 잎사귀를 닦아 준 거야? 저러다가 모두 말라죽거나 얼어 죽고 말 거야!'

그런데 그렇게나 고통스럽고 강렬한 스트레스를 주던 어느 날엔가, 난초들에게서 놀라운 일이 일어나기 시작했다. 분(盆)마다 꽃대가 쑥쑥 올라오더니, 이내 소담스러운 꽃망울이 맺히고, 꽃대 사이사이마다 새로운 싹이 돋아나는 것이 아닌가!

"아빠! 이것 보세요. 꽃망울이 맺혔어요!"

"우리 마리아, 오래 기다렸지? 하하하."

나는 지금에서야 안다. 그것이 바로 '스트레스 개화 이론'이라는 것을….

사실, 모든 식물은 갑자기 환경이 바뀌거나 스트레스를 받을 때, 혹시 내가 죽을지도 모른다는 절박함으로 꽃대를 올린다. 고사 위기에 놓인 소나무일수록 작은 솔방울이 많이 맺히는 것도 같은 예이다. 이유는 단 하나, 꽃을 피워야 열매를 맺고 후손을 남길 수 있기 때문이다. 이렇듯 모든 식물들은 저마다 유전적 약점을 가지고 있다. 그것은 주로 기온과 햇빛의 변화에서 드러난다. 이른 봄에 피는 매화, 산수유, 개나리, 목련 등은 급상승하는 기온에 민감하여 꽃을 피우고, 초여름에 꽃을 피우는 식물은 자외선에 스트레스를 받기 때문이며, 한여름에 꽃을 피우는 식물은 햇빛을 반사하고 복사열을 줄이기 위해 주로 흰색 꽃을 피운다. 코스모스 역시 밤바람이 서늘해지기 시작하는 가을이면 스트레스를 받아 들녘을 수놓는 것이다.

인간의 관점에서 보면, 매 계절 곱디고운 꽃과 향기로 저마다의 자태를 뽐내는 듯하지만, 사실 그 흠결 없는 아름다움은 모두 후손을 남기려는 절박함으로 빚어낸 것이다. 그래서일까? 나는 번식과 후손이 마치 자신의 생명보다 중요하다는 듯, 생명에 필수적인 잎사귀가 나오기도 전에 꽃을 먼저 피우는 나무들 앞에 서면 숙연해진다. 봄이면 가장 부지런히 꽃을 피우는 매화와 벚꽃이 그렇고, 진달래, 개나리, 복숭아, 살구꽃 등이 그러하다.

엄마가 엄마 찾아 줄게

타고난 유전적 약점을 가진 것이 어디 식물뿐이랴. 사람도 그러하지 않은 가. 육체와 정신, 혹은 영혼도 마찬가지이다. 그러나 식물처럼 포기하지만 않는다면, 누구나 제 계절에 그것으로 철철이 아름다운 꽃을 피울 수 있다. 살아 있는 모든 생명체에게 고난은 바로 그런 것이다. 역경'에도 불구하고'가 아닌, 역경 '덕분으로' 성숙함에 이르게 되는 것. 게다가 우리에게는 예수님이 함께 하신다. 우리의 연약한 것을 친히 담당하시고 그 병을 짊어지시기 위해 이 땅에 오신 분이….

마태복음 8장에서는 특별히 병들어 고통받는 사람들을 치유하시고 회복시키시는 장면을 보이시며 우리를 위로하신다. 그 가운데 첫 번째는 나병 환자를 깨끗게 하신 것이다. 산상수훈 말씀을 다 전하신 예수님은 산 아래로 내려오셨다. 기다리던 많은 무리 가운데 가장 먼저 예수님께 나아온 사람은 한 나병 환자였다. 하나님께 저주받은 부정한 사람으로 여겨지던 나병 환자가 수많은 무리에게 둘러싸인 예수님 앞으로 나왔다는 자체만으로도 사실 놀랍다. 어떻게 이런 용기를 낼 수 있었을까? 그의 간청 속에 답이 있다.

"주여, 원하시면 저를 깨끗하게 하실 수 있나이다."

여기서 중요한 것은 자신의 간절한 바람보다 예수님의 주권을 더 존중한 부분인 "주여, 원하시면"이라는 고백이다. 예수님은 손을 내밀어 그에게 대시고 "내가 원하노니 깨끗함을 받으라."라고 말씀하신다. 얼마든지 말씀만으로도 능력이 나타날 것이 자명한데, 왜 군이 나병 환자의 몸에 손을 대셨을까? 그동안 사람들은 나병 환자를 보면 욕하고 돌을 던졌었다. 그렇게 처절한 외로움과 고통 중에 놓여 있던 그에게 예수님의 손길이 닿았을 때, 나병 환자는 참 오랜만에 따뜻한 온기와 자비하심을 경험했을 것이다. 예수님은 육체만이 아닌, 그의 영혼까지 만져 주고 싶으셨다. 또한 이후 제사장을 통해 병이 나았다는 증거를 받도록 명하셨는데, 이는 이스라엘 공동체의 일원이 되어 다시 사회적 관계를 회복하도록 돕기 위함이었다.

두 번째는 중풍에 걸린 백부장의 하인을 낫게 해 주신 일이다. 예수님께서 가버나움에 들어가셨을 때, 한 백부장이 나아와 간구했다. 백부장은 로마군을 지휘하는 장교이다. 높은 계급의 사람이 예수님께 나아와 간구했다는 것과 당시 물건 취급을 받던 하인의 생명을 그토록 소중히 여긴다는 것은 이례적인 일이었다. 예수님은 이 이방인 백부장의 겸손과 착한 마음에 감동하셨다. "내가 가서 고쳐 주리라." 그러나 당시 유대인들은 이방인의 집에 들어가는 것만으로도 부정하게 된다고 믿었기에, 백부장은 "다만 말씀으로만 하옵소서. 그러면 내 하인이 낫겠사옵나이다."라고 말한다. 그는 예수님의 말씀에 절대적인 권세가 있음을 믿었던 것이다. "내가 진실로 너희에게 이르노니 이스라엘 중 아무에게서도 이만한 믿음을 보지 못하였노라." 예수님은 이방인이었던 백부장의 큰 믿음을 통해 앞으로 많은 이방인들이 하나님께로 돌아오게 될 비전을 보셨을 것이다. "가라 네 믿은 대로 될지어다."라고 말씀하시자, 그 즉시 하인이 나음을 입었다.

세 번째는 베드로의 장모에게서 열병이 떠나게 하신 일이다. 예수님께서 베드로의 집에 들어가셨을 때, 마침 베드로의 장모가 열병으로 앓아누워 있었는데 예수님께서 여인의 손을 만지시자 곧 열병이 떠나갔다.

그리고 위의 세 가지 사례를 제외하고도 예수님은 많은 귀신 들린 자들을 고치셨다.

예수님은 우리의 약한 것들로 우리의 삶을 꽃피우게 하시기 위해 이 땅에 오셨다. 그리고 그 모든 짐을 짊어지시고 십자가로 향하셨다. 또한 십자가에서 죽으심으로 그 모든 것들을 소멸시키시고, 우리에게는 새봄의 꽃과 같은 생명과 정결함을 주셨다. 루터는 갈라디아서 3장 13절을 강해하면서, 이것을 가리켜 "행복한 교환"이라고 설명한다.

> 🌼 그리스도께서 우리를 위하여 저주를 받은 바 되사 율법의 저주에서 우리를 속량하셨으니 기록된 바 나무에 달린 자마다 저주 아래에 있는 자라 하였음이라 _ 갈 3:13

육체와 마음, 혹은 영혼이 고통 가운데 있는가? 혹시라도 유전적 약점으로 생존의 위기를 느끼며 내가 곧 죽을지도 모른다는 절박감에 놓여 있는가? 그렇다면 나병 환자와 백부장 그리고 베드로와 같은 용기와 겸손, 오롯한 믿음으로 주님께 나아가자. 어릴 적 내 아버지께서 차디찬 베란다에 난초를 내어 놓으신 것은 고통 그 자체를 주기 위함이 아닌, 그것들을 진심으로 축복하기 위함이었다. 고난 속에 인내하며 더욱 뜨겁게 주님을 찾는 자들에게는 반드시 개인의 소망, 그 이상의 축복이 예비되어 있을 줄 믿는다. 그제야 비로소 스트레스 개화 이론이 가동되며, 상상하지 못했던 찬란한 꽃대가 올라오게 되는 것처럼!

🌷 너희 중에 누구든지 지혜가 부족하거든 모든 사람에게 후히 주시고 꾸짖지 아니하시는 하나님께 구하라 그리하면 주시리라 오직 믿음으로 구하고 조금도 의심하지 말라 의심하는 자는 마치 바람에 밀려 요동하는 바다 물결 같으니 _약 1:5-6

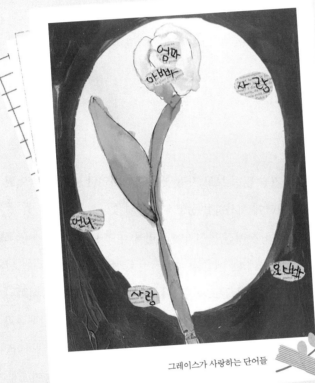

그레이스가 사랑하는 단어들

봉선화 물들이기

어린 시절, 내가 가장 많이 보고 자란 꽃은 봉선화이다. 매해 여름이면 어김없이 동네 길목과 빈터에 첫사랑을 품고 피어나던 꽃….

아버지는 꽃과 잎을 짓이긴 봉선화에 백반을 섞어 내 손톱 위에 한 꼬집씩 떼어 올리셨다. 나는 꽃에 왜 백반을 섞는지 궁금했다. 갸우뚱거리는 나와 눈이 마주친 아버지는 백반의 암모늄염이나 소금의 나트륨염이 봉선화의 적색 염료와 결합하여 비수용성 물질을 만들고, 이것이 다시 손톱의 단백질과 결합하여 염색의 효과를 올려 준다고 설명해 주셨다. 방안은 금세 새콤하면서도 아릿한 냄새로 가득 찼다. 아버지는 내 손가락을 비닐과 실로 동여매시며, 아침까지 잘 참았다가 일어나면 손톱마다 예쁜 꽃이 피어 있을 것이라고 하셨다. 실이 조금 세게 묶인 손가락은 몹시 가렵기도 했고, 밤새 이곳저곳 간지러운 곳을 시원하게 긁을 수도 없어 조금 답답했지만, 나는 아버지를 믿고 꾹 참

기로 했다. 항상 아버지가 옳았다는 것을 기억하기 때문이다. 드디어 기다리 던 아침이 되었다. 그런데 요술이 일어났으리라 믿었던 기대와는 달리, 꽃이 피어 있기는커녕 열 개의 손톱뿐 아니라 손가락 두 마디까지 모두 쭈글쭈글 붉은 물이 들어 있는 것이 아닌가. 나는 마뜩잖아 울음을 터뜨렸고, 아버지는 그런 내 모습을 바라보시며 큰 소리로 웃으셨다.

"으앙~ 꽃은 무슨 꽃이에요! 이게 뭐예요, 으앙~"

내 나이 일곱 살, 첫눈이 올 때까지 꽃물이 남아 있으면 첫사랑이 이루어진 다는 그 아름다운 이야기를 듣기도 전에, 나의 봉선화 물들이기는 그때가 처 음이자 마지막이 되었다.

봉선화는 봉선화과의 한해살이풀이다. 꽃의 빛깔은 적색, 흰색, 황색, 분홍색 등으로 다양하며 한 줄기에서 여러 색의 꽃이 피기도 한다. 열매는 삭과(蒴果)로 표면에 잔털이 있는데 성숙하여 껍질에 탄력이 생기면 황갈색의 작은 씨가 사방으로 터져 나온다.

얼마 전 동네를 산책하면서 초롱처럼 예쁘게 피어난 봉선화꽃을 보았다. 빈터에 주인 없이 피어 있길래 그레이스와 함께 꽃과 새파란 이파리를 두 손 가득 땄다. 신나게 집으로 돌아오는 길에 마침 어릴 적 봉숭아꽃에 얽힌 아버지와의 추억이 떠올라 그레이스에게 들려주었다.

"그레이스, 그러니 엄마가 얼마나 속상했겠어. 그치? 그치?"

그런데 갑자기 그레이스가 가던 길을 멈추어 서더니, 제 손의 꽃들이 모두 바닥으로 떨어지는 줄도 모르고 깔깔대며 웃는 것이 아닌가?! 철없는 엄마가 할아버지의 마음을 헤아리지 못했다나, 뭐라나…. 치잇!

드디어 밤이 되었다. 잠자리에 드는 그레이스의 손톱 위에 백반을 넣고 짓이긴 봉선화를 한 꼬집씩 떼어 올렸다. 문득 그 시절의 아버지가 떠올라 애련했지만 그렇다고 해서 나마저 환상을 심어 줄 수는 없었다.

"그레이스, 아침까지 잘 참았다가 일어나면, 손톱과 손가락 두 마디 정도까지는 물이 들어 있을 거야. 그래도 금세 빠질 테니…"

엄마가 엄마 찾아 줄게

"하하하. 걱정하지 마세요. 저는 엄마처럼 철부지 울보가 아니니까요!"

"……"

이윽고 아침이 되었다. 그레이스는 실과 비닐을 풀자마자 환한 미소를 지으며 이렇게 말했다.

"미안, 손가락들아. 금세 물이 빠지고 주름도 펴질 테니까 조금만 기다려 주겠니?"

흑흑, 내가 졌다. 나는 속 깊은 아이에게 첫눈이 올 때까지 꽃물이 남아 있으면 첫사랑이 이루어진다는 이야기를 들려주었다.

"정말요? 그럼 첫눈이 올 때까지 이 꽃물이 남아 있으면, 저는 라파엘하고 결혼하는 거예요??"

수줍은 듯 두 볼이 불그스레해지는 그레이스가 참 사랑스러웠다.

"아니다! 아니에요, 엄마. 나는 다른 사랑을 위해 기도할래요."

"라파엘 말고 다른 사랑이 또 있니?"

"그럼요, 있죠!"

"너어?! 그게 누군데?"

"손가락 마디에까지 꽃물이 들었다고 엉엉 울었다던 우리 엄마요! 하하하."

사실 마지막까지 놀림을 당하는 것 같았지만 나와의 사랑을 선택해 준 순간, 얄밉다고 느껴지던 마음은 모두 사그라들었다.

초등학교 시절, 나는 어머니의 화단 앞에 돗자리를 펴고 샐비어꽃 꿀을 빨아 먹으며 숙제를 하곤 했다. 그러던 어느 날엔가 '톡!' 하는 소리와 함께 봉선화 씨앗주머니 터지는 소리에 어찌나 놀랐던지. 콩처럼 꼬투리가 뒤틀려 '탕!' 하고 와자하게 터지는 것과는 달랐다. 그 들깨 같은 씨앗들이 산포하며 책가방 속으로까지 튀어 들어가, 그것을 거꾸로 들고 털어 내던 기억이 새록하다. 그러고 보니, 씨앗주머니가 언제 터질지 모르기에 봉선화의 꽃말이 "나를 건드리지 마세요."가 아닐까?

사실 뱀이 싫어하는 특유의 냄새가 있어 마을의 빈 땅마다 심어 키우던 꽃, 그래서 금사화(禁蛇花)라고도 불리던 봉선화. 내게 봉선화의 추억은 막내딸을 향한 아버지의 소소한 사랑과 씨앗을 멀리 보내기 위해 지혜로운 방식으로 주머니를 터트리던 그 꽃의 모성애이다. 바람이나 새, 곤충들의 도움을 받을 수 없기에 온 에너지를 모아 마치 스프링처럼 씨앗을 날려 보내는 봉선화가 참 기특하다는 생각이 든다. 내 자녀가 더 넓고 새로운 세계로 나아가는 것을 바라는 부모의 마음은 꽃에게도 다름 없음이….

먼 훗날, 우리 그레이스에게는 어떠한 봉선화의 추억이 남을까? 아마도 신나게 엄마를 놀려 대던 오늘일 테지…. 하루하루 그레이스와 쌓여 가는 꽃들과의 시간이 참 아름답고 소중하기만 하다.

엄마가 엄마 찾아 줄게

🌷 사랑하는 자여 네 영혼이 잘됨같이 네가 범사에 잘되고 강건하기를 내가

간구하노라 _요삼 1 :2

밀레의 시선

그레이스가 학교에서 그림 한 장을 그려 왔다. 누가 보아도 그 그림은 밀레의 〈만종〉을 모방한 작품이었다. 전 세계에서 가장 사랑받는 그림이 밀레의 〈만종〉이라더니, 꼬마 화가 그레이스에게도 예외는 아니었나 보다.

"엄마! 저는 커서 밀레가 되기로 했어요. 아니, 밀레처럼 멋진 화가가 될 거예요!"

그레이스의 꿈은 화가이다. 심장 수술을 마친 후 체력을 기르기 위해 3년간 꾸준히 발레를 해 왔지만, 엄청난 공연장에서 〈호두까기인형〉을 관람했을 때 보다 작고 소소한 미술관에서 무명작가들의 그림을 관람할 때가 훨씬 더 설레고 행복하단다. 가끔 서재에 살며시 들어와 다소 어려울 법한 미술 관련 서적들을 찾아서 읽고, 때론 그 안의 작품들을 따라 그리며 푹 빠져 있었을 때 눈치

엄마가 엄마 찾아 줄게

그레이스와 엄마의 튤립, 그리고 꼬마 화가의 작업 셔츠

를 챘어야 했다. 물론, 몰입하다가 내 압화 스크랩에 물을 엎거나, 펼쳐 놓은 책에 물감 등이 튀기도 하지만 그 정도의 당황스러움과 그레이스의 꿈은 결코 바꿀 수 없다. 때마침 얼마 전 화가인 후배로부터 제주에서 성실히 작품 활동을 하는 한 작가를 소개받을 수 있었다. 학생이 작업을 위해 준비할 것은 단 한 가지, 부모님의 단추가 달린 셔츠. 나는 옷장을 열어 청년 시절에 즐겨 입었었던 셔츠를 한 벌 찾았다. 가벼운 리넨(linen) 소재에 하늘빛 색감이 예뻐서 오래 간직해 온 셔츠였다. 작가는 부모의 셔츠가 아이들에게 가장 좋은 작업 가운이 된다고 말했다. 셔츠의 뒷면을 앞으로 하여 양팔을 끼운 뒤 단추를 등에서 채우도록 입히면 활동하기에도 편하고, 부모님의 향취까지 느껴져 좋은 영감을 가지고 작품에 몰입한단다. 그 말에 공감이 되었다. 성장하며 군함 같은 아버지의 구두와 어머니의 하이힐에 올라타 보지 않은 사람은 없을 테니까.

그레이스는 오늘 학교에서 19세기 바르비종파를 대표하는 프랑스 화가, 장 프랑수아 밀레(Jean-François Millet, 1814-1875)의 생애와 그의 작품에 대해 감상을 한 모양이었다.

"엄마, 밀레는 어릴 적에 할머니의 사랑을 많이 받고 자랐대요. 할머니가 아침마다 밀레를 깨울 때 어떻게 말씀하셨는지 아세요?"

"어떻게?"

"'애야, 프랑수아야, 일어나야지. 새들은 벌써 일어나 좋으신 하느님의 영광을 찬양하는데, 아직 이러고 있다니….' 깜짝 놀랐어요. 아빠가 저를 깨울 때 하시는 말씀과 똑같아서요. '그레이스, 창밖에 저 새소리 들리지? 새들은 벌써 일어나 하나님을 찬양하는데, 우리 그레이스는 아직도 이불 속이라니….' 하하하, 정말 똑같죠?"

그레이스의 말처럼 밀레의 어린 시절에 가장 큰 영향을 끼친 사람은 그의 친할머니셨다. 할머니는 신앙심이 깊고 교육 수준이 높은 가정에서 자란 분이셨다. 그리고 마을을 지나가는 행상인이나 거름뱅이들도 모두 밀레의 집을 알고 있을 만큼 불쌍한 이들에게마저 늘 후한 대접을 아끼지 않으셨다.

밀레의 가족은 대대로 내려오는 농사꾼에, 독실한 가톨릭 집안이었다. 그는 1814년 10월 4일, 프랑스 서쪽 노르망디의 그레빌 아그(Greville-Hague)에 있는 작은 마을 그뤼시(Gruchy)에서 태어났다. 경사가 급한 절벽으로 에워싸인 바닷가의 외딴 마을이었지만, 마을 사람들은 언덕배기에 밭을 일궈 농사를 지으며 살았다. 친할머니와 부모님, 밀레를 포함한 여덟 명의 아이들⋯ 여기에 돌아가신 친할아버지의 형, 큰할아버지도 밀레의 일곱 살 무렵까지 함께 살았다. 시골 살림 치고는 그런대로 넉넉한 형편이었고, 여러 형제들과 함께 자연을 놀이터 삼아 행복한 유년 시절을 보냈다.

밀레의 아버지는 농사꾼이었으나 동네 성당에서 지휘도 하고, 자연에서 얻은 재료들로 여러 장식을 뚝딱 만들어 내는 예술적 소질을 가지고 계셨다. 밀레는 그러한 아버지의 자질과 몸가짐, 그리고 성정까지 닮아 있었다.

큰할아버지는 한때 신부였으나 프랑스 대혁명 뒤에는 밀레의 가족들과 함께 지내며 주로 농사를 지으셨다. 그는 학교에 갈 형편이 안 되는 가난한 아이들을 모아 글을 가르쳐 주기도 하고, 어린 밀레를 항상 데리고 다니며 많은 이야기를 들려주었다. 따뜻한 어른들의 보살핌과 목가적인 환경에서 자란 밀레는 자연스레 감수성이 풍부하고 자연을 사랑할 뿐 아니라, 책 읽는 것을 매우 좋아하는 아이로 성장했다. 성경과 베르길리우스에 대해 거침없이 이야기를 늘어놓을 때면 가족들은 모두 크게 감동하곤 했다.

"엄마, 오늘 밀레에 대해서 너무 놀라운 점을 발견했어요. 밀레는 성경 속에 인쇄된 삽화를 보고 처음 그림을 그리고 싶다는 마음이 느껴졌대요. 그래서 성경 속 낡은 판화 그림을 모방해서 그리기 시작하다가, 차츰 마당이나 외양간, 밭과 동물 등을 관찰하면서 그려 나갔대요. 엄마, 나도 오늘부터는 밀레의 모든 그림들을 따라 그려 볼 거예요!"

사실 장남이었던 밀레는 장차 농사를 이어받아야 했기에 화가가 되고 싶은 마음을 감추며 지냈다. 그러나 남다른 재주와 영특함을 누구보다 잘 알고 있었던 그의 아버지와 할머니는 그레빌에서 가장 가깝고 큰 도시인 셰르부르(Cherbourg)에까지 직접 가서 유명한 화가들을 찾아 밀레가 수업을 받을 수 있도록 했다. 그 도시에서 가장 유명한 화가인 랑글루아(Jerome-Martin Langlois, 1779-1838)의 화실에서 그림을 그리며 성장하던 중, 화가는 더 이상 밀레에게 가르칠 것이 없다고 판단하여 셰르부르의 시 의원에게 그의 데생 석 점과 함께 편지를 보내 장학금을 받도록 돕는다. 이윽고 파리에서 화가 수업을 받을 수 있게 된 밀레는 할머니와 어머니가 조금씩 모아 둔 돈과 장학금을 품에 안고 그 아름다운 미지의 도시로 떠난다. 파리의 가난한 화가 밀레는 그 후 1840년에 살롱전이라는 공식 미술전에 초상화 한 점이 당선되면서 유명해져 셰르부르의 유지나 부유한 사람들의 초상화를 그려 주며 생활한다. 그리고 그즈음 한 재단사의 딸인 폴린 비르지니 오노(Pauline-Virginie Ono)를 만나 결혼하지만, 다시 파리로 돌아와 배고픔과 싸워야 했던 그의 아내는 결혼 2년 만에 결핵으로 세상을 떠나고 만다. 다시 고향으로 돌아온 밀레는 얼마 지나지 않아 카트린 르메르(Catherine Lemaire)라는 한 카페의 여종업원과 결혼하여 그녀와 함께 아홉 명의 자녀를 낳고 평생을 함께한다.

밀레의 생애는 비교적 소상하게 알려진 편이다. 밀레의 친구이자 후원자였던 알프레드 상시에(Alfred Sensie)라는 사람이 밀레와 나누었던 수많은 이야기와 주고받은 편지 등을 바탕으로 〈장 프랑스아 밀레의 삶과 작품〉이라는 전기를 쓰기 시작했기 때문이다. 하지만 1875년에 밀레가 죽음을 맞이한 후, 1877

년 상시에 역시 병으로 세상을 떠나면서 그 이후의 원고는 1881년, 폴 망츠 (Paul Mantz)라는 미술사학사가 뒷부분을 보충하여 완성했다.

그레이스는 3년 동안 발레를 하며 국립발레단 출신의 선생님께 전공을 준비해도 좋겠다는 이야기를 들었었다. 발레하기에 좋은 체형을 가지고 있으며, 어떠한 음악이든 거기에 맞추어 자신만의 춤을 만들어 낼 줄 안다며 칭찬했다. 하지만 그레이스는 여전히 발레보다 그림이 좋단다. 대형 발레 공연보다 밀레가 성경 속의 삽화를 보고 그림을 그리기 시작했다는 이야기에 더욱 열광했고, 밀레의 대표적인 작품이 〈만종〉, 〈씨 뿌리는 사람〉, 〈이삭 줍는 여인들〉, 〈양 떼를 지키는 소녀〉 등 하나같이 성경적이거나 자연과 농부에 관한 소재를 가지고 있음에 놀라워했다.

4세에서 7세까지는 언어를 담당하는 측두엽의 발달로 언어 폭발이 일어나고, 종합적인 사고 기능과 인성, 그리고 도덕성을 담당하는 전두엽이 집중적으로 발달하는 시기이다. 즉, 평생의 학습력으로 이어지는 정서와 인지 발달을 키워야 하는 결정적 시기라는 의미이다. 그 시기 밀레에게는 신앙심이 깊고 자애로웠던 할머니와 가족이 있었고 무엇보다 꾸준한 성경적 가르침이 있었다. 또한 눈이 닿는 들녘마다 가난한 농부들의 삶이 있었다. 밀레의 교육은 초등학교에서 끝이 났다. 대신 풀베기, 짚단 묶기, 도리깨질하기, 키질하기, 거름주기, 밭 갈기, 씨뿌리기 등의 농사일을 하며 유년 시절을 보냈다. 몸에 밴 농사일은 훗날 그의 그림에서 고스란히 나타난다. 밀레의 모든 작품은 그의 삶 자체이다.

지평선으로 저무는 해는 농부 부부의 머리 위를 은은한 빛으로 감싸며 멀어져 간다. 멀리 저녁 들판에서 교회의 종소리가 퍼진다. 부부는 온종일 감자를 캤다. 농부는 구부린 몸을 일으켜 쇠스랑을 옆에 꽂아 두고 모자를 벗는다. 아낙은 바구니를 내려놓고 매무새를 단정하게 가다듬는다. 농사꾼 부부는 머리를 숙이고 두 손을 모아 감사의 기도를 드린다. 이는 전 세계에서 가장 사랑받는 그림 〈만종〉의 소박한 풍경이다.

나는 그레이스가 어떠한 삶을 살든 기쁘게 응원할 것이다. 어느 날 다시 토슈즈를 꺼내 신고 호쾌한 음악 속을 유영하든, 밀레처럼 그 좁은 화폭에 계절의 온갖 숨결을 담아내든, 혹은 오랜 시간 꿈을 찾아 방황한다 해도 상관없다. 명성이 높아진 후에도 여전히 가난한 이들을 화폭의 주인공으로 삼았던 밀레와 하늘 아버지의 아들이지만 기꺼이 이 낮은 땅으로 내려오셔서 들풀 같은 우리를 구원해 주신 예수님처럼, 그저 작고 가난한 이들에게 희망과 복음을 전하는 삶이기를 바란다.

다만 내가 부모로서 기억할 것은 깊은 신앙심과 자애로운 마음, 그리고 꾸준한 성경적 가르침을 주는 것이다.

🌷 그러나 내가 나 된 것은 하나님의 은혜로 된 것이니 내게 주신 그의 은혜가 헛되지 아니하여 내가 모든 사도보다 더 많이 수고하였으나 내가 한 것이 아니요 오직 나와 함께 하신 하나님의 은혜로라 _고전 15:10

정원에서의 꽃놀이

느티나무

　서귀포시 표선면 성읍마을 안에는 1964년 1월 31일에 지정된 천연기념물 161호, 〈제주 성읍리 느티나무 및 팽나무군〉이 있다. 느티나무 한 그루와 일곱 그루의 팽나무뿐 아니라 생달나무, 아왜나무, 후박나무, 동백나무 등도 함께 천연 숲을 이루고 있다. 그곳의 느티나무는 현재 키가 30m, 가슴 높이의 줄기 둘레는 5m에 이르는데, 나무의 나이는 무려 1,000살 정도로 보인다. (또한 팽나무의 키는 24~32m, 가슴 높이의 줄기 둘레는 2.4~4.5m에 이르며, 나무의 나이는 약 600살 정도라고 한다.)

　느티나무는 느릅나무과의 낙엽활엽교목이며 제주어로 '굴무기낭'이라고 한다. 목재가 단단하고 무늬와 광택이 아름다워 예로부터 건축재와 가구재로 많이 쓰였는데, 농촌에서는 원목 자체의 밀도가 높고 수분을 잘 흡수하지 않는 특성 때문에 농기구의 자루로 유용했다고 한다. 가지가 사방으로 둥글게

퍼져 형태가 수려하고, 여름을 떠받치고 있는 듯한 풍성한 잎사귀는 넉넉한 그늘을 만들어 마을 사람들의 쉼터가 되기에 매우 좋았다. 그 덕에 마을 어귀의 정자나무로도 널리 심어졌다.

어릴 적, 내가 다니던 초등학교 운동장에도 느티나무 한 그루가 있었다. 수관과 사방으로 퍼진 짙은 녹음이 매우 크고 웅장했으며, 5월에 꽃이 피면 10월에 열매가 익을 때까지 매미의 서식처가 되어 주었다. 나와 친구들은 나무에 구멍을 뚫고 산란을 위해 숨어 들어가는 암컷 매미와 밤낮없이 울어 대는 수컷들이 천적을 피해 숨어 있는 모습을 여러 차례 본 적이 있다. 우리는 점심시간이면 일제히 그 나무 아래로 뛰어갔다. 다름 아닌 고무줄놀이를 하기 위해서였다. 우선 나무의 늘어진 가지에 고무줄을 단단히 묶는다. 그 후 술래가 나무와 마주하여 고무줄을 길게 늘어뜨려 잡고 서면, 나머지 친구들은 양손으로 치마를 살짝 들어 올리거나 바지를 추켜올린 상태에서 고무줄 앞에 일렬로 선다. 그리고 나서는 합창에 맞추어 춤을 추듯 외줄을 넘나들며 뛰논다. 그렇게 서너 곡을 부르다 보면 어김없이 5교시의 시작을 알리는 슬픈 종소리가 울렸고, 모두는 아쉬워하며 교실로 향했다.

느티나무는 늦게 티가 나서 느티나무라고 불릴 만큼 늦게 싹을 틔운다.

새로운 학년이 시작되고 얼마 지나지 않아 그레이스의 담임 선생님과 전화 상담이 있었다. 길지 않은 시간이었음에도 그레이스에 대하여 자세히 알고 계시는 선생님께 감사했다.

"안녕하세요. 그레이스 어머니 되시죠? 저는 그레이스의 담임입니다. 아직 학기 초라서 학생들을 꼼꼼하게 살펴보지는 못했는데요. 다만 지금까지 느낀 것으로 보아 그레이스는 마음이 무척 여리고 눈물이 많은 학생인 듯해요. 무엇보다 친구들을 잘 돕고 느긋한 성격입니다."

"네에."

"그런데요, 어머니… 가끔 그룹으로 활동할 때, 그 느긋함 때문에 친구들의 눈살을 찌푸리게 할 때가 있습니다. 그것만 조금…"

"네, 선생님…. 말씀하신 대로 넉넉치 않은 시간과 형편이었음에도, 있는 모습 그대로의 아이를 잘 이해하신 듯해 감사합니다. 정말 그레이스는 마음이 무척 여려요. 친

엄마가 엄마 찾아 줄게

구들 돕는 것도 좋아하고요. 말과 행동이 차분하고 느긋한 것도 맞습니다. 사실 그레이스는 유치원 생활도 넉넉히 하지 못했어요. 대신 병원 생활을 해야 했거든요. 밥을 제대로 먹기 시작한 것도 여러 수술을 마친 후인 5세 즈음이었고, 6세가 되어서야 몸에 근육이 붙기 시작했답니다. 잘 아시겠지만, 달리기며 체육 활동 같은 건 지금도 힘들어하고요. 하지만 매해 조금씩 성장하고 있어요. 함께 그룹 활동하는 친구들에게는 미안하게 생각합니다. 하지만 작년부터는 친구들과 제 속도의 차이를 느끼며 스스로 노력하고 있으니, 조금만 더 기다려 주시겠어요? 가정에서도 응원하며 인내하고 있습니다. 이해를 부탁드려요."

담임 선생님은 그레이스를 더 인내하며 보살피겠노라고 약속했고, 나는 충분한 소통이 이루어졌음에 감사하며 상담을 마쳤다. 그런데 얼마 후 이러한 일이 일어났다.

"엄마, 오늘 수학 시간에 제가 바닥에 풀썩 주저앉고 말았어요…."

"왜?"

"칠판에 있는 문제를 풀다가 헷갈려서 잠시 생각을 하고 있었는데, 선생님이 제 뒤로 오시더니 아주 큰 소리로 다그치셨어요…."

"뭐라고 말씀하셨는데?"

"'그레이스! 네가 이렇게 늦으니까 친구들이 잔소리를 하는 거야. 문제 푸는 방식을 그새 모두 잊은 거니? 에효, 답답하기는!'이라고요…. 엄마, 그 순간 가슴이 두근두근대며 다리에서 힘이 빠져나가는 것 같았어요. 그래서 저도 모르게 그만… 주저앉고 말았어요. 으앙~"

나는 그레이스를 품에 안았다.

윌리엄 재스퍼슨(William Jaspersohn)의 《숲은 어떻게 만들어지는가?》는 메사추세츠 주에 있는 한 숲의 이야기를 친절하게 들려준다.

200년 전, 지금 숲이 된 땅은 어떤 모습이었을까? 그곳은 들판이었고, 풀이 무성하게 자라고 있었다. 어떤 농부 가족들이 그 땅에서 농사를 짓다가 어디론가 떠나 버렸다. 그때부터 숲이 생기기 시작했다. 씨앗이 바람과 새들을 통해 들판으로 날아와 햇빛과 빗방울들로 싹을 틔웠다. 몇 년이 흐르자 그 땅에는 민들레가 피어났고, 우엉과 찔레나무들이 자라 덤불지게 되었다. 물기가 점점 많아지자, 검은딸기가 열리며 그것을 먹기 위해 멧종다리, 쌀새, 개똥지빠귀 같은 새들이 날아왔다. 들쥐와 야생 토끼들도 둥지를 만드느라 바빴고, 마멋과 두더지들은 굴을 파느라 정신이 없었으며, 매와 부엉이도 먹잇감을 사냥하고 있었다. 농부 가족이 떠난 지 5년이 지난 여름, 스트로부스잣나무 씨앗이 가까운 숲에서 날아들어 여기저기 싹을 틔우기 시작하자, 작은 수풀들은 사라져 갔다. 이제 들새들은 떠나고, 피리새, 솔새, 참새들이 보금자리를 만들었다. 그러자 쥐, 토끼, 새들을 잡아먹는 족제비와 여우도 수풀을 찾았다. 스트로부스잣나무가 싹이 튼 지 20년이 흘렀다. 그 가지들이 햇빛을 가리니 다른 풀들은 햇빛을 받지 못해 죽어 갔고, 어린 스트로부스잣나무들도 결국 죽게 되었다. 다행히 물푸레나무, 참나무, 단풍나무 등 그늘에서 싹을 틔우는 나무

엄마가 엄마 찾아 줄게

들이 자라기 시작했다.

또 15년이 흘렀다. 스트로부스잣나무 사이사이로 새로운 나무들이 자라 그 땅은 나무들로 빽빽해졌다. 스트로부스잣나무가 새로운 나무로 점점 바뀌어 갔고, 잎이 넓은 나무들이 자라자, 자기 몸을 숨길 수 있는 사슴이 와서 살았다. 농부 가족이 떠난 지 40년이 흘렀다. 폭풍우가 불어닥쳐 잣나무들이 뿌리째 뽑히거나 벼락을 맞아 타기도 했다. 농부 가족이 떠나고 80년이 더 지났다. 스트로부스잣나무도 거의 없어졌다. 대신 참나무, 단풍나무, 회나무 등이 자랐지만 햇빛을 많이 필요로 했기에, 결국은 마지막으로 싹을 틔운 너도밤나무와 설탕단풍나무만이 살아남게 되었다. 가을이 되면 나뭇잎과 잔가지, 혹은 죽은 동물이나 곤충이 썩어 부식질이라는 두꺼운 층을 만들었고, 박테리아와 벌레 곰팡이들이 그 부식질을 흙으로 바꾸어 주었다. 농부 가족이 떠난 지 100년이 흘렀다. 겨울이 되면 숲은 온통 눈으로 뒤덮였고 봄에는 야생화가 피어났다. 숲이 생기기 시작한 지 150년이 흘렀다. 이제 너도밤나무와 설탕단풍나무가 숲의 왕이 되었다.

그렇다. 숲은 단 하나의 속도로 이루어지지 않는다.

소로우는 말한다. "꼭 사과나무가 떡갈나무와 같은 속도로 성숙해야 한다는 법칙은 없다. 그가 남과 보조를 맞추기 위해 자신의 봄을 여름으로 바꾸어야 한단 말인가?" 지혜로운 농부 역시 같다. 당장 수확의 욕심을 가지고 계절을 앞당기려 애쓰지 않는다. 모두 알고 있지 않은가. 인간의 하루라는 시간 동안 미생물들에게는 수십 세대가 지나갈 수 있고, 모든 생명체는 자신만의 리듬을 가지고 있을 뿐 아니라 모두 다른 시간을 산다는 것을….

그날 이후로도 그레이스는 학교에서 여러 번 상처를 받아 돌아왔다. 친구들의 속도에 맞추어 급식을 먹다가 토하기도 했고, 가방을 가장 늦게 챙겼다는 이유만으로 남아서 청소를 하기도 했다. 늘 긴장 상태여야 하는 아이가 안쓰럽기도 하고, 어느 부분은 부당하다고 여겨져 재차 상담을 해 보았으나 크게 달라지는 것은 없었다. 이후에도 비슷한 상황들이 여럿 발생했지만 결국 그레이스 스스로가 이겨 내야 할 몫이 되었고, '사회'라는 곳에 대한 인식을 깨우치는 기회로 삼기만을 바라야 했다. 마음이 몹시 아팠다. 사실 그레이스는 유치원에 적응하는 시간도 꽤 길었다. 지금 엄마와 헤어지면 다시는 만나지 못할 것처럼 스러지듯 울던 아이였으니 말이다. 물론 그때까지만 해도 태중의 상처로 인해 불안을 호소하던 시기였고, 정서적 치료가 매우 중요한 때였다.

우리 가족은 그레이스가 어느새 초등학생이 되어 그저 건강하게 학교에 다니는 것만으로도 감사함을 느끼지만, 교실 안의 기준은 달랐다. 어제의 그레이스와 오늘의 그레이스가 아닌, 또래의 다른 친구와 그레이스를 비교하며 채근했고, 계속해서 사과나무인 그레이스가 빠른 시일 내에 떡갈나무가 되어야 한다고만 종용했다.

물론 2학기가 시작되면서부터 담임 선생님은 그레이스만의 때묻지 않은 맑음과 조금 느려도 끝까지 해낸다는 성실을 칭찬해 주기 시작했다. 자세히 오래 지켜본 후에서야 아이의 특징을 모두 파악한 것이다. 마치 나태주 시인의 〈풀꽃〉이라는 시처럼….

'나 홀로 얼마나 빨리 가냐'보다 어디를 향해 가고, 가다가 넘어진 자는 없

엄마가 엄마 찾아 줄게

는지 살피며 가고, 혹여 넘어진 자가 있거든 일으켜 세워 함께 가는 것이 더욱 귀하지 않을까? 나는 그레이스가 봄이면 가장 먼저 싹을 틔우는 매화나무나 생강나무가 아니어도 좋겠다. 느티나무처럼 조금 더디게 싹을 틔우고 그 꽃이 그리 화려하지 않아도, 여름이면 시원한 그늘을 만들어 누군가에게 쉴 만한 곁을 내어 주고 꿈을 꾸는 아이들이 그 아래에서 기쁘게 뛰어놀 수 있다면 그것으로도 충분하지 않은가.

숲처럼, 우리가 살아가는 이 세상도 저마다의 속도와 다양성이 존중받고, 서로 어우러져 평화로울 수 있으면 좋겠다.

🌷 비록 무화과나무가 무성하지 못하며 포도나무에 열매가 없으며 감람나무에 소출이 없으며 밭에 먹을 것이 없으며 우리에 양이 없으며 외양간에 소가 없을지라도 나는 여호와로 말미암아 즐거워하며 나의 구원의 하나님으로 말미암아 기뻐하리로다 _합 3:17-18

계절의 냄새

어릴 적 어머니의 옥상정원에는 내 키만 한 고무통이 하나 있었다. 비가 장시간 내리지 않는 한여름이면 어머니는 그 고무통에 받아 놓았던 빗물로 텃밭을 관리하셨다. 그 편이 내게도 훨씬 나았다. 어머니를 도와 마당에서부터 옥상까지 무거운 고무호스를 끌어올리는 일과 수돗가에 쪼그리고 앉아 어머니께서 옥상에서 지시하는 대로 수도꼭지를 좌우로 돌려가며 물의 양과 힘을 조절하는 일이 쉽지만은 않았기 때문이다.

"마리아, 오른쪽으로 더! 아니, 다시 왼쪽으로… 그렇지, 그렇지."

물론 가끔이었지만, 갑작스레 강해진 수압으로 수도꼭지에서 호스가 뽑혀나가며 엄청난 물대포를 맞는 일도 여러 번 있었다. 예상치 못한 그 순간의 아

엄마가 엄마 찾아 줄게

찔함이란…. 아무리 한여름이라 할지라도 차가운 물로 머리부터 속옷, 신발까지 온통 뒤집어쓰고 나면 서러워 눈물이 흐르곤 했다. 그런데 그때마다 나를 더 당혹스럽게 만드는 것은 따로 있었으니, 바로 옥상에서 나를 내려다보시며 웃음 짓던 어머니의 표정이었다. 나는 지금도 어머니의 그 야릇하고 짓궂은 표정을 잊을 수가 없다.

"마리아, 시원하고 좋지? 호호호."

가만히 어릴 때를 생각해 보면, 나는 내가 어느 브랜드의 옷을 입었고 또 운동화를 신었으며, 어떤 책가방을 메고서 학교에 다녔는지는 잘 기억나지 않는다. 하지만 종일 무더운 텃밭에서 어머니가 쓰고 계셨던 창 넓은 모자(색바랜 파란 리본으로 둘러져 있었다.)와 매일같이 즐겨 입으셨던 포도주 빛깔의 원피스는 그 밑단의 이음새까지 기억한다. 어머니는 갈라진 나무 손잡이를 천으로 단단히 감아 놓은 당신의 호미를 찾아 드릴 때면, 노랗고 네모난 캐러멜을 내 입 안에 넣어 주시곤 했는데 그 감칠맛도 절대로 잊을 수 없다. "시원하고 좋지?"라고 물으시던 어머니가 그때는 그리도 야속했는데, 가만히 생각해 보니 지금의 나보다도 젊고 소녀 같으셨던 어머니의 눈에는 물대포를 맞고 휘우뚱거리는 막내딸이 마냥 사랑스럽고 예뻤던 것 같다.

나도 그레이스처럼 어머니에게 마흔둥이 막내딸이다.
그 소소한 추억들 때문일 테지…. 나는 그레이스가 다섯 살 때는 내 나이 다섯 살 무렵의 가장 행복했던 순간을 뒤적이고, 그레이스가 열 살 때는 또 내 나이 열 살 무렵의 가장 행복했던 순간들을 뒤적여, 내 아이에게도 소소하나 행복한 유년을 선물하고 싶다.

어느덧 우리 그레이스도 열 살이 되었다. 내 나이 열 살 무렵 가장 행복했던 순간은 언제였을까 생각해 보니, 아버지와 가을 산길을 걸으며 도토리를 줍고 샛노란 참나무 낙엽을 주워 킁킁 냄새를 맡던 시간이다. 만약 그 순간의 공기와 온도, 그리고 나를 부르시던 아버지의 목소리를 어딘가에 담아 두고 그리울 때마다 들여다볼 수 있으면 얼마나 좋을까?
얼마 전 중국에서 함께 유학했던 일본인 친구 스미레(그녀의 이름 '스미레'는 제비꽃이라는 뜻이다.)에게서 《계절의 냄새》라는 동화책을 한 권 선물 받았다.

제주를 여행하며 그녀가 그레이스를 위해 고른 이 그림책은 아빠와 아이가 함께 계절의 냄새를 찾아가는 이야기이다. 자연과 일상 속 다양한 냄새를 계절의 냄새로 연결하는 내용이 신선하고 따뜻하다.

"냄새를 모았다고?"

"응. 계절의 냄새. 봄, 여름, 가을, 그리고… 겨울 냄새."

"그럼, 같이 한번 맡아 볼까?"

그 뒤로 사계절에 따라 아이가 모은 냄새들이 소개된다. 아이가 모은 봄의 냄새는 바스락거리는 등굣길의 냄새, 일렁이는 마음처럼 흩날리는 꽃잎의 냄새, 새 친구에게 처음 인사를 건네는 옅은 미소의 냄새이다.

나는 창고에서 꽃병으로 사용하기 위해 모아 둔 15cm가량의 유리병 네 개를 찾았다. 엄마가 병을 닦는 동안 그레이스는 하얀색 종이 위에 봄의 냄새, 여름의 냄새, 가을의 냄새, 겨울의 냄새라고 썼다. 그것을 각각 유리병에 붙인 후 서로가 간직하고 싶은 계절의 냄새를 보관해 두기 위해서이다. 우리는 계절별로 한 사람당, 다섯 개의 냄새를 담기로 했다. 그레이스는 충분한 생각이 필요하다고 느꼈는지 스무 장의 종이를 챙겨 정원으로 나갔고, 자그마치 한 시간이 흘러서야 우리는 다시 만났다.

"엄마, 이제 서로가 간직하고 싶은 냄새들을 맡아 볼까요?"

나는 그레이스가 어떤 냄새를 간직하고 싶어 할까 궁금했다. 분명 우리가 함께했던 추억들로 가득할 테니….

그레이스가 간직하고 싶은 냄새는 아래와 같다.

✳ 봄 냄새 : 내 육아 일기장 냄새, 올챙이 연못 냄새, 고양이 큐의 발 냄새, 한라수목원 온실 냄새, 고추꽃 냄새
✳ 여름 냄새 : 병원 냄새, 평대리 바다 냄새, 복숭아잼 끓이는 냄새, 빨간 구슬 목걸이 밭 냄새, 아빠와 오빠들이 잔디 깎는 냄새
✳ 가을 냄새 : 엄마의 서재 냄새, 가족 앨범 냄새, 아빠 차 시트 냄새, 퇴비 함 냄새, 언니가 쿠키 굽는 냄새
✳ 겨울 냄새 : 엄마 잠옷 냄새, 토돌이(애착 인형) 냄새, 고 할아버지 감귤 하우스 냄새, 엄마와 만든 동백꽃 차 냄새, 눈 냄새

엄마가 간직하고 싶은 냄새는 아래와 같다.

✳ 봄 냄새 : 찻잎을 꺾을 때 올라오는 초록 냄새, 항몽 유적지 유채꽃밭 냄새, 5월의 귤꽃 냄새, 목련나무 가지 냄새, 그레이스 살냄새
✳ 여름 냄새 : 분꽃 냄새, 햇볕에 바삭하게 말린 이불 냄새, 풀 뽑을 때 올라오는 흙냄새, 구아바 잎새 끓이는 냄새, 평대리 바다 냄새
✳ 가을 냄새 : 뒷 정원의 은목서꽃 냄새, 아버지와 걷던 산길 냄새, 내 책상

엄마가 엄마 찾아 줄게

서랍 냄새, 마른 찻잎 냄새, 꾸덕하게 씨앗 마르는 냄새

✳ 겨울 냄새 : 새벽 공기 냄새(밤새 태운 장작 냄새), 동백나무 수피 냄새, 빈 예배당의 냄새, 비 오는 날의 서점 냄새, 남편이 내려 주는 커피 냄새

그레이스는 엄마가 간직하고 싶어 하는 계절 냄새들을 하나하나 읽으며 눈이 동그래지기도 하고, 잠시 생각에 잠기기도 하고, 가만히 미소를 머금기도 하고, 큰 소리로 웃으며 바닥을 구르기도 했다.

"엄마, 보세요! 여름 냄새 중에 엄마랑 나랑 '평대리 바다 냄새'가 똑같아요. 아기 때 아빠, 엄마와 한라수목원과 평대리 바닷가에 자주 갔었어요. 심장 수술하기 전에요."

"맞아요, 엄마. 가을에 온실에서 씨앗 마를 때 나는 냄새를 저도 기억해요. 헬레보루스(helleborus), 맥문동, 추명국, 또 한련화 씨앗이죠? 제가 씨앗 병에 식물의 이름을 써서 붙였어요!"

"엄마, 제게도 초등부 예배실만의 냄새가 있어요. 벽에 붙인 우리들의 그림 냄새예요. 선생님들께서 미리 준비해 놓으신 간식 냄새가 더 좋지만요!"

"네에? 제 살냄새를 간직하고 싶다고요? 하하하."

우리는 병 속에 오래도록 간직하고 싶은 냄새들을 모두 담았다. 그리곤 동그랗게 자른 자투리 천으로 병의 입구를 막고, 끈으로 단단히 묶었다. 세월이 더 흐른 뒤 기억이 흐려질 즈음, 다시 열어 보기로 했다. 물론 해마에 저장되는 후각의 형태는 아닐지라도, 우리의 현재와 과거를 잇는 한 장면으로는 떠오를

것이기에….

그레이스가 어른이 되어 '내 나이 열 살 때'를 돌아본다면, 가장 먼저 무엇이 떠오를까? 간직하고 싶은 계절의 냄새를 병 안에 담고 엄마와 그 냄새 하나하나를 이야기하던 바로 오늘이지 않을까?

> 🌷 소망의 하나님이 모든 기쁨과 평강을 믿음 안에서 너희에게 충만하게 하사 성령의 능력으로 소망이 넘치게 하시기를 원하노라 _롬 15:13

엄마가 엄마 찾아 줄게

정원으로 오르는 철쭉 계단

하이(Hahíi)에게

　그레이스에게는 한 명의 언니와 두 명의 오빠가 있다. 큰아이들은 모두 내 자궁 안의 뜨거운 연못에서 이 땅으로 보내졌다. 어느덧 멋진 청년이 되어 믿음 안에서 견실히 살아가는 세 아이를 볼 때면 부모로서 고마운 마음뿐이다.

　우리 가족은 2014년에 중국으로부터 귀국했다. 남편과 함께 선교에 바탕이 될 신학을 공부할 목적으로 미국 유학을 계획했었는데, 비자에 필요한 유학 서류 및 기타 입국 서류가 완벽하게 준비되었음에도 영사관에서는 우리 가족의 입국을 불허하여 정황상 귀국을 해야 했다. 지금도 중국에는 기업과 선교지가 있으며, 우리는 여전히 중국과 제주를 오가면서 그 땅의 선천적인 장애를 가지고 태어난 아이들과 저소득층 아이들에게 교육 선교를 하고 있다. 지하 교회를 세워 복음을 전했던 중국 교우들은 모두 지역의 삼자교회로 흩어져

엄마가 엄마 찾아 줄게

사무엘 ♥ 하히, 결혼예배 올리던 날

자유롭게 예배하며 복음을 전하고 있고, 그 가운데 목회자로 부름받은 형제들이 기업과 선교를 담당해 이어 가고 있다.

가족이 귀국했을 당시, 국제 학교가 아닌 중국 현지 학교에서 수학했던 세 자녀에게 한국의 대도시는 부담이 되었다. 이미 빨간색 스카프를 두르고 등교하는 그 땅의 아이들과 크게 다르지 않은 공산주의 사상이 배어 있었고, 무엇보다 작은 소통에도 어려움이 따를 거라 생각되었기 때문이다. 한국어가 서툴던 자녀들을 위해 우리는 무조건 한국의 가장 시골에 정착해야 했다. 십여 년 전 그때의 제주는 참 아름다웠다. 삼나무가 잘려 나가고 산이 깎여 나가며 늘어난, 엄청난 맛집과 카페들이 들어서기 전에는 말이다. 어두운 밤이면 반딧불이와 바다에 떠 있는 오징어잡이 배의 불빛만으로도 찬연했던 제주가 지금은 조야한 도시처럼 화려한 상점들의 간판으로 백야를 이룬다.

우리는 제주에 있는 기독교 대안 학교를 선택했다. 아이들은 그 기숙 대안 학교에서 행복한 학창 시절을 보냈다. 기상과 동시에 간단한 체조와 큐티 모임으로 하루를 시작하고, 검정고시에 필요한 기본 수업과 마라톤, 자전거로 제주 한 바퀴 돌기, 고무마 캐기, 감귤 따기 등으로 학점을 삼은 학교였다.

둘째의 고등 과정 졸업식이 있던 날이었다. 졸업을 앞둔 학생들이 한 명씩 나와 졸업 소감문을 발표했다. 은혜로운 가운데 둘째의 졸업 소감문 발표가 끝나고, 나는 잠든 그레이스를 조용한 곳에 누이기 위해 자리에서 일어서려던 차였다. 그런데 잠시 머뭇대는 사이, 다시 한 여학생의 발표가 이어졌고, 혹여 그 학생에게 방해가 될까 싶어 우선은 다시 자리에 앉아 경청하기 시작했다.

🖋 … (중략) …

아이들과 저는 이곳 생활이 매우 기쁘고 행복했습니다.

물론, 아이들은 방학이 오면 더욱 기뻐했습니다.

한 달여 시간 동안 육지에 있는 가족에게 돌아가 함께 생활하기 때문입니다.

직접 부모님과 형제들이 제주로 와서 함께 제주를 여행한 뒤

육지로 돌아가는 아이들도 있었고, 선생님들이 공항까지 배웅해 주셔서

여러 학생들이 함께 육지로 이동하기도 했습니다.

그런데 저는 방학이 기쁘지 않았습니다.

제게는 돌아갈 집이 없었기 때문입니다.

엄마가 엄마 찾아 줄게

저는 방학이 돌아올 때마다

이번에는 어느 친구에게 부탁을 하지?

지난번에도 부탁했는데, 또 말해도 괜찮을까?

늘 고민하고 주저했습니다.

저는 선교사의 가정에서 태어나고 자랐습니다.

제가 가장 존경하고 사랑하는 분들 역시 저희 부모님이십니다.

저희 부모님은 인도양 티모르섬 동부에 있는 나라의 선교사이십니다.

저는 그곳에서 성장했고, 중학생이 되면서 작은오빠와 함께

기숙이 가능한 이 학교에 입학했습니다.

우리 남매에겐 반드시 기숙이 되는 학교여야 했습니다.

… (중략) …

나는 그레이스를 품에 안은 채 참 많은 눈물을 흘렸다. 그 여학생의 이름은 하히(Hahii)였다. 그 나라의 언어로 '찬송하다'라는 의미라고 했다.

어느덧 우리 집 세 자녀는 모두 검정고시를 통해 고등 교육을 마친 후 각자가 원하는 대학에 입학했고, 그 가운데 둘째 사무엘은 중국에서 금융학을 전공하다 중도 귀국하여 해병대에 입대했다. 입대 후 얼마 지나지 않아 훈련소에서 전화가 왔었다. 우리는 서로 안부를 묻고 전화로나마 감사의 기도를 드렸다. 기도 후 사무엘이 아주 조심스럽게 물어왔다.

"어머니, 혹시 '하히'라는 아이 기억하세요?"

"그럼, 사무엘. 어떻게 그 이름을 잊니…. 너희들이 졸업한 이후에도 엄마는 가끔 그 아이의 눈망울이 떠오르던데! 계속 연락하고 지냈니?"

"아니요. 입대 하루 전날 대안 학교 친구들이 모두 모여 송별회를 해 주었는데, 그때 다시 만났어요. 알고 보니 하히가 저를 위해 마련한 자리였더라고요. 그리고 그날 하히에게 고백을 받았어요. 고등학교 때 서로 좋은 감정이 있었지만, 신앙과 학업에 방해가 될까 봐 망설이다가 교제 시기를 놓쳤었거든요. 제가 입대를 한다고 하니까 먼저 용기를 낸 것 같아요."

입대를 하루 앞둔 고백이라니 조금 의아했지만, 부대로 격려의 편지와 책, 직접 구운 쿠키도 보내 준다고 하니 엄마로서는 고마운 마음이었다. 나는 사무엘과 교제를 시작하는 아이가 하히라는 것이 매우 기뻤고 둘의 만남을 진심으로 축복했다. 어느덧 사무엘은 제대를 했고, 둘은 변함없이 행복하게 만났다. 그리고 얼마 전 제주의 한 시골 교회에서 소박한 결혼 예배를 올렸다. 이른 나이지만, 함께 유학과 선교를 떠나기 위함이었다.

나는 결혼 예배를 올리기 전날, 하히에게 편지 한 통을 받았다.

🖋 사랑하는 어머니께.

어머니, 저는 어릴 때부터 예쁜 것들을 참 좋아했어요.

하지만 넉넉지 않았던 집안 형편으로 여자아이들이 가장 좋아하는 인형 하나 없었어요.

　　　　　　　　　　　　　　　　엄마가 엄마 찾아 줄게

그러던 어느 날, 유치원에서 인어공주 바비 인형을 선물로 받았어요.

저는 너무 행복했어요.

물론, 인형에게 여러 옷들을 입혀 주고 싶었지만 그럴 수가 없어서

종이로 옷을 만들어 입히곤 했어요.

그리고 대안 학교에서는 부모님께서 선교지에 계시다 보니,

머리부터 발끝까지 사소한 것 하나하나를 스스로 챙겨야 했어요.

육체적, 정신적으로 빠르게 성장하던 시기였기에

더 외롭게 느껴졌던 것 같아요.

다른 친구들이 엄마가 새 옷을 사 주었다고 무심코 뱉은 말들이

저는 세상에서 가장 부러웠어요.

대학생이 되어 다시 사무엘을 만나고, 어머니를 뵙게 되었어요.

그 어떤 것들보다 바라 왔던 챙김을 받게 되었지요.

매일이 꿈만 같았어요.

어머니, 그렇게 사랑스럽고 따뜻한 사무엘을

제게 허락해 주셔서 감사합니다.

저는 저희 부모님을 자랑스럽게 생각하지만,

사실 세상 사람들 눈에는 저희 부모님이 어떻게 비칠지 확신하지 못했

어요.

그런데 다른 어떤 것보다 제가 선교사 가정의 딸이라는 것,

그것 하나면 된다고 말씀해 주셨을 때 너무 놀랐어요.

저는 저희 부모님을 더욱 존경하게 되었고
자랑스럽게 생각하게 되었습니다.

어머니, 그레이스를 사랑으로 키우시는 모습을 가까이에서 뵈며
저는 어떤 어머니가 되어야 하는지 깨닫게 되었어요.
어머니, 존경합니다.
어머니, 사무엘과 예쁘게 잘 살겠습니다.
선교사 가정의 딸과 아들임을 기억하며 살겠습니다.
힘들었던 모든 시간들을 뜨거운 위로로 치유해 주셔서 감사합니다.
아버지, 어머니께 효도하며 살겠습니다.
어머니 사랑합니다.

아마도 그 언젠가 그 아이의 졸업 소감문을 들으며 흘렸던 눈물과 같은 온도
였을 것이다. 빼곡히 써 내려간 하히의 마음을 읽으며 다시 눈물이 흘렀다. 나
는 그 귀한 편지를 가슴에 꼬옥 안은 채 두 자녀를 위한 축복의 기도를 드렸다.

내게는 해외에서 인형과 완구를 디자인하는 후배가 있다. 오랜만에 후배
에게 전화를 했다. 이 세상에서 가장 멋지고 예쁜 바비 인형 하나를 부탁한다
고…. 결혼 예배를 드린 후 두 아이가 출국하는 전날 밤, 나는 하히에게 답장과
함께 그 인형을 건넸다.

포장지를 풀자마자 깜짝 놀라며 나를 바라보던 하히. 하히도 나와 같은 온

도의 눈물, 그 떨림으로 나를 꼬옥 안아 주었다.

"하히야. 우리와 가족이 되어 줘서 정말 고마워.

사무엘과 너의 앞날을 진심으로 축복한다.

그리고 사랑한다. 샬롬."

🌷 근심하는 자 같으나 항상 기뻐하고 가난한 자 같으나 많은 사람을 부요하

게 하고 아무것도 없는 자 같으나 모든 것을 가진 자로다 _고후 6:10

나누며

굴꽃 향기, 바람에 날리고

귤꽃 향기

돌담 너머의 귤꽃 향기는 울타리 밖으로 쏟아 놓은 붉은 장미의 그것만큼이나 고혹적이다. 제주의 5월, 다섯 장의 하얀 꽃잎이 벌어져 노란 암술 가루가 바람에 날린다. 귤꽃이다.

귤꽃차를 만들기 위해 정원 한편에 펼쳐 두었던 꽃을 실내로 들여왔다. 나흘 말린 꽃의 향이라고 하기에는 믿을 수가 없었다. 향을 담당하는 암술조차 이미 꾸덕하게 마른 상태인데 여전히 달큰하고 아찔했다. 오래전부터 진정 효과가 있다고 알려진 라벤더는 최근 세로토닌 수치를 높인다는 사실이 밝혀졌고, 자극성이 있는 로즈메리 향은 도파민과 아세틸콜린 수치를 높인다. 그런데 감귤류의 꽃은 세로토닌과 도파민 효과가 모두 결합되어 있어, 사실 향에 있어서는 그 어느 대단한 꽃도 이길 재간이 없다.

꽃향기는 수정할 준비가 되었다는 신호이다. 이 강렬하고도 뜨거운 아우성

을 그 누가, 무엇으로 감당하겠는가. 마치 쏟아 놓은 향수 같다.

창을 여나 닫으나 온통 귤꽃의 향으로 뒤덮인 오후에 전화벨이 울렸다. 서귀포 남원에서 유주 언니(그녀는 나의 원예학과 선배이다.)의 친정과 이웃해 사시는 고 할아버지셨다. 매해 겨울마다 그레이스와 함께 할아버지 밭의 일손을 도우며 정이 깊어졌다.

"그레이스 어멈. 나 고 하르방이여. 카라향이 다 익어서 맛이 꼭 찼네. 알도 꼭 차고…. 이맘때가 잘도 마시따에. 택배를 부를까 허다가도 요망진 그레이스 한 번 더 볼라고 전화했쟤. 내일 혼저 오라게. 고맙수다양."

겨울이 아닌 봄에 샛노란 귤밭을 보았다면, 그것은 만감류(晩柑類_수확시기가 늦은 감귤류)의 일종인 카라향 밭이다. 만감류는 오렌지 품종과 감귤나무 품종을 교배하여 만든 감귤류인데, 일반 감귤을 모두 수확한 후 1월부터 수확이 시작된다. 우리가 마트에서 볼 수 있는 만감류에는 한라봉, 천혜향, 황금향, 레드향, 진지향, 카라향 등이 있고 그중 카라향은 꽃이 피는 순간부터 수확하기까지 400일가량 나무에 달려 있는 귀한 품종이다. 가장 늦은 5월 중에 수확하며 과즙이 많고 당도가 매우 높다. 할아버지의 하우스에서도 바로 그 카라향이 자란다.

이튿날 아침, 우리는 할아버지께서 가장 좋아하시는 파전과 사흘 전에 미리 만들어 놓은 단호박 식혜를 병에 담아 남원으로 향했다. 마당에 들어서니 쌓아 놓은 상자마다 겉껍질이 울퉁불퉁한 카라향으로 가득했다. 어림잡아 300상자는 되어 보였다. 집 안에서 상자를 접고 계시던 할아버지는 동백이(얼마 전부터 길에서 떠돌던 새끼 진돗개를 데려다가 키우고 계셨다.)가 마구 짖어 대자, 그야말로 맨발로 뛰어나오셔서 그레이스를 번쩍 들어 올리셨다.

"그레이스야, 잘 지낸 겨? 아이고, 더 무거워졌네…. 아가, 이 귤들 좀 봐라. 저기 상자들 것 말고, 이 바구니 것들 말여. 하르방이 최고 달코롱한 것들만 골라 논 겨. 이것 먹고 건강하게 자라야 혀. 알았재?"
"고맙습니다. 그런데요, 할아버지. 저는 못생긴 귤 먹어도 되니까, 좋은 귤은 시장에 파시는 게 어때요?"

　　　　　　　　　　　　　　엄마가 엄마 찾아 줄게

"그레이스야… 당장 돈이 되는 게 중요한 것이 아니여. 그레이스가 이 맛난 것을 먹고 훌륭한 사람이 되는 것이 돈을 버는 것이재. 거꾸로여, 거꾸로…. 허허허."

할아버지께 파전과 식혜를 챙겨 드린 후, 우리도 툇마루 한편에 앉아 할아버지께서 접고 계셨던 상자를 꺼내다가 마저 마무리를 지었다. 내가 상자를 접어 놓으면 그레이스가 완충제 망매트를 바닥에 까는 작업이었다. 한 시간 만에 무려 100상자를 뚝딱 만들었다.

"아이고! 일하러 온 게 아닌데 그만 혀. 근디 손발이 아주 척척 맞는구먼! 허허허."

할아버지는 어두워지기 전에 박스 처리한 카라향을 싣고 농산물 직판장으로 가야 했다. 아쉽지만 할아버지를 배웅해 드린 후 우리도 꽃 향을 따라 밭으로 향했다. 온 동네가 숨이 막힐 지경이었다. 우리는 밭 한가운데 서서 숨을 크게 들이마시고 내쉬기를 반복했다. 마치 마법처럼 머리와 가슴이 정화되는 듯했다.

그때였다. 강아지 한 마리가 우리 곁으로 다가와 눈을 맞추며 꼬리를 살랑이는 것이 아닌가. 목줄도 깨끗하고 사람을 무서워하지 않는 것을 보니, 주인이 있는 강아지임에 틀림없었다. 내가 귤나무 사이사이를 다니며 카메라에 여러 풍광을 담는 동안, 그레이스는 이미 떨어져 시나몬처럼 변색한 귤꽃들을 모아서 강아지와 소꿉놀이를 했다.

"우리 예쁜 강아지, 엄마가 귤꽃밥 지어 줄까?"

"멍멍."

"그래, 엄마가 꽃잎도 넣고 이 노란 수술도 넣어 맛있게 지어 줄게."

나는 카메라를 내려놓고 돌담에 기대어 앉았다. 그리고 가방에서 노트와 펜을 꺼냈다. 꽃의 구조와 형체를 꼼꼼하게 기억하기 위해서는 압화를 해 두거나 직접 세밀화를 그려 보는 것이 가장 좋다. 그런데 얼마나 지났을까. 그레이스와 강아지의 소리가 점점 잦아드는 듯하여 고개를 돌려 보니, 강아지는 엎드려 졸고 있고, 그레이스의 표정은 조금 전과 다르게 어딘가 시무룩했다. 나는 옷을 털고 일어나 그레이스의 곁으로 갔다.

"그레이스, 지쳐 보이는데 우리 그만 돌아갈까?"

"아니에요, 엄마. 강아지랑 놀다 보니 얼마 전에 학교에서 있었던 일이 떠올랐어요…."

"무슨 일이 있었나 보구나."

"엄마, 옆 반에 '서아'라는 아이가 있어요. 며칠 전에 학교 도서관에서 그 친구를 만났는데요. 저에게 이런 말을 했어요. '그레이스, 너는 입양된 아이라면서? 그러니까 낳아 준 엄마와 지금 키워 주는 엄마가 다르다는 거지? 맞지?'"

나는 먼저 아이를 품에 안았다. 가슴이 맞닿자, 그레이스의 심장이 마치 내 안에서 뛰는 것처럼 느껴졌다. 우리는 잠시 서로의 체온만을 느끼며 그대로

엄마가 엄마 찾아 줄게

서 있었다. 입양의 사실을 알게 된 후 가정 밖에서는 처음 면한 일이었을 텐데, 얼마나 놀라고 당황스러웠을지 안쓰러움이 밀려왔다. 서로의 감정과 눈빛이 의연해졌을 무렵 우리는 자리에 앉아 다시 대화를 이어 갔다.

"그래서 그레이스는 서아에게 뭐라고 말했어?"
"음… '서아야. 너는 너희 부모님이 낳았으니까 당연히 키우시겠지. 그런데 우리 부모님은 직접 찾아오셔서 나를 선택하셨어. 그러니까 나는 너보다 특별한 아이야.'라고 말했어요."

나는 그냥 울기로 했다. 누군가 피부밑 속살을 건드린 것처럼 가슴이 몹시 따끔대며 쓰라렸다. 도리어 그레이스의 눈빛은 정련된 듯 또렷했고, 나는 몸을 잔뜩 웅숭그리고 앉아 눈물만을 훔쳐 내고 있었다. 몇 해 전, 아이를 수술실에 넣고 돌아서던 그 순간처럼….

"정말, 그렇게 말했어?"
"네. 제 생일날 엄마가 요한복음 말씀을 들려주셨잖아요. '너희가 나를 택한 것이 아니요 내가 너희를 택하여 세운 것이다.' 그 말씀이요. 엄마 생각나요?"
"그럼, 생각나지. 생각나고 말고…."
"그때 엄마가 '그레이스. 하나님께서 우리를 먼저 택하신 것처럼, 아빠와 엄마도 너를 직접 선택한 거야. 그러니 너는 아주 특별한 아이란다.' 이렇게 말씀하셨어요."

나는 그레이스를 쓰다듬고, 그레이스는 길 잃은 강아지를 쓰다듬으며 우리는 그렇게 한참을 앉아 있었다. 그 순간 그레이스를 향한 내 마음과 길 잃은 강아지를 향한 그레이스의 마음은 깊이 잇닿아 있었을 것이다. 사실 얼마 전에도 비슷한 일이 있었다. 그레이스에게는 한 살 어린 사촌 조카가 있는데, 둘이 은밀히 나누던 대화를 조카며느리가 듣고는 내게 귀띔해 주었다.

"소원아, 고모는 우리 가정에 입양되었어. 엄마에게 아기가 생겨서 당연히 낳고 키운 자녀가 아니고, 비록 심장에 병이 있었지만 부모님께서 고모를 먼저 찾아와 택해 주신 거야. 어때? 고모 멋지지?"

사실 그때도 무척 놀랐고, 대견했고, 또 고마웠다.

그때였다. 귤밭 가까이에서 한 학생이 두리번거리며 무언가를 찾고 있는 듯했다. 그레이스는 자리에서 벌떡 일어나 손을 들어 흔들며 큰 소리로 말했다.

"혹시, 하얀색 강아지를 찾나요? 여기 있어요!"

학생은 여러 번 고맙다고 인사를 한 뒤 강아지와 길을 떠났고, 우리도 가방을 챙겨 돌아갈 채비를 했다.

"엄마, 강아지가 주인을 만나서 참 다행이에요. 하나님께서 그 언니에게 강아지가 있는 쪽을 알려 주셨을 거예요. 길 잃은 양처럼 저 강아지도 사랑하시니까요. 엄마, 그리고 하나님은 그레이스도 사랑해요. 그러니까, 아빠와 엄마께 제가 있는 보육원을 알려 주셨던 거예요. 그쵸? 제 말이 맞죠, 엄마?"

나는 고개를 끄덕이며 그레이스의 손을 꼬옥 잡았다. 5월의 귤꽃 향기는 바람에 날리고….

> 🌷 너희가 나를 택한 것이 아니요 내가 너희를 택하여 세웠나니 이는 너희로 가서 열매를 맺게 하고 또 너희 열매가 항상 있게 하여 내 이름으로 아버지께 무엇을 구하든지 다 받게 하려 함이라 _요 15:16

모감주나무

아버지께서는 모감주나무의 꽃을 사랑하셨다. 그 시절 이미 지천명(知天命)이셨던 아버지의 가슴을 터질 듯 흔들어 놓았던 꽃. 아버지는 그 꽃나무 아래에 서면 가슴이 뛴다고 하셨다. 어쩌면 그 황금빛 모감주나무의 꽃에 내가 모르는 아버지의 그림자 같은 사연이 묻어 있을지도 모를 일이다. 한참 동안 노란색 꽃나무를 바라보시던 아버지를 떠올리면, 어느덧 그 시절 아버지의 나이가 된 나의 가슴도 울렁인다. 그때는 너무 어려서 노란 그림자로 여울진 아버지 가슴을 도무지 헤아릴 방법이 없었고, 이제는 먼 곳으로 홀연히 떠나셨기에….

지금 그레이스의 나이 즈음이었다. 4월 초파일이 되어 아버지를 따라 사찰로 향했다. 마침 연등 축제를 하고 있었는데 할머니의 치맛자락같이 화려한 연등들이 나팔꽃처럼 줄지어 하늘에 걸려 있었다. 어린 내 눈에도 바람에 물

엄마가 엄마 찾아 줄게

맥문동 씨앗 채취하는 날

결치는 꽃단지들의 아우성은 그야말로 장관이었다. 나는 일순 마음이 급해지기 시작했다. 등을 매달아 놓을 빈자리가 얼마 남아 있지 않았기 때문이다. 나는 연등을 파는 사찰의 입구까지 아버지의 손목을 잡고 이끌었다. 모감주나무 열매 속 씨앗으로 만든 염주를 끼우고 계셨던 아버지의 손목이 새빨개지도록. 나는 겨우 열맷 개가 남아 있는 연등을 가리키며 "이거 주세요!"라고 소리쳤다. 그런데 내 다급한 마음과 달리, 아버지는 어느 하나 서두름 없이 한쪽 구석에 놓인 상자 안을 들여다보고 계셨다. 이번에는 아버지께서 이끄시는 대로 걸음을 옮겨 그 상자 가까이에 섰다. 그러고는 조심스레 그 안을 들여다본 순간, 눈물이 왈칵 쏟아지고 말았다. 아버지는 늘 그러하시듯 어떠한 채근의 말씀도 없으셨지만, 나는 충분히 아버지의 의도를 알아차릴 수 있었다. 그 상자 안에는 자줏빛 패랭이꽃처럼 고운 연등이 작년, 아니 어쩌면 백 년 전에 만들어 놓은 것처럼 물이 빠져 가득 담겨 있었다. 아버지는 눈물을 닦아 주시며 말씀하셨다.

"마리아, 이 연등은 모두 그리 예쁘지 않지?"

"네. 이 연등에 소원을 달면 이루어지지 않을 거예요."

"그렇지 않아. 우리의 소원이 이루어지는 데 연등의 색깔 따위는 중요하지 않단다."

"아빠, 나는 그래도 예쁜 연등이 좋아요."

"마리아, 곧 이 연등의 비밀을 알게 될 거야. 이것으로 하자꾸나."

나는 더 이상 고집을 부리지 않았다. 이런 실랑이가 있을 때마다 항상 아버지가 옳았다는 것을 기억하고 있었기 때문이다. 빛이 바래 초라하고, 꼭 소원도 이루어지지 않을 것 같은 못난 연등에 소원을 적은 뒤, 아버지는 나를 사다리에 올리셨다. 나는 연등을 고리에 잘 끼워 매달고 아버지의 품에 안겨 내려왔다.

"우리 이제 산으로 갈까?"

나는 아버지의 손을 잡고 사찰을 에워싸고 있는 능선을 따라 올랐다. 삽상한 바람이 불어왔다. 때론 아버지의 등에 업히고, 커다란 바위에 앉아 쉬어 가기도 했다. 나는 아버지의 등 내음이 좋았다. 사람의 기억 중에 가장 오래가는 것이 냄새의 기억이라 했던가. 이 냄새를 평생이고 잊고 싶지 않았다. 이윽고

엄마가 엄마 찾아 줄게

산의 꼭대기에 도착했다. 아버지는 나를 어깨에 태우려고 몸을 낮추셨고, 나는 물푸레나무 가지를 담궈 놓은 물처럼 파란 셔츠를 입은 아버지의 등을 타고 올라갔다. 산 아래를 내려다보자, 그 찬연한 물결에 탄성이 절로 나왔다. 구슬 목걸이처럼 엮인 자줏빛 연등들이 카펫을 이루어 바람에 넘실대고 있었다. 순간 내 등 뒤 어디에선가 폭죽이 터지며 디즈니 영화가 시작될 때의 인트로(intro)가 들려오는 듯했다.

"마리아, 아름답지?"
"네에!"
"자아~ 우리의 소원을 달아 놓은 연등이 어디 있는지 찾아보겠니?"

크기도 색깔도 모두 같은 연등 가운데 산촌의 인가처럼 띄엄띄엄 색 바랜 연등들이 눈에 들어왔다. 게다가 사찰 입구 쪽이었으니 우리 것을 찾아내는 일은 식은 죽 먹기였다.

"저기요. 아빠! 저거예요!"

아빠는 흐뭇하게 웃으셨다.

"그래, 마리아. 하늘에 계신 분이 내려다본다면 누구의 연등이 먼저 눈에 띌까?" 누구의 소원 이야기가 가장 궁금할까? 화려하거나 항상 새것만 좋은 게 아니란다. 그것의 가치가 더욱 중요한 법이지. 보이는 모습이 전부가 아니라는 뜻이야. 선택하는 사람에게는 이렇듯 늘 지혜가 필요하단다."

나는 그때 언젠가 아버지께서 들려주셨던 안톤 체호프(Anton Pavlovich Chekhov, 1860-1904)의 체호프 희곡선, 《바냐아저씨》 가운데 옐레나의 독백 한 구절이 떠올랐다.

"나무 한 그루를 심으면서도 벌써 이 나무가 천년 뒤에 어떻게 될지를 생각하고, 그러면서 인류의 행복을 꿈꾸는 거야. 그런 사람들은 드물어. 그러니 사랑하지 않을 수 없지."

아버지는 내 나이 서른하나에 하늘로 떠나셨다. 아마 아버지는 알고 계셨나 보다. 우리의 이별이 속히 오리라는 것을…. 그랬기에, 당장은 이해할 수 없을지라도 수많은 지혜의 이야기들을 미리 들려주셨는지도 모르겠다. 이번에도 아버지가 옳았다. 아버지께서 들려주셨던 이야기들은 내 가슴 어딘가에 머물러 있다가 내가 딱 그 시절 아버지의 나이가 되면, 하나둘씩 떠올라 나를 위로한다. 마치 선물처럼….

아버지의 서재에는 모감주나무 열매 속 씨앗으로 만든 여러 개의 염주와 난초들, 많은 책과 두툼한 원고지에 써 놓으신 글들이 가득했다. 하지만 성경책은 어디에도 없었다. 아버지는 사업상 오랜 시간 가족과 헤어져 사셔야 했고, 그 시절부터 신앙생활을 해 왔던 오빠와 나는 지금도 아버지께 복음을 전하지 못한 것을 가장 마음 아파하고 있다. 나는 7월에 모감주나무꽃이 필 때면 일흔의 나이에 세상을 떠나신 내 아버지를 생각한다. 인생칠십고래희(人生七十古來稀)라 했는데, 어찌 그리 일찍 가셨는지….

어스름이 깔리고, 나는 아버지의 등에 업혀 산을 내려왔다. 아버지의 파란 셔츠에서는 분명 물푸레나무 향이 났으리라. 한 발, 또 한 발을 아래로 내딛으시며 아버지는 모감주나무 씨앗을 이야기했다. 모감주나무의 꽈리 같은 열매 안에는 세 개의 씨가 들어 있는데, 그렇게 작은 집에 살더라도 우리 3남매는 서로 다툼없이 항상 행복해야 한다고….

🌷 너는 마음을 다하여 여호와를 신뢰하고 네 명철을 의지하지 말라 너는 범사에 그를 인정하라 그리하면 네 길을 지도하시리라 스스로 지혜롭게 여기지 말지어다 여호와를 경외하며 악을 떠날지어다 _잠 3:5-7

고사리 소동

계절이 바뀌며 가장 먼저 변주되는 것은 바람이다. 늦봄, 아그배나무의 꽃잎이 흩날리니 이내 팥배나무가 톡톡 하얀 꽃망울을 터트린다. 정원은 온통 산화한 꽃잎들로 카펫이 펼쳐져 아름답다. 어쩌다 바람이라도 일면, 꽃잎은 그 결대로 춤을 추듯 솟아올라 내 허리춤을 빙그르르 휘감다 떨어진다. 그 순간에는 왈츠를 추는 것처럼 발꿈치를 한껏 들고 정원을 거닐어야 한다. 그러면 정원은 잠시 내게 무도회장이 된다.

6년째 이맘때면 어김없이 택배 상자 하나가 도착한다. 그 상자 안에는 잉크 빛 블루베리가 한가득 들어 있다.

여섯 해 전, 4월이었다. 나는 울타리 안의 식물에게까지 해를 끼치는 야생 찔레 줄기를 잘라 내기 위해 담 밖으로 나가 덤불을 정리하고 있었고, 그때만

엄마가 엄마 찾아 줄게

해도 네 살배기였던 우리 그레이스는 정원으로 오르는 계단에 앉아 블루베리를 맛나게 먹고 있었다. 그런데 오후 내 조용하기만 했던 마을 어디에선가, 무슨 큰일이라도 난 듯 소란스러운 소리가 들려왔다.

"아이고, 이를 어째. 아이고…"
"누가 119 좀 불러 줘요! 119!"

나는 그레이스의 손을 잡고 그 소리를 따라나섰다. 설마 했는데 풀이 무성한 빈터 한 가운데에 아주머니 한 분이 쓰러져 계셨다. 이맘때면 많은 양의 고사리가 피어나는 풀숲이기에, 분명 그것을 따려고 들어갔다가 뱀에게 물린 것이 틀림없었다. 함께 온 아주머니들은 멀찌감치 세워 둔 차에 가방과 휴대폰을 모두 두고 왔다며, 발만 동동 구르고 계셨다. 나는 마침 그 앞을 지나가시던 윗집 어르신께 그레이스를 맡기고 우선 119에 신고부터 했다.

저만치 등 뒤에서 엄마를 부르는 그레이스의 울음소리가 들려왔지만, 그 순간 내게 뒤를 돌아볼 겨를 따윈 없었다.

"엄마~ 내 블루베리, 블루베리~!"

다행히도 장화를 신고 있었기에 나는 황급히 숲 안으로 들어갔다. 아주머니는 놀라 흐느끼고 계셨고 뱀은 자리를 떠난 후였다. 그래서 독사인지, 아닌지 확인할 길은 없었으나 우선 응급조치가 시급했다. 마침 면 스커트를 입고 있었던 나는 들고 있던 전지가위로 치맛단을 잘라 우선 그것으로 상처 부위인 발뒤꿈치로부터 반 뼘 위를 잡아당기듯 감아 묶었다. 그리곤 하얗게 상기된 아주머니를 부축하여 천천히 숲 밖으로 나왔다. 그때까지도 그레이스의 울음은 계속되었다.

"엄마~ 내 블루베리, 블루베리~!"

나는 서둘러 집으로 뛰어가 생수 한 통과 물에 적신 수건을 가지고 왔다. 상처 부위에 생수를 붓고 흙을 털어 내는 과정에서 대학 초년 때 들었던 강의 내용이 떠올랐다. (응급 처치 수업이었을 것이다.) 뱀에 물린 상황에서 첫 번째로 주의해야 할 것은 놀라 흥분하거나 몸을 빠르게 움직이지 않는 것이다. 심박수가 오르면 독이 급속도로 퍼져 생명까지 위험해지기 때문이다. 모두는 긍정적인 이야기들로 아주머니를 진정시키면서 구조대를 기다렸다. 그런데 십여 분이 지나자, 상처 부위가 점점 부어오르며 파랗게 멍이 들어갔다. 독사였던 것이다. 다행히 얼마 지나지 않아 구조대가 도착했고, 아주머니는 안전하게 구급차에 오를 수 있었다. 병원에 도착하면 응급 처치 과정을 의사에게 설명해야 한다기에, 나는 구조대원에게 내 연락처를 알려 주었다.

그들이 모두 떠나고 나서야 윗집 어르신 품에 잠들어 있는 그레이스가 보였다. 도로 한편에 엎어져 있던 소쿠리와 나뒹구는 블루베리들을 보니 가슴이 찡했다. 나는 어르신께 감사의 인사를 드린 후 그레이스를 업고 집으로 향했다. 어디선가 "엄마~ 내 블루베리, 블루베리~!" 하며 나를 부르는 아이의 눈물 젖은 소리가 들려오는 듯했다.

고사리는 꽃이 없다. 대신 잎 뒷면에 포자 주머니가 있어, 다 자란 고사리는 그 주머니가 터지면서 물이 많고 온도가 높은 곳으로 떨어져 번식한다. 이것이 제주의 고사리가 맛있는 이유이다. 쇠뜨기, 솔이끼, 우산이끼 등도 포자로 번식하며, 이렇게 꽃이 피지 않고 번식하는 식물을 '민꽃식물' 또는 '포자식물'이라고 한다. 그리고 그와 반대로 꽃을 피우고 씨앗을 맺어 번식하는 식물들을 '꽃식물' 또는 '종자(씨앗)식물'이라고 한다.

그 일이 일어난 지 두어 달이 흐른 어느 날, 낯선 번호로 전화 한 통이 왔다. 그간 잊고 지냈던 고사리 소동의 주역, 바로 그 아주머니셨다. 아주머니는 여러 번 감사의 인사를 하셨다. 그리고 너무 놀라 경황이 없던 중에도 블루베리를 외치며 울던 아이는 또렷이 기억한다며 그레이스에게 선물을 보내 주고 싶다고 하셨다. 당시 구조대원에게서 내 연락처를 받았지만, 그 쪽지를 잃어버렸다가 이제야 찾았다며 늦은 연락에 미안해하셨다.

고사리 소동이 감히 인연이라 하기에는 송구하지만, 그분은 형제들과 함께 전북 고창에서 블루베리 농사를 크게 짓고 계셨다. 그리고 바로 그 블루베리가 6년째 어김없이 선물로 오는 것이다. 그레이스가 소쿠리째 엎은 우리 집 블루베리와는 맛도 빛깔도 비교할 수 없는 최상품의 열매로 말이다.

블루베리는 진달래과의 관목이다. 키가 작아 관리하기 쉽고 종 모양의 희고 작은 꽃이 참 앙증맞다. 10년 전 그레이스가 처음 집으로 오던 날 아침, 나는 그레이스를 축복하며 작은 블루베리 나무 한 그루를 마당에 심었었다. 처음에는 아이처럼 몸통도 가지도 가늘었지만, 지금은 아이보다 크고 견실하니 제법 잘 자랐다. 블루베리는 꽃이 지기 시작할 때 미리 망을 씌워 관리해야 한다. 열매가 채 익기도 전에 새들의 차지가 되기 때문이다. 나는 열매가 파랗게 익으면 새들을 위해 서너 가지를 남긴 후, 나머지는 모두 수확하여 냉동실에 저장한다. 피자나 빵을 구울 때 조금씩 올려 주면 1년 내 그레이스가 잘 먹는다. 블루베리는 비타민과 철이 풍부하여 아이들의 성장 발달에 귀한 열매이다.

매해 그만 보내셔도 된다고 말씀을 드리지만, 올해도 어김없이 택배 상자가 도착했다. 크리스마스 때마다 날아오는 그레이스의 성탄 카드를 어찌 그냥 받으시겠냐며….

엄마가 엄마 찾아 줄게

🌷 대답하여 이르되 네 마음을 다하며 목숨을 다하며 힘을 다하며 뜻을 다하
여 주 너의 하나님을 사랑하고 또한 네 이웃을 네 자신같이 사랑하라 하
였나이다 _눅 10:27

은행나무 열매

그레이스의 학교 운동장에는 아주 커다란 은행나무 두 그루가 있다. 우리는 하교 시 그 나무 아래에서 만난다. 100년도 훨씬 넘은 아름드리 큰 나무이다. 오늘도 은행나무에 기대어 가을 햇살에 익어 가는 낙엽 단내를 맡으며 책을 읽고 있었다. 그런데 여느 날과 다르게 엄마를 부르며 뛰어오지 않아, 그사이 곁에 와 있는 줄도 몰랐다. 게다가 아이에게서 느껴지는 기운이 몹시 차가웠다.

"아이, 이 나쁜 냄새! 고약한 냄새!"

평소 그레이스답지 않은 거친 표현들이 마음에 걸리긴 했지만, 그때까지만 해도 '콤콤한 이 열매 냄새가 정말 싫은가 보다.'라고 생각했다. 그런데 아이와

그레이스의 학교 교정에 있는 은행나무

눈이 마주친 순간 어딘가 처연함이 느껴졌다. 마치 이 가을을 모두 삼키고도 남을 만큼 매우 쓸쓸한 연못 같았다.

"엄마, 엄마가 우는 친구를 보면 그냥 지나치지 말고 꼭 안아 주어야 한다고 하셨지요?"

"그랬지…. 그런데 그레이스의 마음이 더 아파 보이는걸? 학교에서 무슨 일이 있었니?"

우리는 구름사다리와 정글짐을 지나 햇살이 더 크게 떨어지는 철봉 앞 벤치로 자리를 옮겼다. 그레이스는 책가방 앞주머니에 늘 가지고 다니는 손수건을 꺼내어 갑작스레 뚝뚝 떨어지던 눈물을 두드리듯 닦았다. 그리고 깊은 한숨과 함께 이야기가 시작되었다.

"엄마, 아침에 교문으로 들어서서 저 은행나무 앞을 지나고 있을 때였어요. 마침 학교 버스가 도착해서, 학생들이 우르르 제가 서 있는 쪽으로 뛰어오기 시작했고요. 그런데 그중 우리 학교에서 가장 덩치가 큰 5학년 오빠가 저와 1학년 동생을 밀치고 뛰어가는 바람에, 동생하고 제가 넘어지고 말았어요. 하필 은행나무 열매를 모아 둔 저기, 저 더미 위로요. 그 고약한 냄새가 제 살과 옷에 배어…"

"그랬구나, 그레이스…. 그 냄새가 네 몸에 배어 기분이 좋지 않았던 거구나. 그래서 붕대를 새것으로 감은 거야?" (얼마 전 산책 중 넘어져서 왼손을 반 깁스한 상태였다.)

"아니요. 붕대는 냄새 때문이 아니에요."

"그럼?"

"그때 함께 넘어진 1학년 동생의 발목에서 피가 흘렀어요. 동생이 피를 보자마자 너무 울어서, 제가 제 손에 감았던 붕대를 풀어 그 아이의 발목에 감아 주었어요. 그때 우리는 너무 무서웠어요. 으앙~"

그레이스는 그 후로도 한 시간 가까이 이야기했다. 아니 30분은 울고, 30분을 이야기했다. 아파하는 동생을 부축하여 보건실로 갔단다. 자초지종을 들으신 보건실 선생님께서 둘 모두에게 새 붕대를 감아 주신 것이다. 그리고 그레이스가 교실에 도착했을 때는 이미 1교시가 시작된 상태였다. 조용히 문을 열고 들어서자, 본인의 지저분한 차림새와 고약한 열매 냄새로 반 친구들이 일

엄마가 엄마 찾아 줄게

제히 코를 틀어막고 웃어 댄 모양이었다. 봉구는 책상을 마구 두드리며 웃다가 그만 바닥으로까지 미끄러졌다고 했다. 종일 눈물만 나와 급식도 먹지 않고 단짝 친구인 한나에게조차 아무 말도 하고 싶지 않았단다. 그렇게 모든 수업을 견디듯 마치고, 방금 엄마를 만난 것이다. 깔깔대던 친구들 때문에 서럽기도 하고, 배도 고프고, 몸에서 고약한 냄새까지 풍기니 여러모로 속이 상해 있었다.

은행나무는 겉씨식물에 속하는 낙엽성 교목이다. 지구상에 약 2억 9천 년 전에 출현해서 지금까지 똑같은 모습을 간직하고 있으니 살아 있는 화석과도 같다. 암꽃과 수꽃이 각각 다른 나무에서 피는 자웅이주의 식물이며, 가을이면 노랗게 물드는 부채 모양의 잎사귀가 참 사랑스럽다. 종자의 바깥쪽은 과육처럼 보이는 외피로 이루어져 있고 안쪽에는 단단한 종자 껍질이 들어 있는데, 이를 제거하면 연갈색의 내피에 싸여 있는 노란 종자가 나온다. 이를 은행이라고 한다. 그레이스의 옷에 배인 그 냄새는 바로 종자의 바깥쪽, 과육처럼 물컹거리는 외피의 향내이다.

동생을 향한 그레이스의 예쁜 마음에 감동한 나는 겉옷의 단추를 풀어 여전히 콤콤한 냄새가 풍기는 그레이스를 꼬옥 감싸 안았다. 엄마에게는 그저 그리스도의 향기일 뿐이었다.

"그레이스, 기억하고 있었구나. 우는 사람을 보면 그냥 지나치지 말고 꼭 안아 주어야 한다는 것을…. 고마워, 그레이스…."

"으앙~ 으앙~~"

우리는 강도 만난 사람에게 자비를 베푼 사마리아 사람의 이야기를 알고 있다.

🌷 어떤 사람이 예루살렘에서 여리고로 내려가다가 강도를 만나매 강도들이 그 옷을 벗기고 때려 거의 죽은 것을 버리고 갔더라 마침 한 제사장이 그 길로 내려가다가 그를 보고 피하여 지나가고 또 이와 같이 한 레위인도 그곳에 이르러 그를 보고 피하여 지나가되 어떤 사마리아 사람은 여행하는 중 거기 이르러 그를 보고 불쌍히 여겨 가까이 가서 기름과 포도주를 그 상처에 붓고 싸매고 자기 짐승에 태워 주막으로 데리고 가서 돌보아 주니라 _눅 10:30-34

그 시대의 사마리아 사람은 유대인들에게서 이방인보다 못한 취급을 받는 이들이었다. 그러나 그는 포도주를 알코올로, 올리브유를 연고로 삼아 정성껏 상한 사람을 치료했다. 사실 그 시대의 제사장과 레위인에게서 포도주와 올리브유는 매우 익숙한 것들이다. 기름은 소제를 드릴 때 제사장이 사용했던 제사의 원료이고, 포도주 역시 초막절 때 물과 함께 번제단에 붓는 필수적인 재료이기 때문이다(레 2:1; 23:13; 대하 31:5). 하지만 안타깝게도 그것들을 제사에는 사용할 줄 알았으나, 실질적인 삶 속에서는 어찌 사용해야 하는지 알지 못했다. 이는 결국, 그들의 삶과 예배가 서로 잇닿아 있지 않았음을 의미한다.

🌷 선생님, 내가 무엇을 하여야 영생을 얻으리이까 _눅 10:25

엄마가 엄마 찾아 줄게

🌷 네 생각에는 이 세 사람 중에 누가 강도 만난 자의 이웃이 되겠느냐? 가서 너도 이와 같이 하라 _눅 10:36-37

그레이스야, 오늘 하루 정말 수고 많았어. 너와 같은 시대에 살아가고 있음이 또 네가 나의 딸이라는 것이 오늘 다시 자랑스럽구나. 그레이스, 분명 네 영혼에는 가을이 되고 겨울이 되어도 시들지 않는 푸른 숲이 있을 거야. 네 영혼은 그렇게나 맑고 너그러우며 자비롭거든. 고마워, 그레이스. 오직 사랑뿐이란다.

🌷 사랑하는 자들아 우리가 서로 사랑하자 사랑은 하나님께 속한 것이니 사랑하는 자마다 하나님으로부터 나서 하나님을 알고 사랑하지 아니하는 자는 하나님을 알지 못하나니 이는 하나님은 사랑이심이라 _요일 4:7-8

복숭아 잼

어머니는 여름이면 맑은 포도주 빛깔의 원피스를 자주 입으셨다. 맑고 투명한 물에 보라색과 자주색을 혼합한 농도 짙은 물감 한 방울을 '톡!' 떨어뜨렸을 때의 색깔이랄까? 지금도 기억 속 어머니는 그 고운 원피스를 입고 계신다. 그 옷을 입고 화단에 물을 주시고, 등교하는 내게 손을 흔드시고, 따뜻한 밥을 퍼 식탁을 차리신다. 어쩜 이리도 강렬하게 남아 있을까? 당신께서 걸음을 떼실 때마다 그 밑단이 나팔꽃처럼 둥글게 퍼졌다가 다시 촤르르 내려 앉던 모양새가….

그날도 어머니는 그 맑은 포도주 빛깔의 원피스에 흰색 샌들을 신고 시장엘 가셨다. 한 손에는 장바구니와 지갑을 드셨고, 다른 한 손으로는 막내딸의 손을 꼭 잡고 계셨다.

동네에는 버섯 피듯 빠르게 크고 다양한 상점들이 늘어나고 있었지만, 어머니는 꼭 시장으로 향하셨다. 문을 열자마자 벌컥 에어컨 바람이 쏟아지고 주

인들도 모두 상냥한 상점들을 가까이에 두고서, 왜 굳이 찻길을 두어 번이나 건너야 하는 시장으로 가시는 걸까? 어린 딸은 그저 의아했다.

그날도 어머니와 나는 복숭아를 사기 위해 시장으로 갈 채비를 했다. 복숭아 잼을 만들기 위해서였다. 시장 초입에도 제법 깔끔하고 규모가 큰 과일가게가 여럿 있었지만, 어머니가 가시는 곳은 늘 따로 있었다. 큰 소리로 상품을 소개하는 젊은 장사꾼들의 과일이 훨씬 더 싱싱해 보이고 모양도 예쁜데, 우리는 단 한 번도 그 앞에서 걸음을 멈춘 적이 없다. 어머니는 시장의 가장 안쪽, 아니 시장의 가장 끄트머리에서 과일을 파시는 한 할머니께로만 가셨다. 비녀를 꽂아 올리신 은빛 머리에 굽은 허리, 황토빛 개량 한복과 흰 고무신, 그리고 파란색 앞치마를 두르고 계시는 그 분께로만…. 나는 어머니가 못마땅했다. 비린내 나는 물이 튈까 싶어 그 앞을 지날 때면 항상 발꿈치를 들어야 하는 생선 가게와 늘 사람으로 북적이는 채소 가게, 쿰쿰한 젓갈 가게를 거쳐, 왜 한참을 걸어 하필 그곳까지 가시는 건지. 가게라고 할 것도 없는 낡은 천막 아래 한 평 남짓한 공간, 한 손으로는 무릎을 짚으시고 다른 한 손으로는 파리채를 휘휘 저어 가며 종일 벌레들을 쫓고 계시는 무서운 표정의 할머니네 가게. 게다가 그곳의 과일들은 네모반듯한 상자 속이 아닌, 종일 자판 위에서 뒹굴거나 혹은 썩은 부분만 칼로 도려내 소쿠리에 담아낸 것들이었다.

어김없이 그 가게 앞에 도착했다. 어머니는 복숭아를 담아 놓은 열댓 개의 소쿠리를 하나하나 꼼꼼히 살피셨다. 내 눈에는 모두 갈변되어 썩은 듯했지만, 과일을 고르는 어머니의 표정은 언제라도 진지했다. 그날 우리는 오천 원에 세 소쿠리씩 하는 복숭아를 샀다.

과일을 사서 집으로 돌아오는 길이면, 어머니는 잊지 않고 나를 문방구로 데려가셨다. 그 문방구에는 '문구 완구'라고 쓰인 간판이 금세라도 떨어질 것처럼 걸려 있었는데, 할머니네 과일가게를 끝으로 시장을 빠져나와 마른 페인트 가루가 부스스 떨어지는 파란 담장을 끼고 돌면, 바로 그 아슬아슬한 간판이 나타났다. 어른들은 고개를 푹 숙이고 몸도 비스듬히 기울여야만 들어갈 수 있는 낮고 좁은 문 위로 그날도 한 꾸러미의 빨간색 돼지저금통이 걸려 있었다. 나는 그 꾸러미에 머리를 부딪히지 않은 날이 없었다. 어차피 그 문을 통과하기 위해서는 문틀에 걸려 넘어지느냐, 그 꾸러미에 부딪히느냐의 선택이 필요했다. 하지만 나는 잠시 이마가 빨개지더라도 그곳에 가는 것이 좋았다. 처음 문방구에 갔던 날, 주인 할아버지의 키가 엄청 작은 것이 참 다행이라고 생각했다. 할아버지는 하루에도 수없이 저 문을 통과하셔야 할 테니… 문방

엄마가 엄마 찾아 줄게

구를 두세 바퀴 돌고 나오는 내 손에는 항상 새로 나온 종이 인형과 색칠 공부 공책, 그리고 새콤달콤한 불량 식품, 아폴로가 들려져 있었다.

어머니의 삶이 그러하셨기 때문일 것이다. 중국에서 살았을 때나 지금 제주에서도 나는 좀처럼 대형 마트를 찾지 않는다. 2일과 7일이면 어김없이 오일장이 열리니 웬만한 먹거리들은 장을 이용하고, 그곳에서 구하지 못하는 생필품들은 동네 마트에서 구입한다.

오늘도 그레이스와 함께 오일장에 갔었다. 아기 때부터 복숭아 잼을 먹고 자라서인지 그레이스도 막 구워 바삭한 식빵에 복숭아 잼을 발라 먹는 걸 좋아한다. 한 냄비 끓여 병에 담아 놓으면 열흘 안에 다 먹기 때문에, 가족에게는 방부제가 들어간 시판 잼보다 직접 만들어 먹는 것이 여러 면에서 좋다. 과일 가게들이 모여 있는 골목으로 들어서니 제철이라 그런지 알도 크고, 색깔이 예쁜 선물용 복숭아부터 갈변해서 소쿠리에 담아 놓은 복숭아까지 다양했다.

"엄마, 저기 상자 안에 보세요! 복숭아가 엄청 크고 예뻐요. 우리 저 복숭아로 잼을 만들면 어때요?"

"정말 솜털도 사랑스럽고 싱싱한데! 그런데, 그레이스. 생과일로 먹을 게 아니라 잼을 만들어 먹는 복숭아는 예쁘지 않아도 돼. 설탕을 넣고 졸이면 어차피 시나몬 색을 띠게 되거든. 여기 소쿠리에 있는 것처럼 완전히 익은 복숭아가 잼으로 만들기에 더 적합하단다."

"네에? 이것들은 꼭 썩은 것 같은데요?"

"색이 조금 변했을 뿐 과육이 상한 건 아니야. 가격도 배 이상이나 저렴하고⋯. 사실 상자에 담긴 것들은 그 포장 값까지 지불하는 거란다. 우리에게는 이렇게 훌륭한 장바구니가 있고, 잼을 만들기에 좋은 복숭아만 필요한 거니까 이것으로 하자. 어때?"

우리는 2만 원에 세 소쿠리, 모두 열다섯 개의 복숭아를 샀다. 속으로만 투덜대던 내 어릴 적 모습과는 다르게, 여러 상자 안의 복숭아를 꼼꼼히 살핀 후에 저것이 훨씬 더 예쁘고 맛있어 보인다며 제 의견을 똑 부러지게 말하는 아이가 참 대견했다. 집으로 돌아와 정원에서 복숭아 잼을 달였다. 내 옆에는 분꽃의 열매로 소꿉놀이를 하던 어릴 적 나와 꼭 닮은 딸, 우리 그레이스가 저녁밥을 지으며 노래를 부르고 있다.

"엄마, 오늘 저녁 메뉴는 수국잎 밥이예요!"
"수국잎 밥?"

넓은 수국 잎사귀에 로즈마리, 라벤더, 세이지, 민트… 온갖 허브들을 따다 넣고 돌돌 말아 놓았다. 잎새가 펼쳐지지 않도록 가는 나뭇가지들을 주워 꽂아 놓은 것을 보니, 아무리 생각해 봐도 그 시절의 엄마보다는 야무지다. 잘 달여진 복숭아 잼의 내음과 그만큼 달콤한 그레이스의 웃음소리, 그리고 어머니를 향한 그리움이 어스름과 함께 내려앉는 예쁜 여름날의 저녁이다.

🌷 피차 사랑의 빚 외에는 아무에게든지 아무 빚도 지지 말라 남을 사랑하는 자는 율법을 다 이루었느니라 _롬 13:8

엄마가 엄마 찾아 줄게

날마다 날아드는 직박구리

동반 식물

농약이 없었던 옛날에는 작물 간 서로 돕는 식물들을 함께 심어 농사를 지었다. 햇빛을 좋아하는 작물과 그늘을 좋아하는 작물, 뿌리가 깊게 뻗는 작물과 얕게 뻗는 작물, 거름을 많이 필요로 하는 작물과 적게 필요로 하는 작물, 벌레가 좋아하는 작물과 싫어하는 작물, 생육이 빠른 작물과 늦은 작물, 잎의 길이가 짧은 작물과 긴 작물 등이다.

사람에게도 마치 다윗과 요나단처럼 잘 어우러지는 친구가 있고, 다윗과 사울처럼 그렇지 않은 친구가 있듯, 식물 사이에서도 짝이 잘 맞아 서로 도움을 주는 것과 서로 맞지 않아 피해를 주는 것이 있다. 서로 잘 어우러지는 것을 함께 심으면 질병과 잡초 억제, 충해 조절, 토양 개선, 질병 예방 등 텃밭과 정원의 전체적인 다양성을 높이는 데 매우 유익하다.

옥수수로 예를 들자면, 땅을 넓게 차지하는 고구마나 호박은 위로 뻗어 자라

텃밭에서 수확한 가지와 오이 볕에 말리기

는 옥수수, 조, 수수 등과 함께 심어 땅의 효율성을 높이고, 오이와 멜론을 옥수수와 함께 심으면 옥수수가 적당한 그늘을 만들어 줄 뿐 아니라 오이의 청고병을 막아 주는 효과가 있다. 또한 거름을 많이 필요로 하는 옥수수와 공기 중의 질소를 비료로 만드는 콩을 함께 심으면 수확의 효과를 배로 볼 수 있다.

어릴 적 우리가 살던 집에는 옥상 정원이 있었다. 옥상 한편, 잘 정돈된 창고 안에는 어머니의 낡은 이젤과 꽃과 들판을 주제로 한 작품이 여럿 있었고, 옥상 마당은 닭장을 제외한 대부분의 공간이 고무 대야, 재조립한 사과 박스, 스티로폼 박스, 장독대 뚜껑 등으로 꾸며진 텃밭이었다. 어머니는 하루에 두어 번 닭들을 풀어 텃밭에 있는 해충들을 잡아먹도록 했다. 그리고 토마토 옆에는 항상 대파를 심으셨는데, 대파의 강한 향기가 토마토의 병해충을 막아 주기 때문이라고 하셨다. 나는 몇 해 전 채소학 수업을 통해 토마토와 대파는 뿌리를 통해 양분을 주고받는 공생 관계임을 알게 되면서, 문득 어머니의 옥상 정원이 떠올랐다. 가만히 생각해 보면 어머니께서 들깨와 고추를 가까이 심으셨던 것도 같은 이유였을 것이다. 들깨 향이 고추에 기생하는 담배나방의 애벌레를 막아 주기 때문이다.

초등학교 시절, 여름 방학이 되어 외가댁에 내려가면 큰이모의 농막 근처에는 찔레와 장미가 대단했다. 그 꽃밭 아래로 너른 마늘밭이 있었는데, 어린 내 눈에도 담을 타고 흐르듯 피어난 장미꽃과는 도무지 어울리지 않는 모양새였다. 그러나 그 마늘밭에도 모두 이유가 있었으니, 마늘이 장미꽃의 곰팡이병을 예방해 주기 때문이다. 나는 지금까지도 그만큼 색이 곱고 향이 진한 장미꽃을 본 적이 없다. 영국의 그 어느 대단한 장미 정원에서도 곁에 마늘밭을 내어 주기란 쉽지 않을 테니 말이다. 어디 장미꽃에게만 그럴까? 사과나무 둘레에 마늘을 심어 놓으면 나무 좀벌레나 나방류 등 사과의 껍질 속으로 파고 들어가는 벌레와 진딧물, 왜콩풍뎅이 등의 해충이 기생하지 못한다. 역시나 마늘밭이 있을 리 없는 우리 집 정원에서는 장미와 라벤더를 함께 심는데, 라벤더가 장미의 진딧물을 방지해 주기 때문이다.

나는 서로 공생하며 살아가는 식물들을 볼 때마다, 다윗과 요나단이 떠오른다. 진실한 우정은 서로 경쟁하거나 질투하지 않는다. 좋은 이웃처럼 서로를 보호하고 상대의 유익을 돕는다. 골리앗을 쓰러뜨린 다윗이 이후에도 변함없이 하나님만을 의지하며 나아가자, 요나단은 그를 더욱 아끼고 사랑한다.

엄마가 엄마 찾아 줄게

🌷 다윗이 사울에게 말하기를 마치매 요나단의 마음이 다윗의 마음과 하나
가 되어 요나단이 그를 자기 생명같이 사랑하니라 그날에 사울은 다윗을
머무르게 하고 그의 아버지의 집으로 다시 돌아가기를 허락하지 아니하
였고 요나단은 다윗을 자기 생명같이 사랑하여 더불어 언약을 맺었으며
요나단이 자기가 입었던 겉옷을 벗어 다윗에게 주었고 자기의 군복과 칼
과 활과 띠도 그리하였더라 _삼상 18:1-4

그러나 그와 반대로 사울은 자기 생명을 아끼지 아니하고 전쟁을 승리로 이
끌어 낸 다윗을 죽이려 한다. "사울은 천천이요 다윗은 만만이라."라고 노래
하며 다윗의 공적을 높이 평가하는 온 백성과 신하들의 칭송에 시기와 질투가
일었고, 또한 여호와께서 사울을 떠나 다윗과 함께 계심으로 그를 두려워했기
때문이었다.

성경 인물 가운데 가장 아름다운 사람 중의 하나가 요나단이라는 생각이 든
다. 사실 다윗이 없었다면 왕위를 이을 사람은 단연 요나단이었다. 그러나 그
는 자신의 왕좌를 기꺼이 넘겨 주면서까지 다윗을 응원하고 보호한다. 요나단
이 아름다운 첫 번째 이유가 친구 다윗에게 우정을 다한 것이었다면, 두 번째
이유는 부친 사울에 대해서도 아들의 의를 다한 것이다. 길보아 산에서 블레
셋과의 전투 가운데, 끝까지 아버지의 곁을 지키며 함께 숨을 거둠으로써 아
들의 본분을 마쳤다. 또한 그가 아름다운 마지막 이유는 하나님 앞에서도 반
듯한 삶이었다. 아버지의 뜻에 반하여 다윗을 도피시키려고 결심했던 이유,
다윗이 왕좌에 오르는 것을 기꺼이 받아들일 수 있었던 이유 모두 하나님의

뜻이었기 때문이었다.

우리에게도 다윗과 요나단같이 진심으로 사랑하며 소중히 여기는 친구가 있는가? 그렇다면 그들처럼 서로 의지하여 함께 이 세상을 선하고 아름답게 이끌어 가기를 바란다. 요나단을 향한 고마움을 기억하며 살아온 다윗은 세월이 흘러 정권이 안정되자 요나단의 아들 므비보셋을 찾아 그 아비와 약속한 언약을 모두 지킨다. 사울 가문의 모든 재산을 돌려주고 귀족의 명예까지 회복시켜 준 것이다.

> 🌷 사울의 손자 요나단의 아들 므비보셋이 다윗에게 나아와 그 앞에 엎드려 절하매 다윗이 이르되 므비보셋이여 하니 그가 이르기를 보소서 당신이 종이니이다 다윗이 그에게 이르되 무서워하지 말라 내가 반드시 네 아버지 요나단으로 말미암아 네게 은총을 베풀리라 내가 네 할아버지 사울의 모든 밭을 다 네게 도로 주겠고 또 너는 항상 내 상에서 떡을 먹을지니 _ 삼하 9:6-7

나는 어머니의 옥상 정원과 큰이모의 마늘밭을 생각하면서 올해에는 바질 곁에 방울토마토와 피망, 부추를 함께 심었다. 바질이 토마토의 풍미를 돋우며 진딧물과 모기 등을 쫓아 피망과 부추에 이롭기 때문이다. 마치 서로를 극진히 보호하고 위로하며 뜨겁게 사랑했던 다윗과 요나단처럼….

엄마가 엄마 찾아 줄게

🌷 너는 내가 사는 날 동안에 여호와의 인자하심을 내게 베풀어서 나를 죽지 않게 할 뿐 아니라 여호와께서 너 다윗의 대적들을 지면에서 다 끊어 버리신 때에도 너는 네 인자함을 내 집에서 영원히 끊어 버리지 말라 하고 이에 요나단이 다윗의 집과 언약하기를 여호와께서는 다윗의 대적들을 치실지어다 하니라 다윗에 대한 요나단의 사랑이 그를 다시 맹세하게 하였으니 이는 자기 생명을 사랑함같이 그를 사랑함이었더라 _삼상 20:14-17

무화과나무

무화과나무 아래에 서면 달큰한 코코넛 향이 난다. 그래서 나는 무화과가 익어 가고 있다는 것을 열매의 낯이 붉어지기 전, 그 내음으로 먼저 알아차린다.

우리 집 뒷정원에도 무화과나무 한 그루가 있다. 그 향이 좋아서 가드닝(gardening)을 할 때나 평소 길고양이들에게 밥을 줄 때면 어김없이 그 나무 아래로 간다. 무화과나무는 가지의 성장이 매우 빠르다. (곁에 서 있으면 뿌리에서부터 펌프질하는 소리가 들려올 것만 같다.) 그래서 10월까지 열매를 모두 수확하고 나면, 1m 정도의 몸통만 남겨 둔 채 가지는 모두 전지(剪枝)를 한다. 다음 해 여름이면 다시 쭉쭉 뻗어나간 가지가 4m 가까이에 이르기 때문에 어물거리다가 놓쳐서는 안 되는 작업이다.

무화과(無花果)라는 이름은 한자로 이루어져 있다. 물론 이름 그대로를 해석하면 '꽃이 없는 열매'가 되기 때문에 무화과나무에는 꽃이 달리지 않는다고

오해를 하곤 하지만, 사실 그렇지 않다. 무화과는 열매 그 자체가 꽃이기 때문이다. 봄부터 여름 동안 잎겨드랑이에 맺히는 주머니 모양의 열매, 바로 그 안에 꽃이 숨어들어 있다. 원예학에서는 이를 은화과(隱花果)라고 한다. 해석 그대로 '숨어서 핀 꽃의 열매'이다. 우리가 과육이라고 알고 먹는 것이 바로 무화과의 꽃에 해당하며 껍질 부분은 꽃받침이 된다. 열매를 반으로 쪼개 보면, 꽃잎 그 하나하나마다 작은 씨가 붙어 있는데, 바로 이 부분이 먹을 때 톡톡 씹히면서 독특한 맛을 내는 부분이다.

무화과에는 총 네 가지의 타입이 있다. 그 가운데 첫 번째는, 현재 국내에서 재배하고 있는 커먼 타입(Common Type)이다. 무화과 말벌이 없어도 열매를 맺는 우리가 흔히 알고 있는 바로 그 무화과이다. 특별히 열매에서 코코넛 향미가 매우 짙다. 두 번째 타입은, 스미르나 타입(Smyrna Type)이다. 무화과 말벌과 꽃가루를 제공하는 숫 무화과(카프리)가 있어야 결실을 맺는데, 숫 무화과와 말벌이 없으면 열매가 자라다가 '툭' 하고 떨어져 버린다. 세 번째 타입은, 위에서 말한 카프리 타입(Capri Type)이며 수컷 무화과로, 말벌의 번식 수단이자 스미르나 타입 무화과의 수정이 필요하다. 마지막으로 네 번째는, 역시 카프리와 말벌이 필요한 산 페드로 타입(San Pedro Type)이다.

무화과나무는 성경에서 포도나무, 석류나무와 함께 이스라엘을 상징하는 나무로 기록되어 있다. 아담과 하와가 죄를 짓고 서로 부끄러워하여 몸을 가렸던 나무의 잎이 무화과나무의 잎사귀였으며, 신명기 8장에서는 하나님께서 이스라엘 백성에게 줄 땅인 가나안에 대해 설명하시며, "그곳은 밀과 보리가 자라고 포도와 무화과와 석류가 나는 땅"이라고 말씀하셨다. 사사기 9장에서는 자신의 정치적 야망을 위해 배다른 형제 70명을 도륙한 기드온의 아들 아비멜렉이 세겜 족속의 왕이 되는 말씀 속에 등장하고, 열왕기상 4장은 솔로몬 왕국의 평화와 번영을 이야기하면서 유다와 이스라엘의 모든 사람은 저마다 자기의 포도나무와 무화과나무 아래에서 평화를 누리며 살았다고 했다. 또한 예레미야와 시편 등을 비롯해 성경 곳곳에서 무화과나무의 예를 볼 수 있는데, 특별히 마태복음에서는 예수님께서 무화과나무의 비유를 배우라고도 말씀하셨다.

🌷 무화과나무의 비유를 배우라 그 가지가 연하여지고 잎사귀를 내면 여름이 가까운 줄을 아나니 이와 같이 너희도 이 모든 일을 보거든 인자가 가

엄마가 엄마 찾아 줄게

까이 곧 문 앞에 이른 줄 알라 내가 진실로 너희에게 말하노니 이 세대가 지나가기 전에 이 일이 다 일어나리라 _마 24:32-34

　서재의 창을 열면, 바로 그 뒤뜰에 무화과나무가 있다. 며칠 전 햇볕과 고루 섞인 그 담백한 향이 좋아 창을 크게 열었더니, 얼마 전까지만 해도 배가 불룩했던 길고양이 나리(개나리꽃처럼 털이 노란색이라서 붙여 준 이름이다.)는 간데없고, 그사이 새끼 고양이 네 마리가 줄지어 따르고 있었다. 매일 다녀가며 사료를 먹기에 혹시나 우리 집 뒤뜰에서 새끼를 낳을까 싶어, 무화과나무 아래에 담요를 깐 상자를 가져다 놓았는데 다른 곳에서 새끼를 낳아 돌아온 것이다. 아무래도 더 편한 곳이 있었나 보다. 네 마리 모두 어미를 닮아 금빛에 가까운 노란 털이 어찌나 예쁘던지! 그런데 자세히 보니 그 가운데 유독 걸음이 느리고 몸집이 작아 보이는 새끼 한 마리가 눈에 띄었다. 마침 그 고양이만 한쪽 귀와 꼬리 끝에 까만 점이 있어 구분이 쉬웠고, 나는 안타까운 마음에 그 새끼에게만 '열매'라는 이름을 지어 주었다.

　그 후로 얼마나 지났을까? 매일같이 찾아오던 나리네 가족이 더는 보이지 않던 어느 날, 정원 어디에선가 심상치 않은 새끼 고양이의 울음소리가 들려왔다. 아무래도 뒷집과 동백나무로 가두리 해 둔, 유독 습하고 정리되지 않은 가시덤불 근처인 듯했다. 나는 점점 신음에 가까워지는 울음소리를 따라 그리로 가 보았다. 인기척에 놀라 재빠르게 몸을 감추던 고양이는 다름 아닌 열매였다. 마지막으로 보았을 때보다 훨씬 야윈 몸집과 더딘 움직임. 분명 어딘가 불편해 보여 덤불 속으로 손을 최대한 뻗어 보았으나, 가까이 갈수록 몸을 더 뒤로 숨기며 파르르 떨고만 있었다.

하교 후 돌아온 그레이스에게 이 모든 이야기를 들려주었다. 우리는 열매를 그대로 둘 수 없다는 결론을 내렸다. 우선 상자를 하나 찾아 그 안에 사료와 물 그릇을 넣은 뒤, 뚜껑의 반 정도를 망사로 덮어 고정했다. 상자 밖으로 쉽게 도망치지 못하도록 한 것이다. 그리고 상자는 덤불에서 조금 벗어난 곳, 우리의 손이 닿을 만한 거리에 두었다. 다음 날 아침, 기쁘게도 상자 안의 사료가 사라진 것을 확인했다. 그렇게 하기를 나흘째 되는 날, 드디어 한쪽 뒷다리를 절룩이며 상자 속으로 들어가는 열매를 보았고, 나는 재빠르게 입고 있던 겉옷을 벗어 상자 속 열매를 포위했다. 놀라서 서럽게 울어 대는 열매가 몹시 애처로웠지만, 무엇보다 치료가 우선이기에 상자 그대로를 차에 실어 가까운 동물병원으로 향했다. 예상대로 '폐쇄성 골절'이라는 진단을 받았고 오른쪽 뒷다리를 깁스한 열매는 그 후로 4주간 우리와 함께했다.

우리 집에는 이미 고양이 한 마리를 키우고 있어서 서로 장난을 치다가 다리에 무리가 가면 안 되었기에, 당분간 열매는 그레이스의 공부방에서 함께 지내기로 했다. 나는 그레이스가 열매를 온전히 돌볼 수 있도록 맡겨 두었다. 그레이스는 부지런히 화장실을 비워 주고, 때에 맞추어 사료와 약을 잘 챙겨 먹였다. 잠자리에 들기 전, 열매의 머리에 손을 얹고 기도하는 것도 잊지 않았다. 감사하게도 그 정성과 수고로 4주 후 열매는 모든 건강을 되찾았다. 얼마 지나지 않아 우리의 소식을 들은 지인 권사님께서 열매를 입양하고 싶다고 전해 오셨다. 나 역시 올해 혼자가 되신 권사님께서 열매와 서로 의지하며 지내는 것이 더 좋을 듯했다. 조금 염려가 되었으나 그레이스에게 권사님의 형편을 조심스레 이야기했다. 아기 때부터 권사님의 사랑을 듬뿍 받아왔던 그레이스는 눈물을 훔치면서도 가만히 고개를 끄덕였다. 그간 정이 들었을 텐데 고마웠다.

열매를 보내고 며칠 뒤, 나는 그레이스의 방을 청소하다가 펼쳐져 있는 아이의 스케치북을 보게 되었다. 방긋 웃고 있는 노란 새끼 고양이 한 마리가 밤나무 아래에서 밤과 도토리를 입에 물고 뛰어노는 그림이었다. 도화지 한편에 열매에게 쓴 편지가 눈에 들어왔다.

🖋 열매에게

안녕, 열매야. 그레이스 누나야.
나도 깁스를 한 적이 있었어.
많이 아팠지? 간지러웠지?
권사님은 너무 좋은 분이셔.
누나보다 예뻐해 주실 거야.

열매야, 누나가 꼭 놀러 갈게.
숙제가 없는 금요일에 갈게.

열매야, 입양은 행복한 거야.
너에게 멋진 가족이 생기는 거야.

권사님께서 엄마가 되어 주시는 거야.

그러면 너를 끝까지 지켜 주시는 거야.

나중에 낳아 준 나리 엄마를 만나면 돼.

내가 그때까지 기도해 줄게.

꼭 도와줄게.

열매야, 우리 금요일에 만나.

사랑해. 안녕. ^^

그레이스 누나 올림.

    눈물이 흘러 창을 활짝 열었다. 코코넛 향이 바람에 실려 왔다. 가슴에 꽃을 품은 것이 어디 무화과뿐이겠는가. 내 딸 그레이스의 마음속에도 이렇게나 예쁜 꽃이 숨어 있는 것을….

    태어나면서부터 몹시 아팠던 그레이스처럼, 열매도 몸이 연약하여 가족으로부터 지켜지지 못한 새끼였다는 것이 마음을 아프게 했다. 하지만 그레이스에게 입양은 행복한 것이었다. 입양은 멋진 가족을 만나는 것이고, 끝까지 지켜 주는 것이며, 나중에 낳아 준 엄마를 만날 수 있는 것이기에….

    🌷 무화과나무에는 푸른 열매가 익었고 포도나무는 꽃이 피어 향기를 토하는구나 나의 사랑, 나의 어여쁜 자야 일어나서 함께 가자 _ 아 2:13

                                              엄마가 엄마 찾아 줄게

푸른 7월의 황칠나무 잎사귀

통나무집 아저씨

매해 부활절의 하루 전날 저녁이면 가족은 변함없이 거실에 모여 앉아 백 개의 삶은 계란을 포장한다. 어느덧 성인이 된 세 자녀와 함께 중국에서부터 시작한 가족 행사이다. 다양한 방법으로 포장을 시도해 오면서 나름 가족의 시그니처로 자리하게 된 포장법이 있다. 먼저 계란을 고운 색감의 한지로 싼 다음, 다시 투명한 비닐로 감싼 후, 리본 테이프로 양쪽을 사탕처럼 묶는 것이 다. 각자의 역할이 나뉘어 있는데, 그 가운데 그레이스의 역할은 비닐로 감싸 기 전 한지 위에 "예수님의 부활을 축하해요." 등의 메시지를 쓰는 일이다. 모 든 작업을 마치면 본인이 필요한 만큼 챙겨 가서 이웃과 지인들에게 나누며 부활의 기쁨을 전한다. 부활절 계란 만들기와 추수감사절에 감사 바구니를 만 들어 이웃과 나누는 일은 지금까지 한 해도 거른 적이 없다.

동네로 들어서는 초입에 통나무로 지어진 집이 한 채 있다. 그러나 도로에

세 가지 색상의 꽃이 피는 삼색병 꽃나무

서도 조금 안쪽으로 들어간 땅이며 그것도 무성한 풀숲 사이에 지어진 집이라, 매일 동네를 산책한다지만 그냥 잊고 지나칠 때가 많고, 대신 차를 타고 오가며 더 쉽게 발견하곤 한다. 재미있게도 그 집의 주인은 벌써 10년째 그 집을 짓고 있다. 10년 전, 우리가 막 이사를 왔을 때까지만 해도 단층에 돌담마저 없었는데, 지금은 멋스러운 이층집이 되었고 관목류의 키 작은 나무들도 꽤 심겨 있다. 요즈음은 통나무의 외관을 산수화처럼 조각하고 계시는 듯한데, 멀리서 보아도 작품처럼 꽤나 수려하다.

그런데 놀라운 것은, 그 통나무집 아저씨의 얼굴을 정확히 본 사람이라고는 이 마을에서 나 한 사람뿐이라는 것이다. 통나무집에서는 마을 사람들이 주로 이용하는 도로가 아니더라도 큰길로 연결되는 도로가 따로 나 있고, 가끔 아저씨가 마을 도로에 근접하여 풀을 베실 때라도 얼굴 전체를 가리는 마스크와

쟁이 넓은 모자를 쓰고 계시기에 누구도 그 얼굴을 자세히 볼 수가 없었다. 게다가 마을 사람들이 먼저 인사를 건네도 짧은 목례로만 답하실 뿐 소통을 원치 않는 눈치다.

이사를 와서 처음 맞이하던 봄에 나는 아저씨를 처음 뵈었다. 마을을 산책하며 통나무집 앞 풀숲에 노란 꽃(지금 생각하니 금계국이다.)이 지천으로 피었기에, 마침 풀을 베고 계시던 아저씨께 다가가 인사를 드렸다. "안녕하세요, 저는 저기 윗집에 새로 이사 온 사람이에요. 아저씨, 이 노란 꽃의 이름이 뭐예요? 너무 예뻐요!"라고 웃으며 다가섰지만, 아저씨는 아무런 대꾸 없이 그냥 휙 돌아서 가 버리셨다. 조금 무안했다.

그러던 어느 날부터인가 마을 사람들의 수군거림이 들려왔다. "통나무집 아저씨 말이에요. 전과자라는 소문이 있던데, 너무 무섭지 않아요?", "아니, 얼굴에 엄청 커다란 상처가 있다던데, 누가 봤다더라?", "신분을 숨겨야 하는 사람인 것 같은데, 께름직해서 밤에는 도로에도 못 나가겠어요." 등등이다. 추측이 점점 난무해지자, 마을에 오래 산 사람일수록 애초에 통나무집이라고는 없는 것처럼 여기는 듯했다. 더 이상 마을에서 아저씨를 궁금해하는 이는 없었다. 나처럼 새로 이사를 들어온 데다가 호기심이 많은 사람이라면 모를까….

이사 후 처음 맞이한 부활절이었다. 그 금계국 사건이 얼마 지나지 않아서일 것이다. 식탁 위의 계란 바구니를 보니, 세 아이들이 모두 제 몫의 계란을 챙겨 나가고, 한 스무 개가량이 내 몫으로 남아 있었다. 나는 씻어서 말려 둔 바구니의 까슬한 손잡이를 리본 테이프로 감아 정돈한 후, 계란 일곱 개와 작

엄마가 엄마 찾아 줄게

년에 채취한 한련화와 맥문동 씨앗을 담아 통나무집으로 향했다. 그때는 나 역시 이 마을에 새로 이사 온 사람이었으니, 아저씨께 다가가는 일이 특별하거나 두려울 리 없었다.

　통나무집 앞 풀숲에 들어서니, 도로에서 보던 것과는 다르게 곶자왈에서나 볼 법한 신비로운 양치식물들로 가득했다. 솔잎란, 쇠뜨기, 여기저기 왕관처럼 펼쳐진 고사리들, 그리고 듬성듬성 빨간 양귀비꽃이 한들거렸고, 허리춤에서 출렁이는 금계국의 춤사위가 정말이지 아름다웠다. 나는 이미 쓰러진 금계국을 몇 송이 꺾어 바구니를 장식했다. 그것만으로도 대단한 바구니가 된 듯했다. 양손으로 따갑고 까슬한 풀을 제쳐 가며 드디어 통나무집 앞에 이르렀다. 가까이에서 보니 마치 동화 속에 나오는 집처럼 웅장했다. 나는 쇠로 만들어진 둥근 손잡이를 들어 통통 문을 두드렸다. 한 일이 분 정도 지났을까? 어떠한 인기척도 들리지 않아 그냥 돌아서려던 차에, 삐그덕거리며 문이 열렸다. 아니, 살며시 한 뼘 정도의 틈이 벌어졌다.

　"안녕하세요. 지난번에 저기 풀숲에서 인사를 드렸었는데 기억하실지 모르겠어요. 저는 윗집에 새로 이사 온 사람이에요. 오늘이 부활절이라서 계란을 드리러 왔어요."

　'털컥!' 말이 채 끝나기도 전에 어렵게 열렸던 그 문이 다시 닫히고 말았다. 물론 이번에도 다소 민망했지만, 목에 두른 수건으로 서둘러 얼굴을 가리시던 아저씨께 도리어 미안한 마음이 들었다. 나는 계란 바구니를 대문 앞에 놓아두고 돌아오며 문밖에서 큰 소리로 말했다.

"아저씨, 계란은 이 앞에 두고 갈게요. 꼭 드세요!"

그 후로도 매해 부활절이 돌아오면 나는 잊지 않고 통나무집 문 앞에 계란 바구니를 두고 왔다. 매번 아저씨를 대신해 노란 금계국과 여러 양치식물들이 나를 맞아 주었다. 마을 사람들이 수군대는 이야기가 모두 사실이라면, 아저씨를 존중해 드리는 것이 맞기에 더 이상 문은 두드리지는 않았다. 그 대신 바구니 속에 부활절을 기념하는 카드를 함께 넣었다. 때로는 계란과 함께 사탕 꾸러미를 넣었고, 나물을 담은 반찬통을 넣었고, 과일과 수확한 채소들을 넣었다. 그리고 산책을 하다가 멀리서라도 아저씨가 보이면 큰 소리로 인사했다. 물론 언제나처럼 나 혼자만의 인사였다.

이사를 하고 대략 6년이 지난 겨울, 그해에는 눈이 몹시 많이 내렸었다. 나는 운전을 하여 마을을 빠져나가다가 큰 도로에 인접한 언덕에서 차가 뒤로 미끄러지는 바람에, 그만 아저씨의 풀숲에 처박히고 말았다. 내 차가 아저씨 땅의 초입을 막은 것이다.

계속 헛바퀴만 돌아가자, 나는 하는 수 없이 차에서 내려 통나무집으로 향했다. 무릎 가까이 쌓인 눈을 헤쳐 겨우겨우 현관 앞까지 이르렀다. 다행히도 살짝 벌어진 커튼 틈으로 노란 불빛이 새어 나오고 있었다. 양치식물이 예쁘게 피어 있던 몇 해 전의 부활절 아침처럼, 오랜만에 묵직한 손잡이를 들어 올려 '통통' 문을 두드렸다.

"아저씨, 잠시 문 좀 열어 주시겠어요?"

그때처럼 한 뼘 정도의 문이 벌어졌다. 아저씨는 마스크를 쓰고 계셨고, 그 안에서 풍겨 나오던 향으로 봐서 아마도 나무를 자르고 계셨던 것 같았다.

"아저씨, 죄송해요. 제 차가 언덕을 올라가다가 뒤로 미끄러져 저기 숲 입구에 박히고 말았어요. 계속 헛바퀴만 돌아요. 며칠 눈이 더 내린다는데… 며칠만 양해를 부탁드립니다."

'털컥!' 이번에도 아저씨는 냉담했고, 나는 더 이상 무안하지 않았다.

다음 날이 되었다. 아침에 일어나 보니 기상 예보와 다르게 밤사이 눈이 멎고 햇살마저 떨어지고 있었다. 나는 차의 상태가 궁금해 서둘러 통나무집으로 향했다. 게다가 어제는 정신이 없어 차 키도 그 안에 두고 온 듯했다. 그런데 저벅저벅 쌓인 눈 위를 걸어가던 중 그만 깜짝 놀라고 말았다. 멀리 풀숲에 박혀 있어야 할 내 차가 도로 한편에 멀쩡히 세워져 있는 것이 아닌가. 나는 재빠르게 뛰어가 보았다. 온통 눈으로 덮인 세상 한 가운데, 내 차가 빠져 있던 자리와 옮겨진 도로 주위로만 눈이 깨끗하게 치워져 있었다.

걸음을 이어 통나무집으로 향했다. 이렇게나 이른 아침에 숲 입구에서부터 통나무집 현관까지 눈이 말끔하게 치워져 있었다. 내가 걸어 들어오는 것을 지켜보고 계셨는지, 이번에는 손잡이를 들기도 전에 문이 먼저 열렸다. 그것도 한 뼘이 아닌 반 이상이나 활짝. 순간 나는 그 문틈이 마치 세상을 향한 아저씨 마음만 같아서 눈물이 날 것만 같았다.

그날 처음, 무엇으로도 가리지 않은 아저씨의 얼굴을 보았고 아저씨의 목소리를 들을 수 있었다. 높낮이가 부정확하고 다소 떨림이 있는 음색이었다.

"내가 옮겨 놨소. 그동안의 계란 값이요. 나는 난청이 있으니 그렇게 소리를 지르며 인사할 필요까지는 없소."

아마도 소리로는 제대로 들은 적 없지만, 내가 인사를 하기 위해 호흡을 가다듬거나 주뼛거리며 배에 힘을 주는 모습 등은 놓치지 않으셨나 보다. 그래서 이번에는 소리가 아닌 입 모양을 크게 해서 인사를 드렸다.

"아, 저, 씨. 감, 사, 합, 니, 다!"

아저씨가 이른 새벽부터 치우셨을 풀숲을 고마운 마음으로 걸어 나오며, 참았던 눈물이 발등 위로 떨어져 내렸다. 문득 이 마을의 한 사람으로서 부끄러웠다. 우리는 그저 편견만으로 얼마나 많은 이들을 판단하고 정죄하며 살아가는가. 놀랍게도 아저씨의 얼굴에는 어떠한 상처 하나 없었고, 부드럽지는 않았으나 마을 사람들이 수군거릴 만큼 거친 인상도 아니었다. 그래서 이 마을에서 아저씨의 얼굴을 본 사람은 오롯이 나 한 명뿐이다.

엄마가 엄마 찾아 줄게

그 후로 우리가 이사 온 지 8년이 되던 해의 어느 아침이었다. 새벽 예배에서 돌아온 남편이 거실로 들어서자마자 무작정 나를 끌어안았다. 그런데 어딘가 남편의 숨소리가 예사롭지 않았다.

"여보, 놀라지 말아요. 그냥 이렇게 안은 채로 들어요."

대체 무슨 일일까? 심장이 새의 날개처럼 펄떡였다.

"여보, 통나무집이… 통나무집이 밤새 불이 나서 새카맣게 주저앉았어요. 검은 재만 남기고 모두…."

나는 남편의 품에서 미끄러지듯 떨어져 내렸다. 지금까지 살아오며 이렇게나 놀랐던 적이 있었을까? 갑자기 가슴이 답답해 오며 숨이 잘 쉬어지지 않았다. 한참을 멍하니 앉아 그저 이 순간이 꿈이기만을 바랐다.

얼마나 지났을까, 나는 정신을 가다듬은 뒤 뉴스를 검색하기 시작했다. 그때까지만 해도 통나무집과 관련된 기사는 없었다. 나는 남편의 말이 거짓말이기를, 지금이라도 괜찮으니 이 모든 것이 사실이 아니라고 말해 주기만을 바랐다. 그런데 오전 9시가 되자, "오늘 새벽 2시경, 2층 목조 단독 주택에서 불이 나 한 시간여 만에 진압되었다"라는 기사들이 올라오기 시작했고, 사진상으로는 통나무집이 분명했다. 나는 그때부터 정신이 번쩍 뜨였다. '그래, 통나무집이 재가 되어 주저앉았다고 하자. 그럼, 아저씨는 어찌 되셨을까?' 무사히 대피하신 걸까? 눈을 크게 뜨고 모든 기사를 꼼꼼히 훑어보았지만, 인명 사고에 관한 글은 보이지 않았다. 그렇게 매시간, 매분 마다 뉴스를 검색하다가 드디어 오전 10시쯤, 새로운 기사 하나가 눈에 들어왔다.

"한 목조 주택에서 불이 나, 이 화재로 집 안에 있던 50대 남성 한 명이 숨졌다. 이 남성은 홀로 거주해 온 것으로 알려졌다. 현재로서는 전기적 요인으로 집에 불이 난 것으로 보인다. 경찰은 정확한 화재 원인을 조사하기 위해 국립과학수사연구원과 함께 감식을 벌일 예정이다."

가슴이 내려앉았다.

올해 처음, 부활절 계란 바구니를 전하며 가까운 교회라도 가시면 좋겠다고 말씀을 드렸었고, 그날 아저씨는 나를 향해 밝은 미소를 보이셨다. 나는 남편의 품에서 참 오랜만에 아주 크게 소리 내어 울었다.

"여보, 전도는 미루는 게 아니에요. 전도는 지금, 이 순간에 해야 하는 거예요…."

며칠 동안 집 밖으로 나가지 않았다. 분명 애도의 시간이 필요했다. 더러 온종일 가드닝을 한 적은 있었으나, 대부분은 성경을 쓰며 묵상을 하고, 그간 조금씩 해 두었던 압화 필름들을 정리하며 기도하는 시간을 보냈다. 마치 너무도 소중한 친구가 떠나간 것처럼, 가슴이 텅 빈 듯했다. 달그락거리며 설거지를 하면서도 잠시 귀에 소리가 들리지 않아 놀라기도 했고, 멍하니 서서 화분

엄마가 엄마 찾아 줄게

이 넘치도록 물을 주다 신발이 다 젖은 날도 있었다. 나는 그 후로 보름이 지나서야 풀숲 앞을 지날 수 있었고, 다시 두어 달이 지난 후에야 멀리서나마 검게 주저앉은 그것들의 잔해와 마주할 수 있었다.

그리고 아저씨가 떠난 지 2년이 흐른 지금은 종종 산책길에서 꺾은 유채와 무꽃, 억새와 떨어진 동백들을 주워다가 그 풀숲 앞에 두고 온다. 여전히 가까이 다가서지는 못하나, 그 잔해 위로 새롭게 피어난 꽃들이 바람에 한들거릴 때면 나도 모르게 손을 높이 들어 인사를 한다.

"아저씨, 오늘은 바람이 참 좋네요. 샬롬⋯."

🌷 그런즉 그들이 믿지 아니하는 이를 어찌 부르리요 듣지도 못한 이를 어찌 믿으리요 전파하는 자가 없이 어찌 들으리요 보내심을 받지 아니하였으면 어찌 전파하리요 기록된 바 아름답도다 좋은 소식을 전하는 자들의 발이여 함과 같으니라 _롬 10:14-15

모두가 꽃이야

하루 중 내가 가장 사랑하고 또 기다리는 시간, 매일 오후 2시 40분. 이때가 되면 아침에 잠시 헤어졌던 그레이스와 다시 만난다. 오늘도 하교 시간에 맞추어 학교에 갔다. 마침 가장 친하게 지내는 친구 한나와 손을 잡고 나온다.

"한나야, 그동안 잘 지냈니? 3학년 때도 그레이스와 한 반이 되어 너무 기쁘구나."
"저희 엄마도 똑같은 말씀을 하셨어요. 저도 너무 기뻐요!"
"그래. 2학년 때처럼 사이좋게 지내렴."

그런데 내가 잠시 한나와 반갑게 인사를 나누는 동안, 그레이스가 슬그머니 한나의 손을 놓더니 모래 놀이터를 향해 뛰어갔다.

엄마가 엄마 찾아 줄게

탈출했다가 잡혀 온 개구쟁이 올리

"저… 그런데요, 그레이스 이모. 그레이스가 또 줄넘기를 안 가져왔어요. 지난주 체육 수업 때부터 계속이요. 그리고 요즈음에는 그레이스랑 못 놀아요. 그레이스는 저기 모래 놀이터에 있는 보라라는 2학년 동생하고만 놀거든요."

"그동안 많은 일들이 있었구나. 한나와도 놀도록 그레이스에게 네 마음을 꼭 전할게. 참, 줄넘기도 챙겨 보내고…. 고맙다, 한나야!"

여러 가지가 의아했다. 지난주에 분명히 줄넘기를 새것으로 구매해서 가방에 넣어 주었고, 학교에서 일어난 일은 모두 빠짐없이 말하는 아이인데…. 게다가 '보라'라는 이름 역시 오늘 처음 들었고 말이다. 한나는 학원 버스를 타기 위해 먼저 운동장을 떠나고, 나는 모래 놀이터로 향했다. 그레이스는 그곳에서 한국어가 몹시 서툴고 또래들보다 체구도 작아 보이는 한 아이와 대화를 하고 있었다. 얼핏 보아도 다문화가정의 자녀인 듯했다. 나는 조심스레 아이들의 이야기에 귀를 기울였다.

"보라야. 오늘은 급식 먹었어? 오늘도 반찬이 매웠지?"

"응. 매워서 밥만 먹었어. 언니는 다 먹었어?"

"응. 나는 꾹 참고 먹었지. 체육 선생님께 혼나지 않았어?"

"응. 언니 때문에 안 혼났어."

"알았어. 우리 다음 주에 만나자. 안녕!"

보라와 인사하고 뒤를 돌아선 후에야 아까부터 엄마가 그 자리에 있었다는 것을 눈치챈 그레이스는 조금 당황한 표정이었다. 나는 무언가 숨기고 있는 듯한 아이를 우선 존중해 주기로 하고 함께 운동장을 빠져나왔다. 집으로 가는 차 안에서 대화를 해야겠다고 생각했지만, 차에 오르자마자 또 다른 일이 벌어지고 있었다. 특별한 일이 아니면 좀처럼 연락이 없으신 윗집 아주머니로부터 전화가 걸려 온 것이다.

"그레이스 엄마! 그 집 진돗개가 풀렸어요. 지금 온 동네를 휘젓고 다니니 얼른 와서 묶어요! 사람들이 '올리'가 순한 것을 어떻게 알겠어요. 덩치만 보고도 놀랄 텐데…. 어서 와요, 어서!"

동네에 들어서니 정말 온 동네 개들이 잔칫날처럼 짖어 대고 있었다. 이는 분명 동네에 덩치 좋은 개가 풀렸을 때나 일어나는 소란이다. 나는 서둘러 주

엄마가 엄마 찾아 줄게

차를 하고 올리를 찾아 나섰다. 샅샅이 동네를 살피던 중 언덕배기 집의 철창 안 진돗개들과 허연 송곳니를 드러낸 채 긴박하게 대치 중인 올리를 발견했다. 나는 올리를 집으로 데려와 묶은 뒤, 혹시 마을에 피해를 입힌 것은 없는지 돌아보느라 그야말로 정신없는 오후를 보냈다. 그레이스와 대화하기로 한 것은 아예 까마득히 잊어버리고….

어느덧 분주한 주말을 모두 보내고 주일 오후가 되었다. 곧 있을 도내 체험학습 통신문에 사인을 한 후 가방에 넣어 주며, 그제야 우리에게 나누어야 할 이야기가 있다는 것이 떠올랐다.

"그레이스, 네가 좋아하는 튤립 꽃대가 올라왔어. 우리 산책할까?"

그레이스가 좋아하는 산딸기 코디얼(Cordial)을 만들어 뒤따라 나섰더니, 그새 살짝 벌어진 튤립들과 도란도란 이야기를 나누고 있었다. 나는 그들의 향기로운 틈 속으로 끼어들어 갔다.

"그레이스, 월요일과 금요일은 학교에서 체육 수업이 있지?"
"네."
"요즈음은 줄넘기 대회를 준비하느라 바쁘겠구나. 연습은 잘하고 있니?"
"……"
"그레이스, 혹시 엄마한테 하고 싶은 말 없니? 학교에서 고민이 되는 일이 있거나, 아니면 엄마의 도움이 필요한… 그런 일들 말이야."

그레이스는 남아 있던 코디얼을 모두 한 모금에 꿀꺽 마시더니 천천히 입술
을 떼었다.

"엄마, 사실은요…."
"응. 괜찮아, 그레이스. 말해 봐."
"학교에 보라는 2학년 아이가 전학을 왔는데요. 저희 반과 체육 수업 시간이 같아
요. 그런데 그 아이가 매번 줄넘기도 안 가져오고, 구두를 신고 와서 체육 선생님께
혼나는 거예요. 그래서 사실은 제 줄넘기를 그 아이에게 줬어요. 운동화는 발이 작아
서 줄 수 없었지만요…."

지난 금요일에 한나에게서 들었던 이야기와 모래 놀이터에서 엄마를 발견
하고는 무척 당황해하던 아이의 표정이 조금씩 이해되기 시작했다.

"정말, 운동화도 주려고 했어?"
"네. 저는 집에 운동화가 하나 더 있으니까요."
"그레이스, 엄마가 하나 더 물어봐도 될까?"
"네."
"그럼, 혹시 유주 이모가 생일 선물로 미리 주신 자동 필통과 토끼 지우개도 그 아이
에게 준 거니? 네가 다시 예전에 사용하던 필통을 가지고 다녀서 그것도 궁금했는

데…."

"네. 엄마… 그것들도 보라에게 줬어요. 도서관에서 만났는데, 여기저기 버튼을 누르면서 너무 신기해하고 부러워하는 거예요. 엄마, 보라는 학교에 친구가 한 명도 없어요. 교실에서도 급식실에서도 늘 혼자예요. 그래서 매일 모래 놀이터에 혼자 앉아 있어요. 2학년 남자아이들이 쫓아다니면서 피부가 까맣다고 놀리거든요. 보라네 엄마가 베트남 사람이라면서…."

나는 그레이스를 품에 안았다.

"그랬구나, 그레이스… 솔직하게 말해 줘서 고마워."
"죄송해요, 엄마."
"아니야, 그레이스… 네 마음을 충분히 이해할 수 있을 것 같아. 하지만 엄마와 먼저 상의했다면 더 좋았을 거야. 혹시 다음에도 누군가를 돕고 싶거나 네 물건을 주고 싶을 때가 오면, 그땐 엄마에게 먼저 말해 줄 수 있겠니? 그래야 그레이스도 아무런 지장 없이 수업에 참여할 수 있지."
"네. 엄마. 그렇게 할게요."

대화를 마치고 서둘러 문방구로 향했다. 우리는 가장 튼튼해 보이는 보라색 줄넘기를 하나 샀다. 집으로 돌아와 나는 손잡이 안쪽에 '2학년 1반 최보라'라고 쓴 후 그레이스에게 건넸다.

"그레이스, 내일 학교에 가서 보라에게 이것을 주렴. 그리고 지금 보라가 사용하고 있는 기존의 줄넘기는 다시 네가 사용하도록 하자."

"네, 엄마. 고맙습니다!"

나는 월요일 아침에 유주 언니와 통화하며 이 모든 이야기를 나누었다. 그레이스에게만은 늘 진심인 언니가 한 달을 꼬박 고민하여 마련한 선물이었다는 것을 알기에, 언니도 아는 것이 좋을 듯했다. 그런데 그날 저녁, 유주 언니가 깜짝 방문을 했다.

"그레이스, 이모 왔다!"

"어? 이모, 안녕하세요."

"그레이스, 짜잔! 이모가 또 우리 그레이스 선물 가져왔지~!"

"정말요? 우아! 또 자동 필통이네요? 이번에는 다람쥐 지우개예요!"

언니는 그레이스를 꼬옥 안아 주었다. 그리고 토닥토닥 아이의 등을 두드리며 보라에게 줄넘기와 자동 필통, 토끼 지우개를 준 것에 대해 칭찬했다. 순간 그레이스의 눈에서 눈물이 또르르 떨어졌다. 그간 엄마에게 말하지 못하고 혼자 고민했을 아이의 심정이 느껴졌다. 그레이스를 토닥이던 유주 언니와 눈이 마주쳤다. 언니는 천천히 고개를 끄덕이며 나를 향해 이렇게 이야기하는 듯했다.

"마리아, 우리 그레이스 예쁘게 잘 자랐다. 그치?"

엄마가 엄마 찾아 줄게

나는 그날 저녁 그레이스의 책가방에서 기존에 사용하던 줄넘기가 예쁘게 감아져 있는 것을 보았다. 서툰 한글로 쓰인 엽서 한 장과 함께.

그레이스 언니, 안녕? 나 보라야.

오늘 급식 시간에 언니의 오뎅볶음을 나한테 줘서 고마웠어.

언니, 나는 이제 학교에 가는 것이 하나도 무섭지 않아.

언니가 있으니까. 언니, 내일 만나.

사랑해.

보라 올림.

내 형제들아 만일 사람이 믿음이 있노라 하고 행함이 없으면 무슨 유익이 있으리요 그 믿음이 능히 자기를 구원하겠느냐 만일 형제나 자매가 헐벗고 일용할 양식이 없는데 너희 중에 누구든지 그에게 이르되 평안히 가라, 덥게 하라, 배부르게 하라 하며 그 몸에 쓸 것을 주지 아니하면 무슨 유익이 있으리요 이와 같이 행함이 없는 믿음은 그 자체가 죽은 것이라 _ 약 2:14-17

봉구 이야기

하교 후 돌아와 겉옷을 벗는 그레이스에게서 모래가 후드득후드득 떨어진다. 운동화와 양말, 심지어 발가락 사이까지 온통 모래다. 그때까지만 해도 '오랜만에 날이 개었으니 신나게 뛰어놀았구나.' 하고 생각했다.

"그레이스, 오늘은 모래놀이를 한 모양이구나. 아이고, 머리와 주머니까지 온통 모래네, 모래…. 눈에는 안 들어갔니?"
"엄마, 그게 아니고요. 친구들과 놀고 있는데 봉구가 와서 우리에게 모래를 잔뜩 뿌리고 도망갔어요."

며칠 후…

엄마가 엄마 찾아 줄게

"그레이스, 운동화에까지 그림을 그린 거야?"

"아니요, 봉구가 신발장을 열고 여자친구들 신발에 모두 낙서를 했어요."

다시 며칠 후…

"그레이스, 수학 익힘책 겉표지가 어쩌다 찢어진 거니?"

"엄마, 김봉구가…"

학기 초부터 '봉구'라는 이름만 수십 번을 들었다. 마침 방과 후 수업에 관해 선생님과 대화할 일이 있었고, 상담을 마친 후 나는 조심스레 봉구의 이름을 꺼 냈다. 그런데 그 아이의 이름이 나오자마자 선생님은 한숨부터 크게 쉬셨다.

"어머니, 죄송합니다. 봉구가 나쁜 마음을 가진 아이는 아닌데 몹시 개구장이예요. 친구들을 많이 귀찮게 하네요. 벌써 가정 상담을 두 번이나 했고 심리 치료도 권했습니다. 제가 앞으로 더 신경 써서 살피겠습니다."

그러던 어느 날, 나처럼 늦둥이를 키우고 있는 그레이스의 단짝 친구 한나의 어머니로부터 전화가 왔다.

"그레이스 어머니, 그동안 잘 지내셨어요? 제가 여쭤볼 게 있어서 이렇게 연락을 드렸어요. 혹시 같은 반에 봉구라는 아이가 그레이스는 귀찮게 하지 않나요? 우리 한나는 매일같이 울어요. 오늘은 급식 시간에 두 번이나 수저를 밀쳐 바닥으로 떨어뜨렸고, 며칠 전에는 글쎄 애벌레를 잡아다가 필통에 넣어 놨다지 뭐예요. 그때도 놀라서 엄청 울었다네요. 구두에 낙서를 하질 않나, 또 어느 날에는 모래를 잔뜩 뒤집어쓰고 왔지 뭐예요…. 선생님께도 말씀을 드렸는데, 이미 그 아이 때문에 마음고생을 하고 계시더라고요. 한나는 전학을 보내 달라고 저 난리예요…."

한나 역시 그레이스와 크게 다르지 않은 상황이었다. 나는 한나 어머니를 위로하고 봉구를 위해 더 나은 방법이 없는지 함께 고민해 보자고 말씀드렸다. 전화를 끊고 담임 선생님과 한나 어머니와의 대화를 가만히 되짚어 보았다. 봉구는 어떤 가정 환경에서 성장하고 있을까? 혹시 가족의 사랑과 관심이 부족한 것은 아닐까? 왠지 안타까운 마음이 들었다.

유난히 봉구로 인해 많은 일이 있었던 한 주의 토요일 오후, 그레이스와 함께 올리의 산책을 위해서 동네를 한 바퀴 걷는 중이었다. 저만치에서 태권도 학원 가방을 맨 남자아이가 터벅터벅 걸어오고 있었다. 검게 그을린 얼굴에 덥수룩한 곱슬머리, 새까만 운동화, 그리고 표정 없는 낯빛….

"엄마! 저 아이 보이세요? 저기, 흰 도복을 입은 아이 말이에요. 파란 띠요, 파란 띠! 쟤가 바로 김봉구예요!"

두 눈이 번쩍 뜨였다. 학기 초부터 내내 궁금했고 한 번은 꼭 만나 보고 싶었던 아이였기 때문이다. 점점 마주하는 거리가 좁혀지자, 나는 봉구에게 다가가 먼저 인사를 건넸다.

"안녕, 봉구야?! 나는 그레이스 엄마야. 만나서 반가워."

봉구는 잠시 멈칫하더니 무심히 우리 앞을 지나쳐 갔다. 나는 그 짧은 순간에 여러 생각이 오갔다. 그동안 상상해 왔던 개구쟁이 봉구와는 전혀 다른 느낌의 아이였기 때문이었다. 뭐랄까, 무척 외롭고 쓸쓸해 보였다. 나는 그레이스에게 동의를 얻어 가던 길에서 돌이켜 다시 봉구 쪽으로 향했다.

"봉구야, 밥은 먹었니?"
"아니요."

"지금 어디 가는 길이야? 혹시 괜찮으면, 우리 집에 가서 그레이스와 함께 놀래?"

봉구는 그레이스를 한 번 쓰윽 쳐다봤다. 그레이스의 표정을 살피는 듯했다.

"할머니께 허락을 받아야 해요."

나는 그 자리에서 봉구가 알려 준 휴대폰 번호로 전화를 걸었다. 할머니께서는 어차피 봉구가 혼자 저녁 밥을 먹어야 하니, 도리어 고맙다며 기쁘게 허락해 주셨다. 할머니의 음색이 참 따뜻하게 느껴져 다행이라고 생각했다. 우리는 봉구와 함께 집으로 왔다. 현관에서 신발을 벗고 거실로 들어서는데 봉구의 양말에서 모래가 잔뜩 떨어졌다. 보습 학원과 태권도 학원에 다녀오는 길이라고 했는데, 대체 어디에서 모래가 들어간 것일까? 혹시 지난주부터 계속 이 상태로 다닌 것은 아닐까….

아이들이 깨끗하게 손을 씻고 식탁에 앉았다. 그동안 많은 일들이 있었으니 충분히 예상은 했지만, 아이들은 내가 생각했던 것보다 훨씬 더 어색한 사이였다. 의자를 멀찌감치 떨어뜨려 앉은 모습이 너무 귀여워서 피식 웃음이 나왔다. 아직 식사할 시간은 아니었기에 우리는 간식으로 소떡소떡을 만들기로 했다. 집에서 직접 만든다고 하니 "정말이요?" 하며 두 눈이 동그래지던 봉구. 감사하게도 떡과 소시지를 꼬치에 끼우며 봉구의 표정이 한결 밝아졌다. 내가 팬에 꼬치를 굽는 동안, 그레이스와 봉구는 케첩 소스(케첩, 굴 소스, 꿀, 마늘, 참

기름)를 배합했다. 구운 꼬치와 함께 소스를 끓여 솔과 함께 내어 주니 정성스레 발라 접시에 올리는 봉구, 그리고 그사이 정원으로 나가 식용이 가능한 팬지꽃을 따다 접시 위를 장식하는 그레이스…. 그레이스가 겨우 하나를 먹는 동안 봉구는 코끼리 비스킷 먹듯이 뚝딱 세 개를 먹어 치웠고, 빠른 속도로 쏙쏙 빼먹는 봉구를 신기하게 바라보던 그레이스는 살며시 제 몫의 하나를 봉구의 접시로 옮겨 놓았다.

간식을 다 먹은 후 우리는 정원으로 나갔다. 나는 아이들이 뛰어노는 동안 서둘러 채소 모종을 심을 생각이었다. 그런데 두 아이 모두 텃밭에 더 관심이 있어 보였다. 봉구네도 직접 채소를 길러 먹는다고 하고, 그레이스에게도 모종 심기는 가장 행복한 놀이이기에 나는 아이들을 데리고 텃밭으로 향했다. 정말 봉구는 작물의 종류에 따라 모종 간의 간격을 맞추어 심을 줄 알았다. 봉구가 모종을 심으면 그레이스는 그 뒤를 따르며 솔솔 퇴비를 뿌렸다. 본인이 작년부터 매주 삽으로 뒤집어 가며 정성스레 만든 퇴비이기에 뿌듯한 표정이었다. 모종을 다 심은 후, 아이들은 물조리개를 최대한 높이 들어 흙이 파이거나 어린 모종이 다치지 않도록 적당한 세기로 물을 주었다. 가장 중요한 물 주기까지 알고 있다니 참 대견했다.

나는 아이들에게 뒷정리를 맡기고 실내로 들어왔다. 아까부터 봉구의 운동화가 눈에 밟혔기 때문이다. 신을 벗을 때마다 깔창이 함께 빠져나와 여간 불편해 보이지 않았다. 빨아서 말릴 시간은 되지 않으니, 우선 그레이스가 가지고 있는 여분의 운동화 끈과 성인 깔창을 봉구의 사이즈에 맞게 오려 교체했다. 가죽 소재의 운동화라서 잔 때를 닦아 낸 후 왁스를 바르니 제법 깔끔해졌다.

아이들이 정원에서 뛰어노는 동안, 나는 해물덮밥을 만들기 위해 전복과 한치를 살짝 데친 뒤 잘게 썰어 갖가지 채소들과 함께 볶아 냈다. 특별한 날에만 꺼내는 곰돌이 모양의 그릇에 밥과 볶은 해물을 담고, 그 위에 계란프라이와 간장소스를 얹으니 예쁘고도 담백한 건강식이 되었다. 냉동실에서 아보카도와 온갖 베리들을 꺼내어 꿀과 견과류를 넣고 스무디도 만들었다. 저녁이 되니 바람이 선선했다. 나는 커다란 쟁반에 음식을 담아 정원으로 나갔다. 나를 보자마자 텃밭으로 이끄는 봉구와 그레이스. 아이들은 텃밭 주변을 깔끔하게 정리한 것에 꽤나 으쓱해했다. 우리는 돌 테이블에 둘러 앉아 식사를 했다. 바람 한 점, 덮밥 한 수저… 저만치 마당 한편, 고소한 밥 냄새를 맡은 올리가 아까부터 풀어 달라고 짖어 댔다.

식사를 마친 후 들어와 봉구는 다시 태권도 가방을 둘러맸다. 현관을 나서며 제 신발을 한참이나 찾았다. 나는 두 아이를 태우고 봉구네 집으로 향했다. 집 앞에 도착하니 창문으로 노란 불빛이 새어 나왔다.

"어?! 할머니다!"

너무도 반가워하며 차에서 내리는 봉구의 표정을 보니 나와 그레이스도 함께 행복했다. 집에 돌아오자마자 봉구네 할머니께 전화가 왔다.

"그레이스 엄마, 봉구 할미예요. 봉구가 저녁밥을 얼마나 맛있게 먹었는지, 아직도 배가 부르다고 하네요. 밥도 먹고, 전복도 먹고, 소시지도 먹었다는데…. 아무튼 이제 숙제한다고 방에 들어갔어요. 아참, 그런데 신발을 바꾸어 신고 왔어요. 월요일에 다시 신겨 보낼 테니, 그레이스에게도 바꿔 신고 오라고 전해 줘요. 고마워요."

나는 봉구가 제 신발을 신고 간 것이 맞다고 설명해 드렸다. 할머니와 통화를 하며 봉구가 조손 가정에서 성장하고 있다는 것을 알게 되었다. 세 살 때부터 할아버지, 할머니와 함께 살았는데 할아버지는 몇 해 전에 돌아가셨고, 봉구의 부모님은 두 분 모두 육지로 떠나 부재중이었다. 그래서 현재는 할머니가 가까운 친지의 땅에 소작농을 하시며 봉구를 돌보고 계신다고…. 가슴 한편이 아려왔다.

그제야 봉구의 학교생활과 어두운 낯빛이 모두 이해되었다. 나는 주일 저녁마다 그레이스가 한 주간 먹을 밑반찬을 미리 만들어 둔다. 그 가운데 꼭 빠지지 않는 것은 감자볶음과 두부조림, 그리고 콩장이다. 비록 소소하나 할머니의 허락을 받아 다음 주부터는 봉구의 밑반찬도 함께 만들어 전달하기로 했다. 나를 믿어 주시는 할머니께 감사했다.

그레이스의 학교생활에 변화가 찾아왔다. 그레이스의 단짝 친구 하나가 숨 가쁘게 뛰어와 내게 알려 주길, 봉구는 여전히 개구쟁이가 틀림없지만 그레이스를 대하는 자세만은 완전히 바뀌었단다. 아직까지도 화단에 피어 있는 꽃을 툭툭 꺾고, 나뭇가지로 지렁이를 괴롭히고, 여자친구들에게 짓궂은 장난을 치지만, 언제부터인가 그런 짓을 할 때마다 그레이스의 위치를 살핀다는 것이다. 한나는 마치 탐정처럼 고개를 살래살래 저으며, 어울릴 것 같지 않은 그들 사이에 대체 무슨 일이 있었던 건지 꽤나 궁금해하는 눈치였다.

어느덧 여름방학이 시작되었다. 교회에서 여름성경학교에 초대할 친구의 이름을 적어 제출하라고 했단다. 그레이스는 한 치의 망설임도 없이, 그 이름을 썼다.

김 봉 구!

🌷 하나님이 우리를 구원하사 거룩하신 소명으로 부르심은 우리의 행위대로 하심이 아니요 오직 자기의 뜻과 영원 전부터 그리스도 예수 안에서 우리에게 주신 은혜대로 하심이라 _딤후 1:9

빨갛게 익은 12월의 먼나무 열매

섬기리

앙스트블뤼테,
불안 속에 화려하고 아름답게

앙스트블뤼테 Angst blüte

　‘이듬해 죽음을 예견한 나무가 그해에 유난히 화려하고 풍성하게 꽃을 피우는 현상’을 가리키는 생물학적 용어 앙스트블뤼테는, 독일어로 ‘불안’을 뜻하는 앙스트(Angst)와 ‘개화’를 뜻하는 블뤼테(Blüte)의 합성어이다. 상실이 없다면 창조의 동기가 부족하다 했던가. 식물은 자신의 생존이 위태로워지면 유전자를 후대로 이어 보내기 위한 노력으로 사력을 다해 마지막 꽃을 피워 내고 씨앗을 맺기 위하여 온 에너지를 모은다. 이와 같은 맥락으로 식물학에는 ‘스트레스 개화 이론’이라는 것이 있다. 기온 등의 변화로 환경이 갑자기 바뀌게 되면, 식물이 생존의 위기를 느껴 곧 죽을지도 모른다는 절박감으로 꽃대를 올리는 현상을 뜻한다.

　내게는 식물학 서적에서 ‘앙스트블뤼테’, 혹은 ‘스트레스 개화 이론’이라는

용어와 마주칠 때마다 떠오르는 제주의 아픈 역사가 있다. 1948년 4월 3일. 그 이야기는 묵인된 세월과 강요당한 침묵만큼 참담하고 고통스럽다.

　이 사건을 제대로 들여다보기 위해서는 해방 이후부터의 이해가 필요하다. 1945년 8월 15일은 우리 민족이 35년간 일본 제국주의 식민 통치를 끝내고 해방이 된 날이다. 일본은 제2차 세계 대전 가운데 하나였던 태평양 전쟁에서 미국 등의 연합국에 패배했고, 한반도를 지배할 힘도 잃게 되었다. 그 결과 우리가 사는 한반도의 남쪽은 미군이, 북쪽은 소련군이 차지하게 된다. 한반도는 그저 패전국인 일본의 영토에 불과했으니까⋯. 그렇게 미국 군사 정부 '미군정'은 이 땅을 3년간 다스리게 되었다. 물론 여러 애국자들이 국가의 건설을 위해 나섰고, 그때 조직된 것이 '인민위원회'였다. 인민위원회는 우리 민족이 만들었던 전국 단위의 최대 조직이었기에 당연히 이 땅 제주도에도 자리했다. 그러나 미군은 그 조직을 인정하지 않았으며, 따라서 결속력이 매우 강했던 제주도 인민위원회와 미군정의 대립은 점차 커져만 갔다.

1947년 3월 1일, 제주에서는 '제28주년 3·1절 기념 제주도 대회'가 열렸다. 과거 항일 운동 전통을 계승하며 현재의 어려움을 이기고자 하는 취지에서였다. 미국과 소련이라는 외세로 인해 한반도가 두 개로 나뉘게 될 수도 있는 상황이었기에, 무려 3만 명의 사람들이 함께 참여했다. (그날, 집회가 끝난 뒤 미군정의 경찰로 인해 민간인 6명이 죽고 8명이 부상을 당하는 일이 벌어졌다.) 이 대회로 인해 미군정 경찰은 제주도를 빨갱이 섬으로 규정하고, 3·1절 집회를 주도했던 사람들을 잡아들이기 시작했다.

그것을 발단으로 하여 1948년 4월 3일 새벽 2시, 총성과 함께 한라산 중허리의 오름마다 봉화가 타오르면서 신호탄이 올랐다. 남로당 제주도위원회가 주도한 무장봉기의 신호탄이었다. 미군정은 이를 치안 상황으로 간주하고 군대에 진압 출동을 내렸다. 그러나 당시 제주 주둔군 9연대의 연대장 김익렬 중령은 사태를 평화적으로 풀어나가기 원했다. 미군정 역시 처음에는 동의하는 듯했으나, 우리 무장대를 가장한 미군정 괴청년들이 방화 사건을 일으키는 등 혼란을 빚어 평화의 협상은 결렬되었고, 그것으로 미군과의 관계는 더욱 돌이킬 수 없게 되었다. 김익렬 중령은 해임되었고, 후임은 박진경 중령이었으나, 그는 "폭동 사건을 진압하기 위해서는 제주도민 30만을 희생시키더라도 무방하다"라는 발언까지 했던 위험한 인물이었다. 이제 강경 진압만이 남아 있을 뿐이었다.

엄마가 엄마 찾아 줄게

얼마 후 5월 10일, 남한만의 단독 정부 수립을 위해 200개 선거구에서 일제히 선거가 실시되었다. 그러나 남쪽만의 선거는 한반도 내 전쟁의 위험성이 있기에 선거를 반대하는 사람들이 많았고, 제주도 역시 제대로 된 선거가 이루어지지 않았다. 마침내 정부는 수립되었고, 그들에게서 제주도 사태는 단순한 지역 문제를 넘어선 정권의 도전으로 인식이 되었다. 정부는 곧바로 제주도에 계엄령을 선포했으며, 중산간 지대는 그야말로 초토화의 참상을 겪게 된다. 11월 중순부터 이듬해 2월까지 약 4개월 동안 진압군은 중산간 마을에 불을 지르고 주민들을 집단으로 살상했다. 500명의 무장대를 토벌하기 위해 무려 3만 명을 희생시킨 결과가 초래된 것이다. 규율과 질서가 없는 보복 형태는 4·3이 길어질수록 더 무자비해졌고, 제주도민들은 그 시기의 모든 공포를 아직까지도 생생하게 기억하고 있다.

원동마을, 봉성리 자리왓, 동광리 무동이왓, 삼밧구석 등. 그렇게 제주에는 130여 개의 '잃어버린 마을'이 있다.

시인 토머스 스턴스 엘리엇(Thomas Stearns Eliot, 1888-1965)의 〈황무지〉(The Waste Land, 1922)의 첫 구절처럼, 우리의 역사 속에서도 4월은 열두 달 중 가장 잔인한 달이 아닌가 싶다. 1947년 4·3 사건, 1960년 4·19 혁명, 2014년 4·16 세월호 참사 등, 춘래불사춘(春來不似春)이라 읊듯이, 봄이 왔지만 봄 같지 않은 시리고 아픈 기억이 많기 때문이다. 더욱이 제주의 4·3은 오랜 기간 암묵적으로 받아들여만 했던, 강요당한 망각의 역사였다. 슬프게도 우리 사회의 기득권 세력이 직·간접적으로 연루되어 있었기 때문이다. 그러나 1987년 6월 민주화 항쟁의 열기는 4·3의 억울한 목소리를 세상 밖으로 나오게 했고, 1989년 4월 3일 제주시민회관에서는 처음 공개적인 추모제 행사를 열게 되었다. 그 후 2000년에 4·3 특별법이 제정 공포되었고, 2003년에 〈제주 4·3사건 진상조사 보고서〉가 발간되었다. 또한 가장 최근인 2021년 2월 26일에는 4·3의 진상을 규명하고 희생자에 대한 명예 회복 및 보상을 위한 〈제주 4·3 특별법 전부 개정안〉이 국회 본회의를 통과했다.

2003년 10월의 마지막 날, 노무현 대통령이 4·3 당시 국가 권력에 의해 대규모 희생이 이뤄졌다는 것을 인정하고 제주도민에게 공식 사과했던 순간을 기억한다. 아니, 그 순간을 평생 잊지 못할 것이다. 제주도민과 유족의 아픔이 조금은 녹아든 날이었기 때문이다.

"저는 국정을 책임지고 있는 대통령으로서, 과거 국가 권력의 잘못에 대해 유족과 제주도민 여러분에게 진심으로 사과와 위로의 말씀을 드립니다."

또한 대통령은 2006년 열린 제58주년 4·3 위령제 추도사에서도 이와 같이 말했다.

"국가 권력은 어떠한 경우에도 합법적으로 행사되어야 하고, 일탈에 대한 책임은 특별히 무겁게 다뤄져야 합니다. 또한 용서와 화해를 말하기 전에 억울하게 고통받은 분들의 상처를 치유하고 명예를 회복해 주어야 합니다. 이것은 국가가 해야 할 최소한의 도리입니다. 그랬을 때 국가 권력에 대한 국민의 신뢰도 확보되고, 상생과 통합을 말할 수 있을 것입니다."

4·3은 위태로운 상황에서도 사력을 다해 민족의 분단을 반대하고 통일된 나라를 염원했던 제주도민들의 열망이었고, 동백의 통꽃이 지듯 잔인한 고통 속에서도 다음 세대를 이어 나가기 위한 그들의 피맺힌 부르짖음이었다. 아래는 제주도 인민유격대, 이른바 무장대가 제주도민들에게 보내는 '호소문'이다.

🖋 시민 동포들이여!

경애하는 부모 형제들이여!

4 · 3 오늘 당신님의 아들, 딸, 동생이 무기를 들고 일어섰습니다.

매국 단선 단정을 결사적으로 반대하고 조국의 통일 독립과

완전한 민족 해방을 위하여!

당신들의 고난과 불행을 강요하는 미제 색인종과

주구들의 학살 만행을 제거하기 위하여!

우리들은 무기를 들고 궐기하였습니다.

당신님들은 종국의 승리를 위하여 싸우는 우리를 보위하고

우리와 함께 조국과 인민의 부르는 길에

궐기하여야 하겠습니다.

어쩌면 내가 '앙스트블뤼테'라는 용어 앞에서 4·3을 떠올리는 이유도 여기에 있지 않을까. 바로 복음도 이와 같아야 한다는 것!

곧 죽음을 예견한 나무가 그러하고 뼛골마저 사그라지던 제주도민들이 그러했듯, 믿음의 선배인 우리도 이 시대가 마지막 때인 줄 알고 사력을 다해 복음을 꽃피우고 그 씨앗을 맺기 위해 온 에너지를 모아야 할 것이다. 절박함으로 꽃대를 올리는 식물의 생식 본능처럼 또 민족을 향한 제주도민의 열망과 같이, 다음 세대로 이 믿음을 이어 주어야 하기 때문이다.

🌷 즐거워하는 자들과 함께 즐거워하고 우는 자들과 함께 울라 서로 마음을 같이하며 높은 데 마음을 두지 말고 도리어 낮은 데 처하며 스스로 지혜 있는 체하지 말라 _롬 12:15-16

엄마가 엄마 찾아 줄게

제 꿈은 화가예요!

두봉 주교와 권정생

프랑스 파리 외방전교회 소속의 가톨릭 선교사이신 두봉 레나도(René Dupont) 주교님의 초대로 경북 의성군 두봉 천주교회에 다녀왔다. 주교님께서 대중에게 알려지기 전부터 그분의 삶과 믿음을 크게 존경해 왔기에, 비록 타 종교이지만 내게는 매우 특별하고도 거룩한 초대였다.

기쁘고 떳떳하게

우리는 이 터에서

열린 마음으로 살고

소박하게 살고

생명을 소중히 여기며

엄마가 엄마 찾아 줄게

두봉 주교님과 그레이스

서로 나누고 섬김으로써

기쁨이 넘치는

하느님 나라를 일군다.

거실 한쪽 벽면, 〈안동교구 사명 선언문〉이 가장 먼저 눈에 들어왔다. 그 선언문은 1954년, 6·25 전쟁으로 극심한 빈곤에 시달리던 한국으로 파견되어 70년간 이 민족의 아픔과 함께 살아오신 주교님의 삶, 그 자체였다.

주교님께서 우리나라로 파송되었을 시에는 항공 수단이 없었기 때문에 당시 유일한 교통수단이었던 배로 두 달 하고도 반이나 걸려 이 땅에 도착했다. 전쟁 직후였기에 대부분의 사람들은 천막을 치고 살고 있었고, 굶어 쓰러지는 사람들도 눈앞에 허다했다. 그 시국에 오셔서 문화회관과 학교, 한센병 환자들을 위한 병원을 세우셨고, 어려운 농민들을 돕다가 정부로부터 추방 명령까지 받으며 숱한 천대 속에 오늘날까지 살아오셨다.

주교님과 함께 소박한 식탁을 차려 즐겁게 식사를 했다. 그리고 거실에 둘러앉아 《너의 심장 소리》를 펼쳤다. 미리 보내드렸기에 그레이스의 삶과 책의 내용은 이미 알고 계셨다. 한 장, 또 한 장 책장을 넘기시며 아이의 사진이 나올 때마다 손을 꼬옥 잡아 주셨다. 그리고 꽃 사진이 나올 때면 소년 같은 미소를 지으셨다. 그레이스는 주교님 곁으로 가까이 가서 눈이 흐려지신 주교님께 꽃과 정원에 대하여 꼼꼼히 설명해 드렸다. 주교님은 세월이 흐르며 시력이 저하되고 초점마저 불분명해져서 원하는 책을 읽을 수 없게 된 것이 가장 야속하다고 하셨다.

책장을 덮은 뒤 주교님은 그레이스를 품에 안은 채 두 눈을 감으시고는 한참을 가만히 계셨다. 감은 주교님의 두 눈으로 눈물이 흘러내렸다. 당신의 뜨거운 기도가 우리에게도 고스란히 전해지던 순간이었다. 주교님은 그레이스의 등을 토닥이시며 깊은 날숨과 함께 이렇게 말씀하셨다.

"그레이스야. 네 태어나 지금까지 살아 내느라 수고 많이 했다…."

그 순간 모두에게서 눈물이 흘렀다. 애기나팔꽃처럼 줄줄이 떨어지던 그레이스의 눈물이 애잔했다. 지금까지 그레이스에게 이보다 더 따뜻하고 진실된 위로는 없었을 것이기에….

주교님은 그레이스를 품에서 놓아주시며 물으셨다.

엄마가 엄마 찾아 줄게

"그레이스야, 너는 무슨 책을 가장 좋아하니?"

그레이스는 망설임 없이 대답했다.

"강아지똥이요!"
"권정생 선생님의 강아지똥? 권 선생은 나의 친구였단다."
"정말요, 할아버지? 아니, 주교님의 친구셨어요?"
"허허, 그럼. 내가 존경하는 친구였지."

아동문학가 권정생(1937-2007). 그는 1937년 일본 동경 시부야의 빈민가에서 태어났다. 해방 이듬해인 1946년에 가족과 함께 경북 청송으로 귀국했으나, 극심한 가난으로 가족은 뿔뿔이 흩어져 살아야 했다. 객지를 떠돌며 온갖 힘든 일을 마다하지 않던 그는 결국 성년이 되기도 전인 19세 때, 늑막염과 폐결핵에 걸리고 만다. 제대로 된 치료 한 번을 받지 못한 까닭으로, 질고에 시달리던 중 전신으로 퍼진 결핵으로 인해, 29세의 나이에 콩팥 한쪽과 방광까지 들어내는 수술을 해야 했다.

그 후 어머니의 극진한 간호로 건강이 호전되면서 교회학교 교사로 어린이들을 가르치기 시작했는데, 아이들에게 동화책을 읽어 주고 함께 인형극 등을 공연하며 동화를 창작하는 데까지 이르게 되었다. 선생은 1967년에 다시 경북 안동군(현 안동시)으로 돌아와 일직면 조탑동 일직교회 부속의 토담집에서 오래도록 기거했다. 1969년 그의 나이 서른두 살이 되었을 때, 선생은 제1회 기독교 아동문학상 현상 모집에 《강아지똥》을 응모하여 당선되었다. 그것을 계기로 외국 작가들의 번역 동화가 주를 이루던 시대에, 우리나라의 창작 동화가 뿌리를 내리고 대중화되는 데 큰 역할을 했다. 소천하기 전까지 무려 100여 편이 넘는 작품을 남긴 우리나라 대표 아동문학가인 권정생 선생은 향년 69세(2007년)에 하나님의 부름을 받았다.

1983년에 마을에서 가장 후미진 곳, 하천 부지여서 번지도 없는 땅에 두 칸 오두막집을 짓고 평생 그곳에서 소박한 음식을 먹으며 검소하게 살았다. 생전 비루하기만 했던 삶과 다르게 소천 후 1981년작 《몽실언니》 등으로 수억 원에 이르는 인세와 수천만 원에 이르는 통장을 남긴 그는, "내가 쓴 모든 책은 어린이들이 읽는 것이니 여기서 나오는 인세를 어린이에게 되돌려 주는 것이 마땅하다. 남북 어린이를 위해 써 달라"라는 유언을 남겼다. 그리고 현재 그의 재산은 '권정생 어린이 문화재단'에서 관리하며 남북한과 분쟁 지역 어린이 등을 돕는 데 사용되고 있다.

나는 권정생 선생님의 작품 가운데 특별히 《복사꽃 외딴집》과 《오소리네 집 꽃밭》을 좋아한다. 두 권의 동화 모두 사이좋은 어느 노부부의 이야기이며, 예쁜 꽃들과 정겨운 시장이 그려지는 지극히 평범하면서도 따뜻한 이야기이다. 이 두 권의 동화에서처럼 누군가 당신을 곁에서 포근하게 감싸 주고 위로해 주기를 바라지는 않으셨을까. 선생님께서 생전에 이런 말씀을 하셨다고 한다. "내가 왜 동화를 쓰게 되었는지, 나 자신도 모른다. 언제 무엇이 계기가 되었는지 그런 걸 생각해 보지도 않았다. 다만, 누구나 가슴에 맺힌 이야기가 있

엄마가 엄마 찾아 줄게

으면 누군가에게 들려주고 싶듯, 그렇게 동화를 썼는지도 모른다."라고….

사실, 내 꿈도 동화를 그리고 쓰는 할머니이다. 선생님의 고백처럼 누구나 가슴에 맺힌 이야기가 있으면, 누군가에게 반드시 들려주고 싶은 법인가 보다. 나는 입양과 관련된 동화를 쓰고 또 그리고 싶으니 말이다. 주교님과 함께 권정생 선생님의 이야기를 오래도록 나누었다. 두 분의 관계가 극진했던 이유를 알 듯했다. 두 분께는 신앙과 절제된 삶으로 이어지는 두텁고도 뜨거운 내면의 현이 존재했다.

오후가 되어 자리에서 일어섰다. 서둘러 주방으로 가시더니 가방이 넘치도록 사과와 배를 싸 주셨다. 밖에는 보슬보슬 비가 내리고 있었다. 나는 대문 밖까지 나오신 주교님을 안아 드렸다. 주교님의 방에 있던 60년 된 라디오의 가는 안테나와 오래되어 낡은 책상다리처럼, 옅은 바람에도 흔들리던 왜소하신 체구 앞에 그저 숙연했다.

"마리아, 그레이스 건강하게 잘 키워 줘서 고마워요. 우리 모두가 해야 하는 일이에요. 권 선생님처럼 훌륭한 동화 작가가 되어 내 생전에 우리 또 만납시다. 그레이스야, 아프지 마라. 고맙다. 이리 먼 곳까지 찾아와 줘서 내 고마워…."

이번에는 그레이스가 주교님을 꼬옥 안아 드렸다.

"할아버지, 아니 주교님. 안녕히 계세요!"

차가 모퉁이를 돌아 사라지기까지 주교님은 그 자리에 서서 손을 흔들고 계셨다. 두봉 주교님과 권정생 선생님. 이렇게 훌륭한 어른이 계셨고 또 곁에 계심이 정말이지 감격스러웠다. 그분들의 체구는 꽃망울처럼 작았지만 단단했고, 꽃잎처럼 여렸지만 향기로웠다.

그래, 나도 그렇게 살아야지…. 다 내어 주고 모두 흩어지더라도 한 송이 꽃과 같이 단단하고 향기롭게, 소박하지만 기품 있게….

🌷 전제와 같이 내가 벌써 부어지고 나의 떠날 시각이 가까웠도다 나는 선한 싸움을 싸우고 나의 달려갈 길을 마치고 믿음을 지켰으니 이제 후로는 나를 위하여 의의 면류관이 예비되었으므로 주 곧 의로우신 재판장이 그날에 내게 주실 것이며 내게만 아니라 주의 나타나심을 사모하는 모든 자에게도니라 _딛 1:6-8

엄마가 엄마 찾아 줄게

포도송이처럼 피어나는 무스카리

서망례 할머니

그레이스의 여덟 번째 생일날 아침이다. 그레이스가 가장 좋아하는 감자전과 따뜻한 미역국으로 식사를 한 뒤, 우리는 제주시에 있는 병원으로 향했다. 며칠 전, 눈에 거슬리던 먼나무 가지 하나를 잘라 내기 위해 다소 무게가 나가는 전지가위를 들어 올리다가 어깨에 무리가 왔다. 마침 주말이어서 오전 진료만 가능했기에 공용 주차장에 차를 세우고 서둘러 걸어가던 중이었다. 가끔 들르는 근처의 꽃집 아주머니가 우리를 알아보고 나와 인사했다. 나는 그레이스의 생일이기도 하고 꽃집 밖으로 진열해 놓은 꽃들이 탐스러워 향이 좋은 프리지어 한 단을 샀다. 그레이스는 기뻤는지 꽃을 품에 안고는 까치발을 들어올려 엄마의 볼에 키스했다.

"엄마, 향기가 정말 좋아요. 감사합니다!"

그런데 저만치 큰길 가까이에 거동이 불편해 보이는 한 할머니께서 두리번 두리번 어딘가를 찾고 계시는 듯했다. 인근에 큰 공원과 학교가 있어 자전거가 매우 빠르게 지나치는 도로이기에, 나는 그레이스의 손을 잡고 서둘러 할머니가 계신 곳으로 갔다. 지팡이를 짚으시고도 제대로 중심을 잡지 못하셔서 나무를 의지하고서 서 계셨다.

"할머니, 어디 가시는 길이세요?"

"병원에⋯. 아들이 여기라고 내려 줬는데, 못 찾겠어⋯."

"혹시, ○○통증의학과에 오셨어요?"

"응, 그려. 그 이름이 맞는 거 같으네⋯."

내가 예약한 병원과 같은 곳이었다. 그레이스는 할머니의 가방을 들고, 나는 할머니를 부축해 병원으로 향했다. 우리는 천천히 걸어 가까스로 병원에 도착했다. 다행히 치료가 가능한 시간이 남아 있었다. 나는 접수처에 할머니를 모셔다 드린 후 서둘러 물리치료실로 향했다. 그런데 갑자기 접수처가 소란해지기 시작했다.

"서망례여, 서망례!"

할머니의 높은 언성에 놀라 발길을 돌려 접수처로 가 보았다. 한 앳된 직원과 할머니가 투명 가림막을 사이에 두고서 실랑이를 벌이고 있었다.

"할머니, 처음 오신 분들은 이 등록 카드를 작성하셔야 한다고요. 제가 몇 번을 말씀드려요. 여기에 성함과 주민등록번호, 연락처, 주소를 모두 기입하세요."
"내 이름은 서망례여, 서망례!"
"아니요, 할머니. 그러니까 여기에…"
"내 이름은 서망례여~어!!"

아무 말도 들으려 하지 않으시고 큰 소리로 본인의 이름만을 말하자, 직원 역시 당황해 몹시 상기된 얼굴이었다. 할머니께 도움이 필요했다. 나는 할머니를 모시고 대기실의 테이블로 이동하여 등록 카드의 빈칸을 하나씩 작성해 갔다. 본인의 주민등록번호를 기억해 내시는 데도 한참이나 걸렸다. 그런데 번잡한 접수처 앞에서 자녀분의 연락처와 주소 등을 모두 기록해야 했으니, 크게 부담을 느끼신 것이다. 20분가량 등록 카드를 작성하고 접수를 도와드린

엄마가 엄마 찾아 줄게

후 다시 물리치료실로 향했다. 긴장이 풀리니 다시 통증이 밀려들었다.

"김마리아 님 맞으시죠? 치료 시간이 최소 50분인데, 병원 마감 시간이 30분도 채 안 남아서요. 오늘은 치료가 어려우니 다시 예약하시고 다음 주에 오셔야겠어요. 죄송합니다."

아… 주말까지 견딜 수 있을까? 염려스러운 마음으로 돌아서려는데, 아까부터 이 모든 광경을 지켜보았던 그레이스에게서 눈물샘이 터지고 말았다.

"선생님… (훌쩍훌쩍) 저희 엄마가 저기 앉아 계신 서망례 할머니를 도와드리다가 늦은 거예요. 길에서부터 병원까지 모시고 왔고, 등록 카드도 써 드리고… (훌쩍훌쩍) 우리 엄마 치료받게 해 주세요. 으앙~"
"환자분, 죄송합니다. 다음 주에 다시 뵙겠습니다."

그때 마침 한 남자가 다급히 병원 안으로 들어왔다. 할머니의 보호자인 듯했다. 연실 할머니의 귀가가 염려되었던 나는 그제야 마음 편히 병원 문을 나설 수 있었다. 훌쩍대며 엄마를 부축하듯 감싸 안고 계단을 내려오던 그레이스가 대견하고 안쓰러웠다. 우리는 물리치료 대신 건물 1층에 있는 약국에 들러 진통제와 붙이는 파스를 샀다. 집에 도착하여 약을 먹고 자리에 누우니 통증이 어깨에서부터 허리까지 내려와 있었다. 스르륵 약 기운에 잠이 들 즈음 그레이스가 침실을 노크했다. 그런데 아이가 방문을 여는 순간, 그만 눈시울이 젖어들고 말았다. 엄마의 이름이 새겨진 긴 기장의 의사 가운을 걸친 채, 장난감 청진기를 귀에 꽂은 꼬마 의사 선생님이 되어 나타난 것이다. 한 손에는 붙이는 파스, 또 다른 한 손에는 바르는 파스를 들고….

"김마리아 환자, 저는 닥터 그레이스라고 해요. 어디가 아프시죠?"

"어깨가 아파요. 선생님…"

"쯧쯧… 어떻게 하다가 다치셨죠?"

"며칠 전에 가지치기를 하려다가…"

"이런! 다음부터 가지치기는 아빠께… 아니, 김마리아 님 남편분께 부탁하세요."

"알겠습니다."

"오늘은 파스를 붙여 줄 테니, 다음 주 월요일에 ○○통증의학과에 다시 가도록 하세요. 참, 예약은 필수입니다."

나는 닥터 그레이스의 도움으로 어깨와 허리에 파스를 붙인 후 깊게 잠들었다. 초저녁이 되어 눈을 떠 보니 어디선가 꽃내음이 느껴졌다. 누군가 침실 창가의 빈 화병에 프리지어를 꽂아 놓았다. 오전에 그레이스에게 선물한 꽃이었다. 마침 침실 밖 거실에서 아빠와 그레이스의 다정한 목소리가 들려왔다. 그 사이 회의를 마친 남편이 그레이스의 생일 케이크를 사서 돌아온 것이다. 거실로 나가니 남편이 다가와 말없이 안아 준다.

"그레이스에게 전부 들었어요. 치료도 못 받고… 고생했어요."

큰아이들이 육지에 있어 우리 셋뿐이었다. 어느새 케이크에 꽂은 초가 여덟

개라니…. 우리는 함께 생일 축하 노래를 부르고, 그레이스의 소원 기도에 마음을 모아 주기 위해 눈을 감았다.

"하나님, 오늘은 저의 여덟 번째 생일이에요. 저를 이 땅에 태어나게 해 주시고, 우리 아빠와 엄마를 만나게 해 주셔서 감사합니다. 하나님, 저의 소원은 엄마의 어깨가 빨리 낫는 거예요. 그리고 서망례 할머니의 허리도 고쳐 주세요. 예수님의 이름으로 기도합니다. 아멘."

눈을 떴다. 서둘러 눈물을 훔치는 남편과 눈이 마주쳤다. 남편은 "우리 아빠와 엄마를 만나게 해 주셔서…"라는 이야기에 뭉클했을지 모르겠다. 그런데 나는 할머니의 이름을 기억하여 중보 기도하는 그레이스가 대견해서 눈물이 났다. 엄마가 치료 시간을 놓친 것에 대해 할머니를 원망하지 않고, 도리어 그분의 회복을 위해 기도하는 마음이 너무 예뻤다.

"그레이스, 생일 축하해! 아빠 엄마 딸로 이 세상에 태어나 줘서 고마워. 그리고 이렇게나 사랑스럽고 예쁘게 잘 자라 줘서 정말 정말 고마워. 사랑해!"

🌷 나의 반석이시요 나의 구속자이신 여호와여 내 입의 말과 마음의 묵상이 주님 앞에 열납되기를 원하나이다 _시 19:14

동네 청소

여름 휴가철이 시작되면 우리 마을로 들어서는 큰길가에는 버려진 쓰레기들로 가득하다. 몇 해 전부터 인근에 펜션들이 들어서면서 그 양이 부쩍 늘어난 것을 보면, 대부분 여행자들이 투척한 것으로 보인다. 한 300m만 내려가도 버젓이 클린 하우스가 있지만 그들의 목적지인 공항과 반대 방향이기 때문인지, 양쪽 도로의 풀섶에 던져 놓고 간다. 분리수거용 봉투나 종량제 쓰레기봉투에만 담겨 있어도 수월할 텐데, 일반 봉투에서 터져 나온 쓰레기가 사방으로 날아다니니 장화를 신고 풀섶으로 들어가 일일이 주워야 한다. 하지만 그마저도 다행인 것은 이미 차도까지 날아간 것은 달리 주울 방법이 없기 때문이다. 운전자들이 주의해야 할 몫이다.

나는 얼마 전 그 길가에 화분째 버려져 있던 킹기아눔(kingianum)을 주워 왔

다. 혹시 주인이 있을까 며칠 관심을 두고 살펴보았지만 더 이상 기다릴 수는 없었다. 서너 뿌리라도 살리려면 당장 분갈이를 해야 했기 때문이다. 여름 방학식을 마치고 행복하게 돌아온 그레이스와 함께 아랫마을의 화원으로 향했다. 킹기아눔은 난초과의 식물이라서 일반 상토가 아닌 소태와 바크에서 자란다. 분갈이 재료들과 꽃철사 등을 구입한 후 화원을 나오니, 때마침 가까운 거리에 철물점 간판이 눈에 띄었다. 우리는 그곳에서 60cm 집게 두 개도 함께 구입했다. 그레이스와 저녁 산책을 할 때마다 길가에서 쓰레기들이 날아와 밟히고, 게다가 마을 초입의 냄새도 고약하여 방학이 시작되면 함께 청소하기로 계획한 터였다.

집으로 돌아와 시급했던 킹기아눔을 먼저 분갈이했다. 다행히 네 뿌리 정도는 살릴 수 있었다. 그리고 늦은 오후가 되어 우리는 물병을 어깨에 메고 큰길가로 나왔다. 나는 쓰레기봉투에 일반 쓰레기를 주워 담고, 그레이스는 바퀴가 달린 바구니를 끌고 다니면서 깡통과 플라스틱 등 재활용이 가능한 것들을 주워 담았다. 한 시간 반 정도면 충분히 마을 초입에서 가까운 길가의 쓰레기는 치울 수 있었다. 챙겨 나온 보리차도 다 마시고 서서히 일이 마무리될 즈음, 익숙한 차 한 대가 우리 가까이에 멈춰 섰다. 시내 중학교에서 교감으로 근무하시는 이웃집 어르신께서 우리를 보시고는 길가 한쪽에 차를 세우신 것이다. 여름이면 이 쓰레기들로 골칫거리였는데 차마 치울 생각은 못 하셨다면서, 우리가 모아 놓은 쓰레기들을 직접 본인의 차에 실으셨다. 분리수거는 본인이 할 테니 얼른 돌아가 쉬라고 하셨다. 나는 끼우고 있던 장갑을 어르신께 드리고 그레이스와 발길을 돌렸다. 어느덧 서쪽 하늘이 예쁘게 물들어 가고 있었다.

그레이스는 피곤했는지 샤워를 하자마자 잠이 들었고, 바쁘게 저녁 식탁을 준비하고 있던 중에 초인종이 울렸다. 오후에 우리를 도우셨던 이웃집 어르신과 그분의 아내셨다. 처음 방문이기에 여러 번 들어오시라고 말씀을 드렸지만, 극구 사양하시며 커다란 케이크 상자를 하나 건네셨다.

"내가 이 동네에서 가장 오래 산 사람인데, 쓰레기를 버리고 가는 여행객을 나무란 적은 있어도 직접 그것을 치운 적은 없었네요. 마을에서 가장 어린 그레이스가 큰길에서 쓰레기를 줍고 있는데, 순간 '번쩍'하지 뭐예요. 선생으로서 너무 부끄러워 이리 간식거리라도 사 왔으니, 그레이스에게 내가 고맙고 미안하다고 꼭 좀 전해 줘요. 내년부터는 아내와 저도 함께 꼭 도울게요."

엄마가 엄마 찾아 줄게

어르신께서는 이렇게 말씀하신 후 돌아가시고, 아내분은 수국과 들꽃들을 카메라에 담으며 정원을 둘러보고 계셨다. 나는 새벽에 유주 언니가 놓고 간 싱싱한 계란 열 알과 탐스럽게 핀 수국도 여러 송이 꺾어 아내분께 건넸다.

"이 집을 지날 때마다 꼭 한번 올라와 보고 싶었는데, 오늘에서야 와 보네요. 숨이 멎을 듯 아름다워요. 아이고, 이렇게 귀한 것들까지 주시다니… 정말 고맙습니다."

아내분을 배웅해 드리고 집 안으로 들어오니 그사이 잠에서 깨어난 그레이스가 코와 턱 할 것 없이 온 얼굴에 크림을 묻혀 가며 케이크를 먹고 있었다. 아니, 이 정도면 케이크가 그레이스를 먹고 있었던 것이 아닌가 싶은… 하하하.

"엄마… 배가 너무 고파서 그만…"

나는 목련나무 잎새 위에 수저와 포크를 올린 뒤, 그레이스가 좋아하는 참나물을 무치고 들기름에 두부를 부쳐 식탁을 차렸다. 하지만 아직까지 배가 부른 모양새였다. 그레이스는 얼굴에 잔뜩 묻은 크림을 다시 제 손가락으로 찍어 먹으며, 분갈이를 해 둔 킹기아눔 곁으로 갔다.

"엄마, 오후까지만 해도 시들하던 잎사귀들이 새로운 소태와 바크를 만나니까 다시 싱싱해졌어요. 너무 신기해요!"
"그래, 그레이스. 아마 오늘을 넘겼으면 희망이 사라졌을지도 몰라. 내년 봄에는 예쁜 꽃대도 올릴 거야. 그때가 되면 더 기특할 거란다."

"역시, 우리 엄마는 대단해요!"

"아니야, 그레이스. 사실 오늘 가장 멋지고 대단한 사람은 그레이스였어. 킹기아눔이 새 생명을 찾은 것처럼, 오후 내 네가 주운 플라스틱과 깡통들도 모두 새롭게 태어나 필요한 곳에서 재활용될 거란다. 고생했어, 그레이스…."

"자연은 조상으로부터 물려받은 것이 아니라 후손에게서 잠시 빌려온 것"이라는 인디언 격언이 있다. 사실 제주의 바다도 휴가철이 지나고 나면 쓰레기들로 몸살을 앓는다. 그리고 매해 그 해양 쓰레기들은 제주의 초등학교 학생들과 교회들이 나서서 직접 치우고 있다. 자연 속에서 쉼을 누리기 위해 여행을 선택하는 것이라면, 자연을 향한 태도도 바뀌어야 하지 않을까…. 이곳저곳에서 우레와 같이 알리는 자연의 신음에, 조금 더 민감할 수 있는 우리가 되었으면 좋겠다. 샬롬.

🌷 만일 누가 말하려면 하나님의 말씀을 하는 것같이 하고 누가 봉사하려면 하나님이 공급하시는 힘으로 하는 것같이 하라 이는 범사에 예수 그리스도로 말미암아 하나님이 영광을 받으시게 하려 함이니 그에게 영광과 권능이 세세에 무궁하도록 있느니라 아멘 _벧전 4:11

엄마가 엄마 찾아 줄게

주렁주렁 11월의 감귤나무

텃밭

이른 주말 아침, 텃밭에 물을 주고 들어오는데 저만치 대문 앞에 초록색 양동이와 배부른 암탉처럼 둥그런 바구니, 무언가를 싸놓은 듯한 신문지 한 뭉치가 눈에 들어왔다. 초록색 양동이를 보니 유주 언니가 다녀간 것이 틀림없다. 그 빛바랜 초록 양동이는 언니네 텃밭에서 매일같이 나뒹구는 것인데, 저렇게 밑이 깨졌거나 금이 가서 은박 테이프로 덕지덕지한 양동이가 아마 댓 개는 더 있을 것이다. 언니는 드문드문 그 양동이에 고사리, 가지, 고추, 오디, 옥수수, 고구마 등 직접 농사를 지었거나 산에서 캐 온 것들을 가져다 놓고 간다.

초록 양동이에는 탁구공만 한 씨감자가 한가득, 둥근 바구니에는 스무서너 알가량의 계란이, 신문지에는 이제 막 싹이 튼 콩 모종이 싸여 있었다. 마침 고구마 순을 심고 남은 자루가 남았으니 거기에 감자를 심고, 피망이 자라고 있는 그레이스의 텃밭 옆으로 콩을 심으면 좋을 듯했다.

엄마가 엄마 찾아 줄게

올해 수확한 무화과 열매

그레이스가 냄새마저 싫어하는 채소가 피망인데, 요즈음은 청피망이 홍피망으로 변해 가는 과정과 그 생생한 변화를 그림 일지에 모두 기록하고 있다. 또한 아침저녁으로 직접 물을 주며 해충은 없는지 세심하게 살핀다. 눈빛과 정성만을 보아서는 이미 사랑에 빠진 듯하다. 작년에는 피망만큼이나 거부하던 가지를 직접 관찰, 관리하도록 했는데, 이제는 먼저 요구할 만큼 가지 요리를 즐겨 먹는다. 이번에도 기대해 봐야겠다. 마트에서는 청피망의 가격보다 홍피망의 가격이 훨씬 높다. 파종하여 수확하기까지 재배 시간의 차이도 있지만, 홍피망이 청피망에 비해 토마토에도 들어 있는 리코펜(lycopene)과 카로틴(carotene)을 열 배 이상 함유하고 있기 때문이다.

우리는 4월 중순에 고구마를 구입하여 싹을 키웠다. 고구마는 싹이 20cm

이상 자랐을 때 줄기를 떼어, 상토와 퇴비를 고루 섞어 둔 자루에 길이의 절반 정도를 비스듬히 묻는다. 그 후 6월 상순쯤 새순을 볼 수 있으며, 장마가 지난 9월 상순쯤 줄기가 풍성해지면 그때 잎줄기를 수확한다. 우리 집에서는 끓는 물에 데쳐 나물로 먹거나 수확량이 많으면 김치를 담근다. 곁에서 엄마를 돕는 그레이스에게 거친 줄기를 몇 가닥 떼어 주면, 그것을 둥글게 엮은 뒤 토끼풀로 장식하여 예쁜 화관을 만들며 논다. 드디어 10월 중순, 자루에 손을 넣어 보물을 찾듯 고구마를 수확한다. 맛탕, 군고구마 등 겨우내 그레이스의 간식이 된다.

우리는 더 늦기 전에 씨감자를 심어야 했다. 늦어도 3월 하순까지는 심어야 하는데, 벌써 4월이다. 마침 얼마 전 고구마를 심고 남은 마대가 여러 개 남아 있었다. 하나의 자루에 씨감자 1개(조각) 정도가 좋다. 그레이스는 씨감자를 보자마자 서둘러 장화를 신고 모자와 장갑, 팔 토시를 챙겨 정원으로 나왔다. 감자를 심고 수확하는 과정은 크게 어렵지 않기에 매해 그레이스가 직접 심고 수확한다. 감자 크기 두 배 정도의 흙을 파고 물을 충분하게 준 후, 감자를 넣고 흙으로 덮으면 끝이니 간단하다. 한 달이 지나면 싹이 올라오는데, 싹은 두세 줄기만 키워 영양 손실을 줄인다. 감자 줄기가 10cm 이상 자라면 1차 웃거름을 준다. 감자가 손상되지 않도록 흙에 퇴비 한 줌 정도를 뿌리고 주변의 흙을 모아 덮어 주는 것이다. 나는 감자꽃이 피면 아이가 관찰할 만큼만 남기고 모두 잘라 준다. 그리고 그때 2차 웃거름을 준다. 드디어 6월 하순, 감자의 잎과 줄기가 누렇게 변하며 수확의 시기를 알려 오면 고구마와 같은 방법으로

엄마가 엄마 찾아 줄게

수확한다.

　그레이스는 태어나면서부터 유난히 몸이 약했다. 사실 심장뿐만이 아니었다. 그래서 이유식을 시작할 무렵, 1년 동안 정성스레 만들어 놓은 퇴비를 사용하여 직접 다채로운 채소를 길러 먹였다. 가족의 '텃밭 활동'은 그레이스에게 건강과 함께 교육적인 측면 등 다방면에 큰 도움이 되었다. 특별히 아이가 정서적으로 안정을 찾은 것은 원예와 텃밭 일구는 일의 치유력 덕분이라고 생각한다.

　우선 식물의 생장에 따른 탐구심과 관찰력이 향상되고, 새롭게 배우게 되는 용어(파종, 채종, 모종, 지주, 정식, 웃거름 등)와 개념 습득은 어휘력을 증가시키며, 오감을 고루 사용하게 되므로 감각과 지각 능력 등의 '인지 발달의 효과'가 있다.

　또한 물 주기, 거름주기, 솎아내기, 곁순 따기, 지주 세우기 등. 작물은 베푼 정성만큼이나 빠르게 변화하며 성장하기에, 그 과정을 통해서는 자신감과 자부심 등의 '정서 발달의 효과'를 가져온다.

　미국의 작가이자 뛰어난 정원가 마이클 폴란(Michael Pollan)은 그의 저서 《세컨 네이처》에서 어린 시절의 기억을 전한다. 네 살배기 폴란은 정원을 쑤시고 다니다가 뒤엉킨 덩굴과 넓적한 이파리들 틈에서 녹색 얼룩 축구공을 발견했다. 수박이었다. 폴란은 그 순간, 마치 보물을 발견한 것 같은 기분 그 이상을 느꼈다. 바로 본인이 심은 씨앗에서 자랐다고 믿었기 때문이었다. '내가 이

일을 일어나게 했어!' 그 순간 폴란은 수박을 그냥 익게 두어야 한다는 생각과 내 성취를 자랑하고픈 치솟는 욕망 사이에서 갈등했다. 매우 강렬한 자신감과 자부심을 느꼈던 것이다.

텃밭 활동의 이로운 점은 또 있다. 밭을 만들고, 씨를 뿌리고, 물을 주고, 풀을 뽑고, 거름을 주고, 작물을 수확하는 등의 활동을 통해 손을 포함한 전신을 사용하므로, 대뇌에 자극을 줄 뿐 아니라 소근육 발달에도 도움이 된다. 또한 구부리고, 뻗고, 쪼그려 앉고, 잡아당기고, 밀고, 끄는 등의 전신 활동을 통해 '신체 발달의 효과'를 얻을 수 있다.

또한 식물이 자라서 성장하고 꽃이 피어 열매가 맺히는 식물의 생활사를 관찰하며 이에 관계되는 흙, 비료, 태양, 공기, 물 등의 역할을 이해하고 계절과 날씨의 변화, 땀의 의미와 수확의 기쁨, 자연계의 순환 및 생명에 대한 사랑을 느끼게 되는데, 이를 통해서는 '생명과 환경 교육의 효과'를 경험한다.

마지막으로 텃밭 활동이 주는 이로움은 '인성 교육의 효과'에 있다. 씨앗을 심고 기르는 동안 오랜 기다림을 배우고 생명의 소중함을 느끼며, 이 과정에서 부모님과 선생님에 대한 감사의 마음을 갖게 된다.

나는 취학 전 그레이스에게 다양한 원예 활동 프로그램을 시도해 보았다. 놀랍게도 위의 다섯 가지의 효과뿐 아니라 아이의 사회성 발달과 주의력 집중, 편식 없이 채소를 먹을 수 있는 좋은 식습관까지 자연스럽게 형성되었다.

나와 남편이 채식 위주로 식사를 시작한 지 1년 가까이 되었다. 처음에는

엄마가 엄마 찾아 줄게

해산물까지 허용되는 페스코 베지테리언(pesco-vegetarian)으로부터 출발했으나, 점차 비건(vegan)으로 향하고 있다. 대부분 직접 만든 소스에 조리하지 않은 채소를 즐기며, 찌거나 데치는 간편한 조리법에 과하지 않은 양념을 조금 곁들여 먹는 정도이다. 사실 채식은 오래전부터 마음으로는 추동해 왔으나 줄곧 핑계만을 늘어놓고 실천하지 못했었다. 우리가 알고 있듯 소를 키울 때 발생하는 메탄은 지구 온난화의 주요 원인 중 하나이다. 위가 네 개인 소는 풀을 먹은 후 되새김질을 하면서 다른 위로 보내는 과정 중 소화 작용이 일어나고, 최종 소화 과정에서 그 문제의 메탄이 방귀 형태로 방출된다. 이러한 이유 등으로 어느 순간, 고작 소고기 300g을 사면서도 적잖은 불편함이 느껴지기 시작했고, 인생의 하프 타임이며 중반기를 넘어서는 시점에서, '예배자일 뿐 아니라 사회인으로서 더욱 필요한 절제는 무엇일까?'를 묵상하며 가장 먼저 결단하게 된 부분이다.

또한, 소로(Henry David Thoreau, 1817-1862)가 "단출하게 하라. 욕구를 절제하면 짐이 가벼워질 것이다. 잔치하듯 먹지 말고 금식하듯 먹으라"라고 말한 것처럼, 나는 《헬렌 니어링의 소박한 밥상》에서 "소금을 넣지 않은 팝콘이나 버터와 잼을 바르지 않은 빵, 매콤한 소스를 뿌리지 않은 샐러드가 입맛을 당기지 않는다면, 그만큼 배가 고프지 않다는 얘기다. 배가 고프지 않을 때는 굳이 먹을 필요가 없지 않은가. 배가 고플 때까지 기다렸다가 자극적인 양념을 넣지 않고도 음식을 맛있게 먹을 수 있으면 좋지 않을까?"라고 말한 그녀의 식습관에 동의한다. 채소를 기피하는 자녀들이 있다면 작게라도 텃밭 가꾸기를 시도해 보자. 더불어 환경 문제에 대해서도 함께 고민해 볼 수 있지 않은가.

앞서 언급했듯이 축산업은 온실가스의 주범이다. 실제로 기후 변화에 관한 정부 간 협의체인 IPCC(Intergovernmental Panel on Climate Change)는 '식물성 식품으로 이루어진 균형식'을 기후 위기를 늦추는 방법으로 언급하기도 했다. 그렇기에 고기를 조금 덜 먹는 일과 채식 식단을 늘리는 일은 환경 문제의 본질과도 연결된다.

그러나 아파트나 빌라에 산다면 마당은 꿈도 못 꾸고, 주말농장은 멀고도 고단하다. 그래서 요즈음은 베란다를 이용해 친환경 채소를 자급자족하는 시티 파머(City Farmer)가 대세이다. 베란다 텃밭 농사의 관심을 증명이라도 하듯 갖가지 씨앗이나 모종, 원예용품 등의 판매가 10년 전인 2013년 대비 50%나 증가했다고 한다. 물론 베란다는 외부와 다르게 방향에 따라 해가 들어오는 시간과 깊이가 다르기 때문에 각별한 신경을 써 줘야 한다. 동향이나 남동향은 오전의 해가 뜨겁고, 늘 햇살이 풍부한 남향이라 할지라도 여름의 해는 약하다. (만약 햇살에 따라 화분의 이동이 무겁고 어렵다면, 바퀴가 달린 화분 받침을 이용하거나 처음부터 바퀴가 달린 화분을 구입하여 이용하면 된다.) 또한 때때로 창을 열어 바람이 통하도록 해야 하는데, 이는 높은 습도에서 채소가 빠르게 짓무르기 때문이다.

막 뽑아 뿌리에 흙이 묻어 있는 채소와 과일 등, 가열 전의 재료는 멋스러운 레스토랑에서 여러 방식으로 변형시킨 음식보다 더욱 풍부한 비타민을 제공한다. 이미 태양, 공기, 바람, 토양, 눈과 비, 즉 하나님의 숨결로 가장 맛있게 조리된 완제품과도 같기 때문이다.

엄마가 엄마 찾아 줄게

외부의 환경이 허락되지 않는다면, 시티 파머가 되어 보는 것은 어떨까?

🌷 하나님이 이르시되 내가 온 지면의 씨 맺는 모든 채소와 씨 가진 열매 맺는 모든 나무를 너희에게 주노니 너희의 먹을거리가 되리라 _창 1:29

유주 언니

이른 아침, 사모하는 시편찬송을 들으며 정원에 물을 주고 있었다. 종교개혁 이후 유럽 장로교회에서 불리는 '시편으로 지어진 찬송가'들을, 존경하는 류성민 형제님이 직접 편곡하고 연주하여 본인의 음성으로 녹음한 찬송이다. 그분을 만나고서 그분만의 성결한 삶과 고백이 고스란히 느껴져 이 찬송을 더욱 사랑하게 되었다. 웨스트민스터 예배 모범에서는 시편의 말씀을 노래로 만든 '시편찬송'을 예배 찬송으로 제시한다고 한다. 하나님의 말씀이요, 구약 이스라엘 성도들의 찬송이었으며, 예수님과 사도들이 부른 찬송이 바로 시편찬송이었기 때문이다.

정원에 물을 주고 산책하며 주님을 찬미하는 그 시간에 전화벨이 울렸다. 모르는 번호였지만 이끌리듯 받았다.

엄마가 엄마 찾아 줄게

"마리아 선교사님, 저 강은혜 선교사입니다!"

"네에? 강은혜 선교사님이라고요? 정말요? 정말, 강은혜 선교사님이세요?"

강은혜 선교사님은 우리 가정과 함께 중국에서 사역하던 중, 연로하신 부모님을 모시기 위해 먼저 영국으로 떠나셨다. 나보다 두 살 위였던 선교사님과는 성격과 취향이 매우 비슷하여 친자매처럼 의지하며 지냈었다. 우리가 귀국할 즈음 선교사님의 가정도 영국으로 떠났으니, 1년에 두어 번 서로의 생일과 크리스마스 때나 이메일로 소식을 전했을 뿐, 목소리를 듣는 것은 거의 10년 만이었다.

"마리아 선교사님, 지금 제가 어딘 줄 아세요? 제주예요. 제주!"

"네에? 제주라고요?"

그야말로 놀람의 연속이었다.

"네에! 귀국하고 가장 먼저 김 선교사님을 만나러 왔지요. 물론 현재는 팀이 함께이
기는 해요."

너무나도 반가웠다. 중국에서 함께했던 시간과 떨어져 지낸 시간까지 헤아
려 보니 자그마치 20년이 넘는 인연이다. 10년 전에도 이미 연로하셨던 부모
님께서는 모두 소천하셨을 것이고, 다시 사역을 위해 귀국했을 텐데 어떠한
계획을 가지고 있는지, 또 그동안 어찌 지냈는지 일순 모든 것이 궁금해지기
시작했다. 서둘러 전화를 끊고 묵고 계신다는 펜션으로 향했다. 평화로만 넘
으면 금세 닿는 서귀포가 이렇게까지 멀게 느껴진 건 정말이지 처음이었다.

'내 앞에 강 선교사님이 서 계시다니!'

우리는 만나자마자 서로를 끌어안았다. 그리고 그렇게 감싸 안은 채로 십여
분을 기도했다. 늘 기도 속에 함께했기에 세월의 틈 따위는 느껴지지 않았다.
그런데 놀랄 일은 여기에서 끝이 아니었다.

"마리아 선교사님, 혹시 입양한 아이의 영문 이름이 그레이스인가요?"

엄마가 엄마 찾아 줄게

"네, 선교사님. 어떻게 아셨어요?"

"어제 오후에 도착해서 짐을 풀고, 감사하게도 가까운 곳에 교회가 있어 팀과 함께 저녁 예배에 참석했어요. 마침 대예배 때 세례를 받은 분들이 나오셔서 간증을 하더라고요."

"네에⋯."

"그런데 간증을 하시는 분 가운데 '홍유주'라는 성도님이 계셨어요."

"강 선교사님, 방금 홍유주 성도라고 하셨어요?"

"네에. 홍유주. 놀랐죠?"

정말 깜짝 놀랐다. 강 선교사님이 유주 언니를 이야기하다니⋯. 제주대 원예학과 만학도 홍유주. 내가 큰아이와 같은 학번으로 제주대에 편입했을 때, 실은 오래 소원하던 학문을 시작한다는 설렘만큼이나 염려도 컸다. 그래서 잠시 대학원으로의 진학도 고민했었지만, 바라 온 것은 학위가 아니라 체계적이며 기초적인 학문이었기에 부단 용기를 낸 것이었다. 그런데 본과 강의 첫날, 운명처럼 유주 언니를 만났다. 화훼 원예학 총론 수업으로 기억한다.

"그런데 그분의 간증을 듣다 보니 '중국 선교사', '10년 전 제주 입도', '원예학', '입양' 등, 들을수록 마리아 선교사님을 이야기하는 것 같지 뭐예요. 참, 마지막에 그레이스에게 쓴 편지를 읽으며 많은 눈물을 흘리셨어요. 예배 후에 성도님과 대화를 해 보니 마리아 선교사님이 분명하더라고요. 그 자리에 선교사님과 그레이스도 초대하고 싶었지만 두 사람이 와 있으면 간증을 제대로 할 수 없을 것 같았대요."

여전히 꿈만 같았다. 지금 내가 마주하고 있는 분이 10년 전 중국에서 헤어진 강 선교사님이라는 것은 물론이거니와 지금 그분이 제주도에 와서 유주 언니의 이름을 말하고 있는 것. 더 크게 놀란 것은 유주 언니가 세례를 받았다는 사실이었다. 그동안의 기도가 응답되었다는 기쁨과 감사, 그리고 앞으로 언니와 더 깊은 삶의 나눔과 소통이 이어질 것이라는 기대로 가득 차올랐다. 아, 그런데 유주 언니는 왜 어젯밤 늦게라도 이 모든 이야기를 전하지 않은 것일까? 내가 알고 있는 언니라면, 선교사님 앞에서 당장이고 전화를 했을 텐데 말이다.

그러나 잠시 후 그 궁금증마저 모두 해소가 되었다. 강 선교사님이 펜션 주인분과 잠시 대화하기 위해 나간 사이, 누군가 펜션의 현관문을 두드렸고 창으로 비치는 실루엣은 다름 아닌 유주 언니였다.

"마리아, 많이 놀랬지?"
"언니?!"
"마리아, 어제 강은혜 선교사님을 교회에서 만났어. 예배를 마치고 나서는데 나를 기다렸다고 하시는 거야. 대화를 해 보니까 너하고 중국에서부터 알고 지내던 지인이셨어. 일행이 있어서 그분들과의 일정을 모두 마친 뒤에 너한테 연락을 해 보려고 하셨대. 그런데 교회에서 나를 먼저 만났지 뭐야! 오늘 마리아를 이곳으로 초대한다기에 내가 비밀로 하자고 했어. 무슨 세상이 이렇게나 좁냐! 호호호!"
"응, 그랬구나~ 그런데, 언니! 나한테 말도 안 하고 세례를 받은 거야? 나랑 그레이스를 초대했어야지! 그렇게나 소중한 날에…."

엄마가 엄마 찾아 줄게

"미안, 마리아…. 그런데 만약 그 자리에 너와 그레이스가 함께였다면, 아마 나는 입도 못 떼었을 거야. 읽기도 전에 눈물부터 터졌을 텐데 어떻게 감당했겠어."

사실 강 선교사님의 말 대로라면, 나와 그레이스가 참석하지 않았음에도 어제 언니가 흘린 눈물이 제주 앞 바다만큼은 되었다.

"마리아, 대신 간증문을 주려고 가지고 왔어. 집에 가서 그레이스에게도 읽어 줘. 이모의 마음이라고, 모두 그레이스 덕분이라고…."

다시 아시아 선교를 계획하며 팀과 함께 제주를 방문하신 강 선교사님, 그리고 사랑하는 유주 언니와 함께 중문 바닷가를 걸었다. 물론 그 순간에도 도무지 이 조합은 낯설었다. 모래 위에 찍히는 세 명의 발자욱을 보고, 또 그녀들의 웃음소리를 들으면서도 나는 여전히 꿈을 꾸는 듯했다.

그날 오후, 학교에서 돌아온 그레이스와 함께 유주 언니의 간증문을 읽었다. 우리가 처음 만났던 원예학과 강의실에서부터 시작하는 그 글은 그레이스에게 쓰는 편지로 마무리된다.

(… 중략 …)

사랑하는 그레이스. 이모가 자녀들로 염려하고 있던 어느 날엔가, 네가 내 곁으로 와서 이런 이야기를 했단다. 그때 우리는 한라수목원 숲길을 걷고 있었지.

"이모, 걱정하지 마세요. 그 대신 기도를 하세요. 하나님께서 이모의 마음을 위로해 주실 거예요. 나는 이모가 하나님을 믿었으면 좋겠어요. 그래서 사랑하는 이모가 더 이상 슬프지 않았으면 좋겠어요. 이모, 하나님을 믿으세요. 제가 항상 기도하고 있지만요."

그레이스, 긴 시간 동안 이모를 위해 기도해 줘서 고마워. 이모를 포기하지 않고 기다려 줘서 정말 고마워. 더 이상 그레이스가 염려하지 않도록 이제 이모도 하나님을 믿기로 했어. 그랬더니 정말 하나님께서 나의 마음을 위로해 주셨고, 이모는 더 이상 슬프지 않아. 이제 이모도 너처럼 기도할 수 있으니까! 그레이스, 이모가 구원을 받은 건 오롯이 주님의 은혜와 네 기도 덕분이야.

그레이스, 건강하게 자라 줘서 고마워. 엄마와 이모에게 너는 세상에서 가장 소중한 천사란 걸 잊지 마. 그레이스, 사랑해!

유주 이모가.

어쩌면 나와 그레이스가 그날 교회에 초대받지 않은 것은 다행이었다. 그레이스는 꾹꾹 눈물을 참으며 읽어 내려가다가 "이모는 더 이상 슬프지 않아"라는 대목부터는 눈물샘이 제대로 터져, 결국 간증문을 끌어안고 꺼이꺼이 울기 시작했다.

"엄마, 정말 하나님은 살아 계세요. 그죠?"

엄마가 엄마 찾아 줄게

"그럼, 그레이스…."

"엄마, 나도 엄마에게 참 고마워요."

그레이스가 갑자기 내게 고맙다고 고백하는 순간, 기어코 내게서도 눈물샘이 터지고야 말았다. 어떠한 의미에서 그렇게 이야기했는지 아이의 눈빛이 먼저 말하고 있었기에….

"잘 익은 감은 가을이라는 계절만으로 만들어지지 않는다"라는 말이 있다. 누군가는 씨앗과 나무를 심어야 하고, 또 누군가는 잊지 않고 물을 주어야 하며, 반드시 태양과 공기, 즉 하나님의 숨결을 필요로 하기 때문이다. 그런데 복음도 그러하다. 한 생명이 구원에 이르려면 누군가는 그 씨앗을 심어야 하고, 정성을 다해 돌봐야 하며, 하늘을 향한 기도와 도움이 절실하기 때문이다.

이제는 유주 언니를 통해 언니의 다섯 동생들과 부모님께도 복음이 흘러 들어가기를 기도한다.

🌷 내가 진실로 진실로 너희에게 이르노니 내 말을 듣고 또 나 보내신 이를 믿는 자는 영생을 얻었고 심판에 이르지 아니하나니 사망에서 생명으로 옮겼느니라 _요 5:24

그 청년

예배당에 들어서면 강대상을 중심으로 각 왼쪽과 오른쪽에 1층에서 2층으로 오르는 계단이 있다. 다소 외각인 그 어딘가에서 나는 주일 예배를 드린다. 찬양팀이 연습을 시작할 즈음 도착하여 예배 전까지 홀로 기도하는 시간을 사모하기 때문에 가장 조용한 자리를 택한 것이다. 성도들이 몰리고 예배 위원들이 바쁘게 오가는 중심보다 덜 어수선하고 안정적이다.

그런데, 그 외각의 자리를 나만큼이나 사모하는 한 청년이 있다. 지속적으로 윗입술과 아랫입술을 부딪히며 소리를 내거나 고개를 좌우로 흔들며 엉덩이를 들었다가 내리기를 수없이 반복하고, 항상 땀에 젖어 있는 다소 몸집이 큰 그 청년도 그즈음에 앉아 예배를 드린다. 예배 전 홀로 기도하는 가운데 청년이 나와 가까운 곳을 선택해 앉으면 청년의 같은 동작, 혹은 목적 없이 말을 반복하는 등의 '상동 행동(stereotyped behavior)'으로 인한 소리들이 들려온다.

엄마가 엄마 찾아 줄게

찬양팀의 연습이 끝나고서 곧 예배 전 찬양이 시작될 즈음이었다. 현재는 교회 리뉴얼 공사로 초등부인 그레이스도 함께 대예배에 참석하고 있다. 성도들이 가장 많이 예배당으로 들어서는 시간, 기도를 마치고 눈을 떠 보니 우리가 앉은 바로 앞줄에 청년이 앉아 있었다. 드디어 강대상을 중심으로 모든 자리가 채워지자, 이곳 외각에도 성도들이 하나둘 앉기 시작했고, 곧바로 예배 전 찬양이 시작되었다. 당분간은 어린이들과 함께 예배를 드려야 했기에 매우 신나는 빠른 템포의 찬양이었다. 그런데 아까부터 그 청년의 옆자리에 앉은 성도들이 다시 일어나 자리를 옮기는 일이 여러 차례 반복되고 있었다. 한두 번은 그러려니 했는데, 서너 번 이상 반복되자 내 마음도 편치 않았다. 사람들이 자리를 이동할 때마다 더 빠르게 고개를 흔들며 불안해하는 청년의 모습이 느껴졌기 때문이다.

순간 엄마만큼이나 이 상황을 심각하게 여기고 있던 그레이스와 눈이 마주쳤다. 우리는 누가 먼저랄 것도 없이 펼쳐 놓은 성경책과 가방을 챙겨 얼른 청년의 옆자리로 이동했다. 계속 자리를 떠나는 성도들로 인해 마음이 상하지는 않았을지 염려되었고, 늘 비슷한 위치에서 예배를 드리니 낯선 사람들보다는 내게 더 안정감을 느끼지 않을까 싶은 생각이 들었다. 자리를 이동하자마자 청년의 긴장과 불안이 고스란히 전해져 왔다. 계속 흘기듯 내 쪽을 쳐다보며 더 자주 엉덩이를 들썩였고, 이마에서부터 흘러 내려온 땀이 옷의 목둘레까지 적시고 있었다. 이윽고 예배가 시작되었지만, 청년의 상동 행동은 멈출 줄 몰랐다. 나는 가방에서 손수건을 꺼내 잠시 청년의 눈이 멈춰 서 있던 곳에 놓았다. 물론 손도 대지 않았다. 서로 인사를 나누며 축복의 찬양을 드리는 시간에도 고개를 푹 숙인 채 좌우에 앉은 이들에게 무심했고, 양손을 펼쳐 본인을 축복하는 주위 성도들에게도 아무런 반응을 하지 않았다.

감기를 오래 앓은 후 기침이 남아 있던 나는 성경책 옆에 작은 텀블러를 하나 올려 두었는데, 은혜 가운데 찬양을 드리며 손을 올리다가 그만 그것을 건드려 뚜껑이 바닥으로 떨어지고 말았다. 뚜껑은 떼구루루 굴러 정확히 청년의 발 앞에 멈춰 섰다. 하지만 예배를 마치고 주워도 무관했기에 나는 다시 예배에 집중하려 했고, 어느덧 말씀을 들으며 필기를 하고 있던 중이었다. 갑자기 청년이 머리와 몸을 둥글게 구부려 의자 아래로 손을 뻗더니, 떨어진 텀블러의 뚜껑을 주워 본인 앞 선반에 올려두었다. 그리곤 계속해서 그것만을 응시했다. 다시 말씀에 집중하고 있을 무렵이었다. 청년은 그 뚜껑을 아주 조금씩,

엄마가 엄마 찾아 줄게

그러니까 최대한 내가 눈치채지 못하도록 한 1cm 정도씩을 손가락으로 밀며 내 쪽을 향해 이동시키고 있었다. 나는 그때 처음, 나보다 몸집이 두 배나 큰 그 청년이 귀엽게 느껴졌다. 텀블러의 뚜껑이 내 앞에 도착하기까지, 나는 그의 철저한 계획과 바람대로 모르는 체했다.

예배가 끝나고, 살며시 텀블러의 뚜껑을 닫으며 청년에게 인사했다.

"텀블러 뚜껑을 주워 줘서 고맙습니다. 우리 다음 주에 또 만나요!"

청년은 옆으로 돌아보지도 않고 여전히 고개를 좌우로 흔들면서 엉덩이를 올렸다가 내리기만을 반복하고 있었지만, 나는 보았다. 그의 눈동자만은 전혀 흔들림 없이 나를 향하고 있었다는 것을….

그레이스는 친구를 만나자 먼저 그 자리를 떠났고, 나도 자리에서 일어나 막 복도를 향해 발을 내딛으려던 차였다. 뒤에서 누군가 내 옷자락을 붙잡았다. '어? 내 뒤라면 청년 한 사람뿐인데….' 나는 반갑게 뒤를 돌았다. 땀으로 흠뻑 젖은 그의 얼굴과 젖어 든 셔츠를 보니 안타까움이 더해졌다. 청년은 나와 눈이 마주치자 급히 고개를 숙이며, 내가 잠시 잊고 있었던 나의 손수건을 내밀었다.

"사용해도 돼요. 사용하고 다음 주에 돌려줄래요?"

청년은 잠시 머뭇거리더니 그 자리에 손수건을 두고서 나와 반대 방향으로 몸을 돌려 빠른 걸음으로 예배당을 떠났다.

집으로 가는 차 안이었다.

"엄마, 보셨어요? 사실 아까 예배 중에 우리 뒷줄에 앉아 있던 사람들도 우리 줄을 피해 자리를 이동했어요. 아마도 그 오빠의 땀 냄새 때문에…"

"응. 엄마도 느꼈어. 그런데, 그레이스. 그레이스는 왜 엄마와 함께 그 청년이 있는 곳으로 더 가까이 가서 앉았어? 싫다고 해도 됐는데 말이야."

"사람들이 계속 떠날 때마다 그 오빠가 너무 슬플 것 같았어요. 엄마, 친구들이 전부 나와 짝꿍이 되기 싫다고 하면 얼마나 슬프겠어요. 내 옆에 앉았다가 금세 떠나 버리고, 또 내 주위에서 멀어지려고 한다면요. 아빠가 그러셨어요. 길을 지나치다 만나는 사람들에게도 친절을 베풀어야 한다고요. 어떤 사람들은 나그네를 대접하다가 자기도 모르게 천사들을 대접했대요. 어쩌면 그 오빠가 우리의 예배로 찾아온 천사일지도 몰라요. 그죠, 엄마?"

"응. 그레이스…. 그럴지도 몰라…."

우리는 집으로 와서 하나님이 기뻐하시는 제사에 대해 나누며 함께 히브리서 말씀을 묵상했다. 그리고 인도에 계신 아빠와 영상 통화를 하며 오늘의 일을 나누었다. 아빠는 그 청년과 또 그와 같은 아픔을 가진 이들을 위해 기도해 주셨다.

엄마가 엄마 찾아 줄게

오늘 그레이스는 예배 가운데 하나님께서 우리에게 보내신 천사를 보았다.

🌑 형제 사랑하기를 계속하고 손님 대접하기를 잊지 말라 이로써 부지중에
천사들을 대접한 이들이 있었느니라 너희도 함께 갇힌 것같이 갇힌 자를
생각하고 너희도 몸을 가졌은즉 학대받는 자를 생각하라 _히 13:1-3

은목서 나무

　내가 마흔을 넘어서 이미 전공을 마친 의학이 아닌, 전혀 새로운 학문인 원예학을 수학하고자 했던 가장 큰 이유는 '화색(花色)'을 연구하고 싶었기 때문이다. 그러나 당시 제주대학교 원예학과 내에는 내게 가장 호기심을 불러오는 색소의 생합성과 유전, 혹은 분자 생물을 이용한 유전자 조작 기술과 형질 전환 등에 관한 연구를 협조해 줄 실험실이 없었다. 색소의 다양성과 최근의 동향을 이해하기 위해서는 반드시 분자생물학으로의 접근이 밑받침되어야 했지만, 학과 내에서 제공받을 수 있는 자연과학 관련 범위로는 어려움이 따랐다. 나는 하는 수 없이 화색 다음으로 관심을 두었던 '차나무'를 연구하기로 마음먹었다. 마침 학과 내에는 '녹차학'이라는 과목이 개설되어 있었고, 당연히 교내 하우스에 다종의 차나무를 보유하고 있었다. 뿐만 아니라 생명자원과학대 뒤뜰에는 너른 녹차밭까지 조성되어 있어서 차나무를 실험하기에 최적의 연

　　　　　　　　　　　　　　　　　　　　엄마가 엄마 찾아 줄게

구 환경을 갖춘 셈이었다.

 그날도 새벽녘에 하우스에 도착하여 차나무에 호르몬 처리를 한 후, 오전 첫 강의인 '시설원예학'을 듣기 위해 강의동으로 이동 중이었다. 어디선가 가을바람을 타고 잘 익은 자두와 살구의 달콤함, 그리고 짙은 오렌지꽃 향내가 고루 섞여 실려 왔다. '귤꽃은 이미 5월에 모두 피고 졌으며, 이미 단단한 초록 구슬까지 매달고 있는데 대체 무슨 향일까?' 나는 이끌리듯 향내를 따라 걸었다. 강의동을 끼고 돌자마자 저만치 마주한 곳에 아름드리 커다란 금목서 나무 한 그루가 나타났다. 매끈한 잎사귀 사이사이마다 주황에 가까운 등화색의 작은 꽃들을 가득 매달고 보란 듯이 서 있었다. 겨우 한 걸음씩 가까워지고 있을 뿐인데도 좁혀지는 거리만큼 꽃 향은 더욱 강렬해져만 갔다. 그 앞에 서기도 전에 숨이 멎을 지경이었달까? 은목서 나무의 달큰하고 단아한 향과는 사뭇 달랐다. 나는 한참을 나무 아래 서 있었다. 그러다 어느 순간, 직박구리 한 마리가 퍼드덕 날아가는 소리에 놀라 정신을 차리고 시계를 보았는데, 역시나 강의가 시작되었을 시간이었다.

서둘러 돌아서려던 차였다. 커다란 금목서 나무 옆으로 이번에는 '작은 은목서 나무' 한 그루가 눈에 띄었다. 흙의 상태를 보니 심긴 지 얼마 되지 않은 어린나무인 듯했다. 그런데 누가 심어 놓은 걸까? 어찌 심어 놓고 관심조차 주지 않은 것일까? 안타깝게도 그 어린나무의 몸통 전체가 여러 덩굴 식물의 줄기로 마구 휘감겨 있었다. 마음 같아서는 당장이라도 가위를 가져다가 숨통을 트이게 해 주고 싶었지만, 강의가 우선이었기에 발길을 돌려야만 했다. 나는 살며시 문을 열고 최대한 허리를 숙이고 들어가 맨 뒷자리에 앉았다. 그러자 교수님께서 다가와 강의 내용이 요약된 프린트물을 건네시며 물으셨다.

"마리아 씨, 오늘 새벽에 차나무 하우스 앞을 지나며 봤어요. 지금까지 그곳에 있다가 온 건가요?"

"아니에요, 교수님…. 강의 시간에 맞추어 나왔는데, 이리로 오는 길에 저도 모르게 꽃향기를 따라갔다가… 죄송합니다."

"아, 그 금목서 나무 말이군요."

"네에…."

"혹시, 그 금목서 나무 옆에 심어진, 작은 은목서 나무도 봤나요?"

"네에. 교수님도 알고 계셨어요?"

엄마가 엄마 찾아 줄게

"그 나무… 제가 심어 놓은 거예요."

"네에?"

강의가 끝나고 학생들은 우르르 자리를 떠났다. 마침 다음 시간이 공강이었던 나는 교수님과 대화를 이어 갔다.

"사실, 그 은목서는 지난달에 돌아가신 제 어머니가 마당에서 키우시던 나무예요. 새로운 집주인이 이사를 들어온다길래 그 나무만 뽑아 왔지요. 그 향을 맡으면 어머니 생각이 나서요. 그런데 내가 아파트에 살다 보니 교정에 심을 수밖에 없었어요."

"네…. 은목서 나무는 지금이 한참 꽃망울을 맺고 잎사귀에 윤기가 돌아야 할 시기인데, 온통 덩굴 식물 줄기로 휘감아져 있고 흙도 바싹 말라 있어요. 오늘은 제가 정리를 해 두고 가겠습니다. 그런데요, 교수님. 사랑을 더 주셔야 할 것 같아요. 옮겨 온 땅에 적응을 할 때까지만이라도요…."

나는 그날 오후, 그 어린나무를 괴롭히던 덩굴 식물 줄기를 모두 잘라 내고, 나무 주위로 자란 잡초들을 모두 뽑아 주었다. 그리고 다음 날, 또 그다음 날 새벽에도 하우스와 실험실을 오가며 틈틈이 직접 만든 퇴비와 주변의 흙들을 한데 섞어 뿌려 주고, 흙이 마르지 않도록 물도 듬뿍 주었다. 하지만 화려했던 금목서 나무의 꽃이 모두 흩어지고 향기마저 사라져 갈 무렵, 안타깝게도 그 작은 나무 역시 점점 활기를 잃어 갔다.

그렇게 가을이 샛노랗게 익어 가던 어느 주말 오후, 그레이스와 함께 오일장에 들렀다가 집으로 가는 길이었다. 우리는 차 안에서 어린이 동화 뮤지컬 〈신데렐라〉를 들었다.

"엄마, 만약에 신데렐라 아빠가 신데렐라를 좋은 가정에 입양 보냈다면 어땠을까요?"

나는 갑작스러운 질문에 조금 당황했으나, 그레이스는 힘차게 말을 이어 갔다.

"저와 같이 입양을 보냈다면, 그래서 이렇게 친절한 아빠와 엄마, 언니와 오빠들을 만났다면 분명 행복했을 거예요!"

착한 마음의 신데렐라가 새어머니와 언니들에게 구박받는 모습이 안타까 웠던 모양이다.
나는 그레이스와 신데렐라 이야기를 나누던 중, 문득 그간 잊고 지냈던 '작은 은목서 나무'가 떠올랐다.

'그래! 그레이스의 말대로 지금보다 좋은 환경으로 옮겨지면, 더 잘 자랄 수 있지 않을까?'
'가까이에서 사랑을 듬뿍 받으면 분명 다시 활기를 찾게 될 거야!'

엄마가 엄마 찾아 줄게

우리는 방향을 바꾸어 학교로 향했다. 주말이었지만 교수님과 실험실 학생들이 함께 나와 하우스들을 수리하고 있었다. 나와 그레이스는 숨가쁘게 뛰어가 큰 소리로 교수님을 불렀다.

"교수님! 드릴 말씀이 있어서 왔어요!"

교수님은 무슨 큰일이라도 난 듯 숨을 몰아 내쉬던 우리를 보시고는 급히 사다리에서 내려오셨다.

"교수님, 아무래도 제 생각에는 저 은목서 나무가 옮겨 심는 과정에서 뿌리를 다쳤거나, 저곳의 환경과 맞지 않는 것 같아요…."

그러자, 곁에 있던 그레이스도 거들었다.

"네에, 교수님! 신데렐라처럼요."
"꼬마야, 방금 신데렐라라고 했니?"
"네! 저 나무를 빨리 입양 보내셔야 해요."
"입양이라고?"
"네. 힘이 센 새어머니와 언니들이 그랬던 것처럼, 저 큰 금목서 나무에게 영양을 모두 빼앗겨 힘들어하고 있는 건지도 모르니까요!"

그레이스는 우리가 차에서 나누었던 이야기 그대로를 교수님께 전하고 있었다. 물론 그때까지만 해도 교수님은 저들 모녀가 대체 무슨 이야기를 늘어놓고 있는 건지 도무지 알 수 없다는 표정이셨다. 나는 대화를 이어 갔다.

"교수님, 만약에 뿌리의 상처가 원인이 아니라면, 정말 금목서 나무에게 영양을 모두 빼앗겨 활기를 잃었을 거예요. 그렇다면 제게 좋은 방법이 있어요."

"좋은 방법이요? 마리아 씨에게 다시 회복시킬 방법이 있나요?"

"네. 자라는 땅을 바꾸어 주는 거예요. 그레이스의 말대로 저희 집 정원으로 옮겨 가서 제가 정성껏 돌보는 건 어떨까요? 비록 교수님 곁에서는 멀어지지만, 그래도 살릴 수 있다면 최선을 다해 봐야 하니까요. 아직 희망이 있어요. 마침 저희 집 뒷정원에 20년 가까이 된 은목서 나무 한 그루가 있는데, 얼마나 건강하고 아름다운지 몰라요. 토양은 문제없어요."

"정말, 저 대신 그렇게 건강하고 멋지게 키워 주겠어요? 저는 꼭 살리고 싶어요."

교수님은 대화를 마치자마자 실험실로 바삐 가셨다. 그리고 서너 명의 학생들과 함께 다시 삽을 들고 나타나셨다. 학생들은 나무를 조심히 뽑아 학교에서 사용하는 트럭에 실은 뒤 집까지 동행했다. 우리는 교수님과 힘을 합쳐 그 작고 어린나무를 앞정원에 심었다. 따뜻한 보이차를 나눈 뒤 모두가 돌아가고 그레이스와 뒷정리를 하고 있을 때였다. 대문 밖으로 인기척이 들려서 내다보니 교수님이 가시던 길에서 되돌아오셨다. 의아했던 나는 멍하니 교수님만 바라보았다. 교수님은 가만히 나무 앞으로 다가가 그것의 몸통을 여러 번 쓰다

엄마가 엄마 찾아 줄게

듬으셨다. 그리고 눈물을 훔치셨다.

"잘 자라야 한다! 내가 자주 보러 올게…. 어머니 죄송합니다. 이곳에서 잘살 겁니다."

인사를 놓치셨던 모양이다.

우리 집 정원에 심어진 지 햇수로 6년째가 되는 그 '작은 은목서 나무'는 지금 어떻게 되었을까?

아름드리 큰 나무가 되었다. 양옆에 심어진 아왜나무와 동백나무만큼이나 건강할뿐더러, 매해 가을이면 밤하늘에 들어찬 별처럼 수십만 개의 꽃을 매달고 찬란하게 반짝인다. 물론 향기는 말할 것도 없다.

살아 있는 모든 생명체는 어느 땅에 심어졌는지가 가장 중요하다. 10년 전 우리 가족에게 '아주심기' 되었던 그레이스처럼, 이 은목서 나무도 해가 갈수록 더욱 풍성한 꽃을 피우리라 믿는다. 올해도 은목서 나무에 꽃망울이 가득 맺혔다. 곧 교수님께서 어머니의 향내를 따라 방문할 것이다. 한 해도 거른 적이 없으셨다.

🌷 좋은 땅에 있다는 것은 착하고 좋은 마음으로 말씀을 듣고 지키어 인내로 결실하는 자니라 _눅 8:15

새로운 땅, 인도

　자비량 선교사인 남편은 중국에서 대학 교수이자 사업가였다. 그 땅에서
10여 년을 그렇게 살았다. 우리 가족은 큰 대형 교회에서 외국인 예배를 섬겼
는데, 사실 교수로서의 자리와 안정된 교회를 섬겨 온 것은 선교를 위한 위장
된 모양에 불과했다. 동시에 다른 선교사님들과 함께 중국인들을 위한 가정
교회를 세워 예배하고 있었고, 중국 남부에도 사업장을 세워 보육원과 장애인
소학교를 섬겨 왔기 때문이다. 남편은 주말이면 빠짐없이 비행기를 타고 그곳
으로 향했다. 그리고 소속된 대학의 방학 기간에는 가족들도 함께 남부에 머
물며 소외되고 가난한 이들을 도왔다.

　신학 공부를 위해 미국으로의 유학을 준비하며 중국을 떠나 귀국했던 때
가 2013년 겨울이었다. 그러나 영사관에서는 다자녀라는 이유만으로 순수 유
학이 아닌, 이민이 목적이라 판단하고서 가족의 입국을 불허했다. 어느새 제

　　　　　　　　　　　　　　　엄마가 엄마 찾아 줄게

주에 안착한 지 10년이 되었다. 남편은 내가 제주대학교에 편입하여 2년 동안 원예학을 전공했던 시간을 제외하고는 대부분 사업장과 선교지가 있는 중국에서 생활했다. 교수직은 내려놓았으나 사업장은 여전히 그 땅에서 제 역할을 감당하고 있었기 때문이다.

2019년 코로나19로 인해 중국으로의 입·출국이 본격적으로 제한되면서부터 남편은 기도하기 시작했다. 하나님께서 선교의 지경을 중국에서 인도로 넓혀 가라는 마음을 주셨기 때문이었다. 마침 그즈음 중국의 기독교인이 2030년이면 2억 4,000명에 달하여 전 세계에서 기독교 인구가 가장 많은 국가가 될 것이라는 주장이 제기되었다. 거기에 정부가 공인한 삼자(三自)교회에 등록된 교인 수만 해도 현재 2,800만 명이 넘어섰고, 공인받지 못한 가정 교회의 교인까지 합치면 총 기독교인 수가 1억 명이 넘을 것이라고 우리 역시 확신했다.

현재 인구의 7%(1억 명)가 기독교인이라면, 이는 충분히 자국 선교가 가능한 시점이기도 하다.

코로나 기간에 남편은 중국 정부가 허락한 숙소에 자그마치 3주를 격리하면서 중국을 오갔다. 그리고 오랜 시간 훈련시켜 왔던 두 중국인 형제의 가정을 각각 북경과 운남성에 세워 그 지역의 사업과 선교를 운영해 갈 수 있도록 정비했다. 그 후 남편은 본격적으로 제주와 인도를 오가며 기도했고, 마침내 2023년 1월 큰아들과 함께 가정의 새로운 선교지가 될 델리(Delhi)로 출국했다. 중국에서 한국(제주)으로 귀국한 지 정확히 10년이 되는 시점이었다.

자연이 인간의 내면에 미치는 영향을 누구보다 깊이 탐구했던 시인 워즈워스(William Wordsworth, 1770-1850)는 시의 본질이란, "고요 속에 돌아본 감정"이라고 했다. 어느 곳에 시선을 두어도 초록이 푸르른 제주의 특성답게, 우리 집 정원도 시인의 도브 코티지(Dove Cottage) 정원처럼 안전한 울타리 안에 있는 동시에 그 너머의 풍경과도 연결되어 안정적이며 평온하다. 워즈워스는 그곳에 사는 동안 〈수선화〉, 〈서곡〉 등 뛰어난 시를 많이 썼고, 정원을 걸으며 소리 내어 시 읊는 습관을 키웠다. 전망이 있으면서 보호도 제공하는 울타리 정원의 힘이었으리라. 나는 그의 삶이 반가웠다. 나 역시 이 제주 정원의 고요 속에서 책을 읽고 글을 쓰며 우리 그레이스를 양육했기 때문이다. 뜻깊게도 나의 첫 번째 책 《너의 심장 소리》도 이곳 정원에서 태어났다.

그러나 남편이 인도 땅을 위해 기도를 시작할 무렵, 우리는 제주의 집을 중개소에 내놓았다. 중개소와 미팅을 마친 날 저녁, 남편과 나는 10년 동안 손수 가꾸어 온 정원을 걸으며 많은 눈물을 흘렸다. 감사의 눈물이었다. 그레이스가 매일같이 뛰어다녔던 초록 잔디와 아기를 맞이하며 심었던 블루베리나무도 새롭게 다가왔다. 엄마가 꽃을 심으면 그 곁에 앉아 쪼르륵 꽃들에게 물을 주던 그레이스의 물조리개와 모래놀이 장난감들도 여전히 제 자리를 지키고 있었다. 이렇듯 제주에서의 10년은 꼬박 그레이스의 육체와 정서를 돌보고 치료하는 시간이었다.

여러 사람들이 물어왔다. 10년 동안 가꾸어 온 정원을 두고 어떻게 떠나느냐고. 하지만 나의 대답은 간단했다. 루미의 시로 충분히 대신할 수 있었다.

봄의 정원으로 오라.
이곳에 꽃과 술과 촛불이 있으니
만일 당신이 오지 않는다면
이것들이 무슨 의미가 있는가.
그리고 만일 당신이 온다면
이것들이 또한 무슨 의미가 있는가.

가족은 하나님께서 아픈 그레이스를 양육하라고 허락하신 제주에서 충분히 아름답고 의미 있는 10년을 누렸다. 주님의 은혜로 아이가 모두 회복되었으니, 이제 이 땅에서 더 바랄 것은 없다. 다시 순례자의 자세로 돌아갈 뿐이다. 아름다운 봄의 정원에 꽃과 술과 촛불이 있을지라도 선교사의 가정으로서 더 이상 지체할 이유가 없다면, 이 모든 것이 무슨 의미가 있겠는가. 물론 내게도 몽테뉴처럼, 정원에서 죽음을 맞이하면 좋겠다는 소망이 있다. "양배추를 심다가 죽음을 맞이하면 좋겠다. 죽음은 생각하지 않고, 마무리 짓지 못한 정원을 더 생각하면서." 생의 마지막을 어디에서 보낼지 알 수 없으나, 나는 그곳에서도 기꺼이 황무지를 개간하여 씨앗을 뿌리면서 가능성의 서사를 심고 싶다. 버려진 땅을 아름다운 곳으로 만드는 일은 어떤 면에서 복음을 전하는 일과 닮아 있다. 복음 역시 황폐한 영혼에게 씨앗을 심어 구원을 꽃피우도록 돕는 일이니….

남편이 가장 좋아하는 시가 있다. 롱펠로나 휘트먼과 더불어 미국 사람들로부터 가장 존경받는 시인, 로버트 프로스트(Robert Lee Frost, 1874-1963)의 〈눈 내리는 저녁 숲가에 멈춰 서서〉라는 시다.

> 이곳이 누구의 숲인지 알 것 같다.
> 그의 집은 마을에 있어
> 눈 덮인 그의 숲을 보느라
> 내가 여기 멈춰 서 있는 것을 그는 모르리라.
>
> 내 작은 말은 이상하게 생각하리라.
> 일 년 중 가장 어두운 저녁

엄마가 엄마 찾아 줄게

숲과 얼어붙은 호수 사이
농가 하나 없는 곳에 이렇게 멈춰 서 있는 것을.

내 말은 방울을 흔들어 본다.
무슨 잘못이라도 있느냐는 듯
방울 소리 외에는 스쳐 가는 바람 소리와
솜처럼 내리는 눈의 사각거리는 소리뿐.

숲은 어둡고 깊고 아름답다.
그러나 내게는 지켜야 할 약속이 있다.
잠들기 전에 가야 할 먼 길이 있다.
잠들기 전에 가야 할 먼 길이 있다.

　　주어진 사명을 잊지 않고 묵묵히 자신의 길을 가야 한다는 의미를 담고 있다. 누구나 살아가다 보면 주위의 아름다움에 심취하고, 사람에게 집착하고, 가진 것이 많고 무거워 발 디딘 곳에 평생 머물고 싶을 때가 있다. 선교사에게는 그때가 가장 위험하다. 감사하게도 시인은 지켜야 할 약속이 있음을 깨닫고 계속해서 앞으로 나아가야 한다고 노래한다. 단체나 교회에서 파송한 선교사가 아닌, 자비량 선교사인 남편에게 이 시는 더욱 특별했으리라. 스스로에게 책임감을 부여하고 오직 믿음으로 걸어가야 하는 삶이기에….

언젠가 남편이 내게 이런 말을 한 적이 있다. 깊은 동면에 들었거나 죽은 나무들은 결코 외롭지 않다고. 쓰러진 나무를 터로 삼아 그 속에는 무척추동물과 곰팡이들이 또다시 바글거리며 행복하게 살아가니까, 죽어서도 내어 줄 수 있는 아름다운 삶을 살자고. 우리의 흰머리가 영광의 면류관이 될 수 있도록….

🌷 내가 복음을 전할지라도 자랑할 것이 없음은 내가 부득불 할 일임이라 만일 복음을 전하지 아니하면 내게 화가 있을 것이로다 내가 내 자의로 이것을 행하면 상을 얻으려니와 내가 자의로 아니한다 할지라도 나는 사명을 받았노라 _고전 9:16-17

엄마가 엄마 찾아 줄게

크리스마스 카드를 장식할 아그배나무 열매 말리기

그녀, 윤정희

그녀는 생의 가장 푸르고 아름다운 시절, 음성 꽃동네에서 봉사활동을 하며 오래도록 장애인들과 함께 살고 싶다는 소망을 품었다. 평생 가난한 이들을 위해 섬김을 쉬지 않으셨던 어머니의 영향이었다. 이후 그녀는 요양원에서 장애 아동들의 엄마로 살며 장애인 그룹홈(group home)을 꿈꿨다. 그 당시 소개로 만난 김상훈 목사는 독신으로 살며 평생 장애인들과 함께하기를 원했던 그녀에게 처음으로 혼란을 가져다준 사람이었다. 소개 후 그가 수시로 요양원을 방문하던 어느 날부터인가 아이들이 그를 '아빠'라고 부르기 시작했기 때문이다. 당시 김상훈 목사는 억대 연봉을 받는 토목 기사였다. 그들은 결혼을 했다. 그러나 결혼한 지 5개월 즈음부터 한 달이나 계속되는 하혈이 유산인 줄도 모른 채 첫 아이를 잃었고, 그 후에도 세 번이나 같은 이별과 아픔을 겪어야 했다. 그렇게 고통 가운데 자녀를 위한 기도하던 중, 하나님께서 '부모로부터 버

엄마가 엄마 찾아 줄게

열한 자녀의 어머니, 윤정희 사모 이야기

려진 이 땅의 수많은 아이들이 울고 있음'을 깨닫게 하셨다. 부부는 입양을 결심했다.

먼저는 첫째 하은이와 둘째 하선이를 입양했다. 그들은 친자매였다. 두 딸을 만났던 늘사랑아기집이라는 기관은 그녀가 어린 시절에 어머니와 함께 봉사활동을 다니던 곳이기도 하다. 당시 네 살배기였던 하은이는 수술이 필요했던 '간헐성 외사시'라는 진단을 받은 상태였고, 생후 18개월의 하선이는 '선천성 폐질환'으로 긴급히 병원 생활이 필요한 아이였다. 하지만 그들 부부에게 아이들의 질병 따위는 중요하지 않았다. 병원의 예상대로 성장 과정 속에서 하선이의 폐 두 개 중 하나는 새까맣게 변했고, 나머지 한쪽도 반 이상 제기능을 하지 못하는 상태에 이르게 되었다. 일곱 살, 당시 병원에서는 아이를 포기하라고 했다. 그러나 하선이가 사경을 헤매던 그때, 마흔셋이었던 그녀의 남편은 모든 사업을 내려놓고 목회자가 되겠다고 서원을 했다. 그렇게 해서라도, 가진 것을 다 내려놓고서라도 이 자녀를 살리고자 하는 간절한 아비의 심정을 하나님께 보이고 싶었기 때문이었다.

그 후 기적처럼 하선이에게 회복이라는 역사가 일어날 무렵, 셋째 하민이를 입양했다. 구순구개열을 가지고 태어나 이미 두 번의 수술을 마치고 언어장애 2급이라는 판정을 받은 아이였다. 당시 장애 아동을 입양하면 만 18세까지 매달 오십만 원이 넘는 양육 수당을 지원받을 수 있었으나, 기도 가운데 "지극히 정상아를 보냈다"라는 응답이 있었기에, 부부는 양육 수당을 신청하지 않았다. 이후 하민이는 차츰 말하기 시작했고, 스스로 제 의사 표현을 할 수 있는 상태까지 이르게 되었다. (사실 열한 자녀 가운데, 하민이를 포함한 다섯 명의 자녀로 장애 아동 양육 수당을 신청할 수 있었으나, 부부는 모두 하지 않았다.)

그다음 넷째 사랑이는 보조 신발을 신고 온 아이였다. (셋째 요한이가 있지만 나이순이 아닌, 입양순으로 소개하려 한다.) 안짱다리로 태어나 발목이 부러질 듯 가늘었던 사랑이는 12개월 전에 큰 수술을 두 번이나 받았던 아이였다. 그러나 놀랍게도 현재 사랑이는 쇼트트랙 선수를 거쳐 사격 선수로서 활약하고 있다.

셋째 요한이는 베트남 부모님에게서 태어난 아이였다. 입양 당시 심각한 발달 장애와 지적 장애를 안고 가정으로 왔다. 제 학년으로는 학교생활을 할 수 없어 한 살 아래인 사랑이, 햇살이와 함께 학년을 낮추어 보냈다. 늘 홀로 책상 아래에서 간식을 먹으며 책을 읽고, 자기만의 세계에서 혼잣말하기를 좋아했던 요한이. 물리치료와 놀이치료, 미술심리치료, 언어치료를 병행해야 했으며, 틱 장애와 아토피 피부염 등으로 여러 힘든 시절을 보냈던 아이다. 그러나

엄마가 엄마 찾아 줄게

부부는 요한이와 가족이 된 그해 겨울, 발육이 늦어 밤마다 오줌을 싸는 아이인 햇살이까지 입양했다. 부부에게는 마치 크리스마스의 선물과도 같았다.

그렇게 딸 셋, 아들 셋을 둔 가정이 되었으나 둘째 하선이와 그녀의 마음은 아직 채워지지 않았다고 한다. 하선이의 마음이 엄마와의 대화에서 고스란히 느껴진다.

"엄마, 입양이라는 단어가 없어질 때까지 엄마가 동생들을 다 입양해."

"엄마는 자신 없는데…."

"아니, 엄마라면 할 수 있어. 엄마는 죽어가는 나도 살려 줬잖아."

"하선아, 그건 하나님께서 하신 거야."

"하나님께서 지금까지 엄마의 기도를 들어주셨으니, 이번에도 도와주실 거야. 엄마라면 할 수 있어."

그 후 다니엘, 한결, 그리고 하나, 행복이, 마지막으로 윤이가 가족이 되었다. 입양을 가지 못한 아이들은 스무 살이 되어 보육원에서 퇴소할 시, 거리로 혼자 나온다. 직장을 찾고 결혼이라는 큰일 앞에서도 부모와 형제 없이 혼자일 수밖에 없다. 부부는 단 한 명의 아이라도 그가 서류를 작성할 때, 당당하게 부모의 이름을 써넣을 수 있도록 해 주고 싶었다. 바로 그 마음이 열한 명의 자녀를 품도록 한 것은 아니었을까.

그러던 어느 날 그녀가 과로로 쓰러지는 일이 발생했다. 육체적 정서적으로 아픈 아이들과 병원 생활을 하는 것만으로도 힘에 부쳤을 텐데, 동시에 장애 아이며 입양아라는 사실로 여러 사건과 사고가 끊이지 않았기 때문이었다. 왕따를 당하는 아이, 친구의 핸드폰을 몰래 가지고 온 아이, 수업 시간에 학교 밖으로 뛰쳐나온 아이…. 그 외의 여러 일들로 담임 선생님 앞에 무릎을 꿇고 용서를 구하던 엄마는 더 이상 버텨 낼 여력이 없었다. 어찌 견디겠는가. 당시 아이들의 이야기가 마음을 아프게 한다.

"아빠, 엄마는 안 아픈 줄 알았어. 우리 엄마는 슈퍼 울트라맨인 줄 알았어…."
"아빠, 난 엄마가 쓰러질 때, 우리가 다시 보육원에 가야 하는 건 아닌지 너무 걱정이 돼서 막 울었어. 지금도 눈물이 나…."

여러 자녀 가운데, 다섯 살에 입양되었다가 일곱 살에 다시 파양이라는 과정을 경험해야 했던 한결이의 불안은 다른 형제들과 달랐을 것이다.

현재 김상훈 목사님은 강릉에 있는 아산병원 원목으로 근무하고 계신다. 대전에서 교회를 개척한 후 자비량으로 빈민 아동 무료 공부방을 운영하며 가진 것이 하나도 없었을 때, 하나님께서 허락하신 자리이다. (건축해서 모은 모든 돈은 사업의 과정에서 로비 등으로 들어오고 나간 것들이기에 남김없이 사회에 환원했다.) 사모님의 뒤를 이어 얼굴도 모르는 대한민국의 한 가장에게 신장을 기증하면서부터 아픈 이들을 위해 기도하는 목회자가 되고 싶다는 마음이 들기 시작했고, 그즈음 강릉중앙감리교회의 감독님께서 강릉 아산병원의 원목으로 불러주셨다. 또한 강릉중앙감리교회 소속 목사로 이름을 올리며, 집이 없음을 아시고서 교회 내의 사택도 조건 없이 내주셨다. 부부는 외부 후원금 한 푼 받지 않고 도리어 가난 속에서도 베풀며 살아온 가족에 대한 하나님의 선물이라고 생각한다.

강릉에서 살면서 아이들의 건강에 많은 차도가 보이기 시작했다. 처음부터 심한 장애를 가지고 태어난 아이들은 어쩔 수 없다지만, 어떤 아이들은 가족의 노력과 좋은 환경으로 인해 충분히 치유될 수 있음을 깨닫게 되었다. 부부는 그동안 집필한 네 권의 책인 《사랑은 여전히 사랑이어서》, 《하나님 땡큐》, 《하나님 알러뷰》, 《길 위의 학교》 등의 인세를 모두 목회자 가정 자녀들의 등록금 및 장애 아동을 위한 어린이 병원 건립을 목적으로 한 '만 원의 기적' 캠페인, CGNTV, 또한 입양 청소년들의 자립을 돕는 데 전액 기부하고 있다. 순환하여 더불어 살아가는 것을 기뻐하시는 하나님이심을 잘 알기 때문이다. 그리고 봉사와 나눔은 가진 자들만 하는 것이 아니라, 모두에게 일상이 되어야 한다는 것을 전하고 싶었다.

하은이와 하선이는 고등학교 졸업장이 없는 검정고시생이다. 그럼에도 불구하고 첫째 하은이는 캐나다에서 유아교육을 공부한 후 유치원 교사가 되었고, 현재는 아프리카 자비량 선교사가 되기 위해 준비 중이다. 그리고 병원에서조차 포기했던 둘째 하선이는 보란 듯이 간호사가 되었다. 셋째 하민이는 신학과 4학년에 재학 중이며, 넷째 요한이와 여섯째 햇살이는 군입대 중이고, 다섯째 사랑이는 사격 선수, 일곱째 다니엘은 물리치료사, 여덟째 한결이는 고3, 아홉째 윤이는 고2, 열 번째 하나는 중1, 마지막으로 막내 행복이는 초등학교 5학년에 재학 중이다.

사모님은 목사님이 안수를 받으실 때, 하나님께 약속을 하나 하셨다고 한다. 그것은 바로 통장의 잔고를 다음 달로 이월시키지 않겠다는 다짐이었다. 다음 달로 잔고를 넘길 만큼 넉넉하지도 않았지만, 조금이라도 잔고가 남으면 어려운 이웃을 돕는 데 전액 사용하기로 한 것이다. 그뿐 아니라 가족과 함께 꼭 실천하려 애쓰는 세 가지의 바람이자 약속이 있다고 했다. 첫째, 우리가 살고 있는 주변에 굶어서 돌아가시는 독거 어르신들이 생기지 않기를 바란다. 둘째, 우리가 살고 있는 주변에 형편이 어려워 공부를 못하는 목회자 가정의 자녀가 없기를 바란다. 셋째, 우리가 살고 있는 아산병원에 병원비가 없어서 치료를 받지 못하는 환우가 생기지 않기를 바란다.

그리고 이들 가족이 몇 년째 꾸준히 지켜오는 것이 하나 더 있다. 바로 연탄 배달과 독거 어르신께 반찬 만들어 드리기이다. 사모님을 뵈면 늘 하시는 말씀이 있다.

> "나 같이 부족한 사람도 아무 조건도 없이 양자로 삼으시고 감히 아버지라고 부를 수 있는 특권을 주셨는데, 나도 당연히 입양을 통해 그 은혜를 갚아 드려야지…."

목사님과 사모님은 "입양이라는 단어가 없어질 때까지, 엄마가 모든 아이들을 입양해."라고 말했던 둘째 하선이의 말을 실천하고자, 여러 입양 가정들과 함께 '한국기독입양선교회'를 세우셨다. 선교회를 통해 입양은 곧 영혼 구원임을 선포하고, '그리스도인 가정에서 한 가정이 한 명씩 주님의 자녀 품기'라는 사역을 감당하고 있다.

엄마가 엄마 찾아 줄게

얼마 전 정희 언니가 제주에 다녀가셨다. 내게는 언제라도 따듯하고 다정한 언니이다. 사실 그녀는 하은이부터 행복이까지 그 열한 자녀의 엄마만이 아니다. 그녀와 가까운 입양 가정의 젊은 엄마들은 모두 그녀를 엄마라고 부른다. 정말 친정엄마처럼 포근하고 그 품이 넉넉하다. 아마도 그녀 친정어머니의 영향일 것이다. 어린 시절, 정희 언니의 어머니는 늘 사람들을 집으로 초대하여 대접하고, 특별히 어르신들을 정성스레 섬기셨다. 국수를 삶고, 따순 밥을 짓고, 외로운 어르신들에게는 장구를 가르치시며 그 마음까지도 위로하셨다.

한낮에 만났는데, 그사이 깜깜한 밤이 되었다. 제주에서 감귤을 포함하여 다양한 제주 특산물을 알리고 판매하는 보배네 가족과 목회자 가정인 성겸이 어머니도 함께했다. (두 가정 모두 아들 형제를 두었으나, 딸 둘을 입양하여 4남매를 이루었다.) 식사를 마치고 헤어지려는 순간, 정희 언니가 나를 품에 안더니 진한 입맞춤을 했다. 열한 명의 자녀를 20년간 키워 온 가슴이기에, 여전히 그녀는 데일 듯 뜨거웠다. 소외되고 아픈 아이들을 향하여 눈이 멀고, 가슴이 먼 그녀가 동시대에 살아 줘서 고맙다. 세상에는 이런 엄마도 있다. 윤정희, 그녀의 그 숭고함이 이 가을날의 억새처럼 반짝이듯 눈부시다. 그저 찬연하고 아름답다!

🕊 하나님 아버지 앞에서 정결하고 더러움이 없는 경건은 곧 고아와 과부를 그 환난 중에 돌보고 또 자기를 지켜 세속에 물들지 아니하는 그것이니라 _약 1:27

그레이스를 낳아 준 엄마에게

두 송이의 카네이션

그동안 잘 지내셨나요? 저와 그레이스도 아주 잘 지냈습니다. 그사이 당신
과 나의 딸 그레이스는 열 살이 되었네요. 그래요, 저도 놀랍습니다.

참, 너무 걱정하지는 말아요. 그레이스는 당신을 원망하거나 가족과 당신의
이야기를 나누는 것에 대해 전혀 불편해하지 않습니다. 이제는 먼저 물어오기
도 할 만큼이요.

당신이 기뻐할 이야기를 하나 하려고 해요. 그러나 울지 않기로 약속해요.

올해 어버이날이었어요. 그레이스가 멋진 카드를 선물해 주었습니다. 종이
비누로 꽃을 만들어 장식한, 작품처럼 향기롭고 아름다운 카드였죠. 나는 너
무 기쁘고 고마워서 그레이스의 이마에 키스를 해 주었습니다. 그 순간 베시
시 웃는 아이가 너무 사랑스러웠어요. 결국 이마에서 시작한 그 키스는 그레

엄마가 엄마 찾아 줄게

이스의 셔츠 속 뽀얀 배에까지 쏟아졌지요. 왜, 있잖아요. 입 안을 풍선처럼 한 껏 부풀려 바람 빠지는 소리와 함께 피부를 울리며 간지럽히는 키스 말이에 요. 그레이스는 목을 뒤로 젖힌 채 데굴데굴 구르며 웃었더랬죠. 나는 이미 멈 추었는데도 한참을 그렇게 말이에요. 하하하.

그날 밤이었어요. 잠든 줄로만 알았던 그레이스의 방문 밑으로 노오란 불빛 이 새어 나왔어요. 저는 노크를 하고 문을 열었습니다. 그레이스가 책상에 앉 아 무언가 만들고 있었어요. 카네이션이었어요. 빨간색 색종이로 소담한 카네 이션을 만들고 그 아래 두 줄의 리본을 달았더라고요. 그 두 줄의 초록색 리본 에는 이렇게 쓰여 있었어요.

"저를 낳아 주셔서"
"감사합니다."

저는 아이의 머리를 한 번 쓰다듬고 조용히 그 방을 나왔습니다. 그레이스 가 침대에서 일어나 다시 불을 켜고 책상에 앉기까지 어떠한 마음이었을까… 혼자 있는 그 시간을 존중해 주어야 한다는 생각이 들었거든요.

사실, 그날 오후에 이런 일이 있었습니다.

그레이스가 숙제를 하는 동안, 아이에게서 받은 어버이날 카드를 열어 보았 어요. 그래요, 한층 성숙해진 솜씨로 만들었다던 그 카드 말이에요. 하지만 나 는 카드를 펼쳐 첫 문장이 눈에 닿는 순간, 다시 카드를 덮어야만 했어요. 주체

할 수 없는 눈물이 흘러내렸거든요.

"아빠, 엄마! 저를 낳아 주시고 길러 주셔서 감사합니다"라는 첫 문장에서 글쎄, "낳아 주시고"를 지우개로 지운 자욱이 눈에 들어온 거예요.

이렇게 쓰여 있었습니다.

> 🖋 아빠 엄마, 저를 (낳아 주시고), 길러 주셔서 감사합니다.
> 아빠를 닮아 곱슬머리, 손톱이 예쁘고,
> 엄마를 닮아 날씬하고, 꽃을 좋아해요.
> 세상에서 가장 사랑하는 아빠, 엄마께
> 꽃과 나의 마음을 드려요.
> 그레이스 올림

저는 그날 밤 아이의 방에서 뒷걸음쳐 나오며 "낳아 주시고"라는 문체를 지우개로 지워야 했던 아이의 마음을 헤아려 보았어요. '지금 그레이스는 그 문체를 넣어 완전한 카드를 만들고 있구나.' 하는 생각이 들었지요.

잠시 후 저를 부르는 그레이스의 목소리가 들렸어요.

"엄마! 문밖에 계시는 거 다 알아요. 하하하. 이제 들어오셔도 돼요!"

언제나처럼 해맑은 목소리였어요. 저는 가만히 그레이스의 눈동자를 바라보았어요.

"엄마, 침대에 누웠는데 갑자기 낳아 주신 분이 생각났어요. 오늘이 어버이날이니까 어쩌면 저를 생각하셨을지도 모르잖아요. 그래서 카네이션을 하나 더 만들었어요. 어때요? 예뻐요?"

"으응. 너무너무 예뻐, 그레이스!"

저는 아끼던 예쁜 상자 하나를 가져와서 그레이스에게 건넸어요.

"그레이스, 우리 매해 어버이날이 오면 이렇게 카네이션을 하나씩 더 만들어 이곳에 모아 둘까? 그래서 언젠가 낳아 주신 분을 만나게 되면 한꺼번에 전달해 드리는 거 야. 어때? 다음 어버이날부터는 더 다양한 재료로 만들어 보는 게?"

"우아, 좋은 생각이에요. 그렇게 해요, 엄마!"

제가 아까 이야기했던 당신이 기뻐할 소식은 바로 이것이었어요. 그러니 매 해 어버이날이 돌아올 때마다, 당신도 저처럼 행복했으면 좋겠어요.

그레이스를 다시 잠자리에 눕히고 불을 끄고 나오려는데 아이가 저를 불렀 습니다.

"엄마, 혹시 낳아 주신 분을 생각하며 카네이션을 만들어서 섭섭해요?"

"아니, 그레이스. 하나도 섭섭하지 않아. 엄마는 도리어 낳아 주신 은혜를 기억하고 감사하는 그레이스가 너무 자랑스러워. 그레이스, 아마도 너는 엄마가 생각하는 것보다 훨씬 더 위대하고 멋진 아이인 것 같아. 가끔은 네 앞에 엄마가 별꽃처럼 아주 작아진 듯 부끄러운 마음이 들 때도 있거든. 고마워, 그레이스. 엄마는 네가 내 딸이라는 게 너무 행복해. 그리고 하나님께 감사해. 잘자, 그레이스…."

당신과 나의 딸 그레이스는 낳아 주신 어머니와 키워 주시는 어머니의 마음을 모두 헤아릴 줄 아는 지혜롭고 착한 마음으로 자라는 중이랍니다. 그레이스를 키우며 이렇게 행복하고 감사한 일들을 만날 때마다, 저는 잊지 않고 당신을 떠올려요. 우리는 그레이스로 잇닿은 가족이니까요.

예쁘게 만들어진 그레이스의 카네이션을 기대해도 좋아요. 당신을 만나는 날까지 우리는 매해, 또 하나의 카네이션을 만들어 그 상자 안에 잘 보관해 두겠습니다.

당신이 평안하고 행복하게 지내고 있기를 바라고 기도합니다.

샬롬.

🌷 서로 친절하게 하며 불쌍히 여기며 서로 용서하기를 하나님이 그리스도 안에서 너희를 용서하심과 같이 하라 _엡 4:32

에필로그

입양은 복음이다

오하라 장미의 향기처럼 순수하고 맑은 그레이스는 열 살이 되었다. 그레이스에게 입양의 사실을 알렸던 때는 아이가 만 7세가 되는 어느 봄날이었는데, 그날 정원에는 마가목의 가지마다 흰 꽃이 소복이 내려앉아 있었다. 마치 겨울날의 눈꽃처럼 희고 영롱하게….

나는 평생이고 잊지 못할 것이다. 쏟아지는 빛줄기에도 녹아내리지 않던 그 박제된 흰 꽃과 우리가 나누었던 눈물겨운 그날의 고백들을, 사람의 생명이 부모의 육체로부터 시작되며 또한 그곳으로부터 오는 듯하나, 궁극적으로는 더 큰 뜻으로부터 오며 더 큰 생명에게 속한 존재라는 사실을 이야기하던 그 순간을, 그리고 꽃송이를 온통 뒤덮은 그 꽃의 가는 수술들처럼, 우리의 얼굴을 적시며 흐르던 감사와 감격의 그 뜨거운 눈물들을….

영적인 존재로서의 입양

어느덧 아이 스스로 본인이 입양된 자녀라는 것을 인식하며 지내 온 지 만 3년이 되었다. 그레이스는 아주 건강하게 입양을 받아들였다. 입양은 하나님 으로부터 시작되었고, 예수님 역시 요셉에게 입양된 자녀였으며, 믿는 자들은 모두 하나님께 양자 된 존재임을 깨닫고 성장했기 때문이다.

나는 그레이스에게 나의 정체성을 이렇게 알렸다.

> "그레이스. 나는 에스더, 사무엘, 다니엘, 그리고 그레이스의 엄마이자 돌아가신 할 아버지와 할머니의 막내딸이며, 내 남편의 아내이고, 조건 없이 나를 사랑하시고 보 호해 주시는 하나님께 영적으로 입양된 딸이란다."

성경이 가르치는 가족의 개념은 민족주의나 혈통주의처럼 배타적이지 않 다. 냉엄하게 혈연주의만에 기초하지 않으며, 언약에 대한 믿음에 근거한다. 이스라엘 전체가 하나님의 언약에 의해 결속된 하나의 가족이었음이 이를 증 명한다. 하나님의 언약을 받아들인 자는 누구나 하나님의 백성이 될 수 있었 다. 신약 시대 예수님의 가족관 역시 다르지 않다. 가족은 혈연이나 법적인 것 에 매여 있지 않고, 하나님의 뜻 안에 있다. 예수님을 구세주로 영접한 사람 들은 하나님 아버지께 입양된 자녀라는 새로운 정체성을 받게 된다. 실제 예 수님도 요셉의 혈통을 이어받지 않으셨지만, 요셉을 아버지로 받들고 순종하

엄마가 엄마 찾아 줄게

셨으며 직업까지 물려받았다. 존 그레셤 메이첸(John Gresham Machen, 1881-1937)은 이렇게 말한다. "예수님은 요셉에게 입양됨으로써 물리적 의미의 아들과 같이 다윗 집안에 속하게 되셨고, 의미가 반감되기는커녕 오히려 핏줄을 통한 후손보다 더 놀랍게 다윗 가문의 선물이 되셨다."

🌷 곧 창세 전에 그리스도 안에서 우리를 택하사 우리로 사랑 안에서 그 앞에 거룩하고 흠이 없게 하시려고 그 기쁘신 뜻대로 우리를 예정하사 예수 그리스도로 말미암아 자기의 아들들이 되게 하셨으니 _엡 1:4-5

육적·정서적인 존재로서의 입양

그렇다면 단지, 영적인 존재로서의 입양만을 이해시키면 그레이스가 아무런 문제 없이 성인으로까지 성장할 수 있었을까? 그렇지 않다. 또한 그것은 건강하지 않다. 우리는 영적인 존재인 동시에 육적이고 정서적인 존재이기 때문이다. 그레이스가 크리스천 가정으로 입양되어 입양을 자연스레 '영적인 존재'로서 받아들였다면, 이제 '육적 존재'이며 '정서적 존재'로서도 입양을 받아들여야 한다.

그레이스는 낳아 주신 어머니의 배 속에서부터 이미 많은 경험을 했다. 그러나 안타깝게도 그 경험들은 대부분 정상적인 성장을 저지하는 원인이 되었다. 생후 40일 만에 만난 그레이스는 이미 심장 세 군데의 결손을 비롯해, 귀가 생성되는 과정에서 조직의 융합에 기형이 나타나서 생긴 전이개 누공을 가지고 있었으며, 손목에도 1.5cm가량의 둥근 결절이 있었다. 또한 빨고 있는 엄지손가락을 살짝 빼기라도 하면 소스라치게 울어 대며 심각한 불안 증세를 보였고, 설령 잠결이어도 그것을 다시 필사적으로 입에 가져다 넣었다. 마치 생명줄이라 인식하는 듯했다. 그리고 너무 기쁘거나 슬픈 때면 이마에 멍이 들고 피가 터지도록 머리를 바닥에 부딪혀 가며 울었다. 때때로 어떠한 이유도 없이 우유를 거부한 채 반나절을 그저 울기만 한 적도 있었다.

태아는 엄마가 느끼는 애증과 같은 미분화된 감정뿐 아니라 양가감정이나 모호한 감정 같은 강도 옅은 감정도 느끼고, 또 그에 반응할 수 있다. 대부분의 입양아는 계획되지 않은 임신이나 미혼모, 결손 가정, 부모의 죽음이나 분리, 알코올이나 약물 등에 중독된 역기능적 부모와 가정 등 구체적인 아픔을 가지고 있다. 이렇게 생모가 지속적으로 겪는 정서적 괴로움은 태중의 아기에게 매우 부정적인 영향을 끼치게 된다. 물론 그렇다고 해서 모든 입양아가 육적·정서적 장애를 가지고 태어나는 것은 아니나 일반적인 아기들의 출생 및 성장 과정에서보다 잦고 크게 발견되고 있는 것은 사실이다. 그렇다면 그 원초적 상처는 평생 회복이 불가능한 것일까? 절대 그렇지 않다.

원예학 용어 가운데 '접붙이기'(接木, Grafting)라는 것이 있다. 유전 형질이 다른 대목(臺木)과 접순(椄筍)을 접붙여 우량 품종을 번식시키기 위해 과수, 꽃나무, 채소 등에 이용하는 방식이다. 여기에서 대목을 입양 부모, 접수를 입양아라고 이해하면 좋겠다. 병해나 추위 등에 강한 대목에 맛있는 과실이나 아름다운 꽃의 가지를 접순으로 붙여 키우는 것이 접붙이기의 가장 좋은 예라 할 수 있다. 접붙이기를 할 때는 시기가 중요하다. 일반적으로는 대목의 수액

(樹液)이 움직이기 시작할 무렵, 봄눈(春芽)이 부풀기 시작할 때가 가장 좋다. 대목과 접순의 베어 낸 자리에서 유상 호르몬이 나와 베어 낸 자리를 유합(癒合)하는데, 대목 쪽이 활동을 시작하여 휴면 중인 접순에 양수분을 보내 주는 것이 먼저 이루어져야 활착(活着)이 수월하다. 접붙이는 과정을 마쳤다면, 접수(椄穗)에게는 반드시 양수분의 흡수 시간이 필요하다. 신생아 입양이라면 자녀의 성장 과정을 천천히 지켜보는 것이 그에 해당할 것이며, 만약 연장아 입양이라면 급격한 환경 변화로 혼란스러워하지는 않는지 잘 살펴봐야 한다. 이때 입양 부모는 즉각적인 환경 적응과 감정적인 반응을 요구하지 말아야 한다. 그것은 접붙이기 후 당분간 비닐 따위로 외기를 차단하여 온도를 일정하게 유지하도록 유념해서 관리해야 하는 사후 관리 방식에 어긋나며, 제대로 된 활착을 막는 셈이 되기 때문이다.

입양 부모와 입양아는 접붙이기에 사용되는 대목과 접순처럼 유전 형질이 다르다. 그러나 대목과 접순이 건강하게 활착되면 충분히 우량 품종으로 번식이 가능하다. 여기에서 중요한 것은, 대목이 건강하기만 하다면 비록 휴면 중인 연약한 접순이라 할지라도 서로 유합하여 활착하는 데는 아무런 문제가 없다는 것이다.

비록 원초적 상처가 있다고 해도 입양 부모가 입양아에게 흡수시키는 영양분에 따라 자녀의 인생은 변화한다. 접순의 원초적 상처보다 대목의 영양 상태와 능력이 더욱 중요하기 때문이다.

입양 말하기

입양을 원하는 많은 가정에서 가장 염려하는 부분은 '장차 입양 사실을 어떠한 방법으로 어떻게 알려야 하는가?'일 것이다. 입양된 자녀마다 그 사실을 받아들이는 양상은 모두 다르겠으나, 이미 신뢰를 바탕으로 이루어진 부모와 자녀 간의 관계적 믿음을 깨고 첫 입술을 떼는 일은 분명 쉽지 않다. 그럼에도 불구하고 입양 부모에게는 반드시 입양의 사실을 알려야 할 책임과 이후 자녀가 그것으로 인한 아픔을 호소할 때, 함께 애도의 시간을 보내야 할 의무가 있다. 나는 이른 시기에 입양 이야기를 나누어야 한다고 믿는 입장이다. 전문가들은 6세가 되면 대부분의 아이들은 출생과 입양의 개념을 이해하고 이를 구분할 수 있다고 말한다. 또한 5년 이상 그 사실을 덮어 두려면 거짓이 동반될 수 있기에 어려운 숙제처럼 미뤄 두지 않기를 권한다. 무엇보다 부모가 아닌 다른 사람에게서 그 사실을 듣는 위험을 피해야 한다는 것도 잊지 말자.

입양 부모는 처음부터 시작해야 한다. 아기의 인생은 입양된 날부터가 아닌 낳아 주신 어머니의 배 속에서부터 시작되었음을 기억하자. 아기의 출생과 입양 전에 살았던 장소에 관한 이야기부터 전해야 한다는 뜻이다. 낳아 주신 부모님은 분명 아기를 사랑했을 것이고, 그 당시 아기를 위해 결정할 수 있는 가장 최선의 방법이 입양이었음을 설명하자. 아기에게 잘못이 있어서가 아니라, 어떤 아기였더라도 그들이 부모의 역할을 제대로 감당할 수 없었기 때문이었다고 안심시켜야 한다. 그리고 세상에는 우리 가족 외에도 입양 가족이 아주 많다는 사실을 깨닫게 하는 것도 중요하다. 이때 가족의 사전적 의미를 알려

주는 것도 좋다. 또한 성장 과정 속에서 자신의 뿌리가 궁금한 것과 때로 슬픈 감정이 밀려드는 것은 지극히 정상이니, 언제라도 함께 고민을 나누고 지혜로운 방법을 찾아가자고 말하자. 물론 모든 인간이 나 자신에 대한 존재론적 질문을 가지고는 있겠으나, 그레이스는 입양 사실을 알게 된 후 더욱 자신의 기원에 대해 궁금해했다. 건강하고 온전한 전환을 위해 자신의 유래를 이해하는 것은 매우 중요하기에, 나는 입양 당시 들었던 기초적 정보들을 전혀 숨김없이 말해 주었다. 아이는 입양 부모로부터 자신이 어떻게 이 땅에 태어났는지의 과정을 듣고 생각하면서 강한 유대감을 느낄 뿐 아니라 가족과의 상호 의존을 발달해 간다.

입양 사실을 알린 지 만 3년이 되는 올봄 우리는 함께 동화를 썼다. '아이와 함께 동화 쓰기'는 상담을 위해 찾아오는 입양 가정에게 늘 권하는 방법이기도 하다. 동화의 제목은 첫 번째 책인 《너의 심장 소리》와 연결되는 〈나의 심장 소리〉이다. 그레이스의 입장에서 썼기 때문이다. 태생부터 입양의 사실을 알게 된 현재까지의 이야기를 함께 쓰며, 그레이스가 본인의 정체성을 어떻게 이해하고 있는지 알 수 있었다.

결론

크리스천에게 있어 입양에는 하나님의 부르심과 응답이 필요하다. (입양 가정의 일원이거나 입양을 위해 기도해 온 가정은 그 의미를 이해할 것이다.) 그것은 매우 고차원적이며 거룩한 부르심이다. 결코 거룩한 형태의 탐심이 되어서는 안 된다. 요셉에게는 꿈으로 예수의 정체를 말씀하셨으며, 또한 입양을 원하는 믿음의 가정들은 꽤 오랜 기도와 신중함으로 그것을 준비한다. 입양은 한 가정과 아이의 인생을 걸고 진행하는 일이며, 서로 맞지 않으면 다시 취소할 수 있는 계약이 아닌 영원이라는 시간을 투자해야 하는 사랑과 믿음의 언약이기 때문이다. 가족의 모든 일원이 하나님께 영적 존재로서 입양되었음을 믿는 가정, 태 안에서의 영향으로 육적·정서적인 부조화 및 그것이 치환되어 나타나는 결핍과 장애를 이해하고 충분히 받아들일 자세가 되어 있는 가정이어야 한다. 또한 연장아 입양이라면, 트라우마와 상실에 대한 자동 반응(외면, 무감각, 고립, 부정적 생각에 대한 집착 등)을 함께 인내해 가야 한다. 이것은 접수를 건강하게 활착시키기 위해서 잘 갖추어진 대목이 필요한 것과 같은 이치다.

러셀 무어(Russell Moore)는 그의 저서 《입양의 마음》에서 "입양은 복음이다."라고 말했다. 이것은 곧 입양을 통해 복음을 이루어 가야 한다는 뜻이다. 물론 모든 믿음의 가정이 입양으로 부름받은 것은 아니다. 그러나 우리는 누군가에게 긍휼을 베풀도록 부름받았으며 그분을 닮도록 부름받았다. 하나님을 '고아의 아버지'라고 말씀하시고(시 68:5), 지극히 작은 자를 자신의 형제라 부르셨던 예수님의 마음으로(마 25:40) 함께 이 땅에 홀로 남은 아이들을 돌아볼 수 있으면 좋겠다. 따뜻한 가정이 필요한 어린 생명들에게 동일한 가정을 제공해 주는 일에 믿음의 가정들의 기도와 관심이 절실하다. 입양은 곧, 복음이기 때문이다.

샬롬.

엄마가 엄마 찾아 줄게

무릇 하나님의 영으로 인도함을 받는 사람은 곧 하나님의 아들이라 너희
는 다시 무서워하는 종의 영을 받지 아니하고 양자의 영을 받았으므로 우
리가 아빠 아버지라고 부르짖느니라 성령이 친히 우리의 영과 더불어 우
리가 하나님의 자녀인 것을 증언하시나니 _롬 8:14-16